Die Welt von Klimt, Schiele und Kokoschka

TOBIAS G. NATTER

Die Welt von Klimt, Schiele und Kokoschka

SAMMLER UND MÄZENE

DUMONT

VORWORT

Längst hat sich »Wien um 1900« als ein Kosmos etabliert, dessen Eigenart und Vielfalt weltweit begeistert. In den Brennpunkt des Interesses sind die Werke der alles überragenden Maler Gustav Klimt, Egon Schiele und Oskar Kokoschka gerückt. Zu Recht faszinieren sie als Ausdruck einer kulturellen Hochblüte, die als Epoche aber gerne verklärt wird.

Vieles ist zu den drei Malern publiziert worden. Doch zu ihren frühen Sammlern und Mäzenen existiert allenfalls Bruchstückhaftes. Dabei nahmen gerade sie in unverzichtbarer Weise Anteil am Aufbruch der Wiener Moderne. Sie waren schon zu einem Zeitpunkt mit den drei Ausnahmekünstlern verbunden, als die Allgemeinheit deren Stellenwert oft noch verkannte, sie wurden zu Freunden und waren Wegbegleiter.

Ein wechselseitiges Geben und Nehmen prägte ihre Verbundenheit, die 1918 ein Ende fand. Dieses Jahr brachte nicht nur das Ende des Ersten Weltkriegs mit seinen tiefgreifenden Folgen, sondern erlebte auch den Tod von Gustav Klimt und Egon Schiele. Diese historische Zäsur setzt auch die zeitliche Grenze des vorliegenden Buchs, als in unwiderruflicher Weise jene Einheit gesprengt wurde, die Klimt als die »ideale Gemeinschaft« der Schaffenden und Genießenden rühmte.

Für das Entstehen dieses Buches schulde ich vielen Menschen Dank. Zunächst den Kollegen und Mitarbeitern der Österreichischen Galerie Belvedere, wo ich wiederholt Ausstellungen zu »Wien um 1900« betreuen durfte, zuletzt die große Millenniumsausstellung »Klimt und die Frauen«. Danken möchte ich namentlich Direktor Gerbert Frodl. Erst seine Zustimmung zu meiner mehrjährigen Beurlaubung vom Museum ermöglichte es, das Buchprojekt in seiner Materialfülle überhaupt in Angriff zu nehmen.

Erfahrungen und Kontakte entwickelten sich aber auch aus meiner Tätigkeit als Gastkurator für das Jüdische Museum Wien. Dass Kunstgeschichte in selbstverständlicher Weise auch als Kulturgeschichte zu verstehen ist, verfestigte sich als persönliche Einsicht erst dort. Den beiden Direktoren des Museums, Karl Albrecht-Weinberger und Georg Haber, fühle ich mich darin sehr verpflichtet.

Aber es bedurfte noch eines dritten wichtigen Anstoßes, ohne den dieses Buch nicht in dieser Form entstanden wäre. Er kam von der »Neuen Galerie New York. Museum for German and Austrian Art«, wo ich eingeladen war, für das Frühjahr 2002 die erste Wechselausstellung des Museums zu organisieren. Sie war Oskar Kokoschka und seiner frühen Porträtmalerei zwischen 1909 und

1914 gewidmet. In Ronald S. Lauder, dem Präsidenten der Neuen Galerie, lernte ich einen leidenschaftlichen Sammler der Werke von Gustav Klimt, Egon Schiele und Oskar Kokoschka kennen, der die Unbedingtheit der Wiener Sammler in die Gegenwart weiterträgt. In Renée Price traf ich die umsichtige Direktorin der Neuen Galerie, der ich die Vermittlung wichtiger Kontakte verdanke, vor allem in den USA. Auch in zahllosen Gesprächen mit Sammlern, Galeristen, Historikern und Kollegen ergaben sich immer wieder neue Anregungen.

Die persönliche Begegnung mit Zeitzeugen und Nachkommen gehörte zu den intensivsten Momenten dieses Buchprojekts. Viele Enkel und manchmal auch Kinder der hier porträtierten Sammler und Sammlerinnen gewährten mit warmer Anteilnahme und oft erstaunlicher Frische Einblick in ihre individuellen Familiengeschichten. Indem sie großzügig Unterlagen und historische Fotos zur Verfügung stellten, weiß ich mich ihnen herzlich verbunden.

In entgegenkommender Weise öffneten auch öffentliche und private Sammlungen in Österreich und weit darüber hinaus ihre Bestände. Dank gebührt ebenso den zahlreichen Bibliotheken, Archiven und Forschungseinrichtungen für ihre Gastfreundschaft – namentlich der Österreichischen Nationalbibliothek Wien, der Kunstbibliothek zu Berlin und der Public Library New York.

Schließlich hat erst das überwältigende Engagement des DuMont Literatur und Kunst Verlages Köln dem Buch jene Ausstattung angedeihen lassen, welche dem Leben und Flair der Menschen, die hier vorgestellt werden, Rechnung trägt. Dem Verlag und seinen Mitarbeitern, namentlich Gottfried Honnefelder, Karin Thomas, Birgit Haermeyer, Maria Platte und Marcus Muraro verdankt dieses Buch mehr, als ich zu hoffen gewagt habe.

Besonders aber danke ich Christoph Mai für seine Geduld und Unterstützung.

EINLEITUNG

»Man muss den zeitgenössischen Künstlern helfen, die alten Meister sind schon verhungert.«[1] Dieses Motto des Dr. Alfred Spitzer hat seine Gültigkeit epochenübergreifend bis heute behalten. Von den Künstlern, die Spitzer sammelte, zählt Egon Schiele zu den bekanntesten. Gemeinsam mit Gustav Klimt und Oskar Kokoschka stieg Schiele zu den renommiertesten Malern Österreichs auf, deren Leben und Werk minutiös erforscht sind. Doch was wurde aus den frühen Unterstützern und Menschen wie Alfred Spitzer? Ihren Spuren nachzugehen und sie zu würdigen ist ein bisher vernachlässigter Aspekt der Kunstgeschichte.

Gerade in Wien, wo sich der moderne Kunsthandel erst relativ spät entwickelte, dominierte länger als anderswo in Europa die persönliche Beziehung zwischen Künstler und Mäzen. Woher also kamen die Menschen, die den materiellen Rahmen für die Entwicklung der drei Ausnahmekünstler mitgestalteten? Was für Persönlichkeiten waren sie? Welches Selbstverständnis hatten sie als Förderer, die auch menschlich Anteil nahmen und oft Mitstreiter und Multiplikatoren einer Kunst wurden, deren Siegeszug damals noch keinesfalls gesichert war? Wo lagen Gemeinsamkeiten, wo Gegensätze ihrer Sammeltätigkeit? Wie können wir uns die Freundschaften, aber auch die Konflikte zwischen den Künstlern und ihren frühesten Verfechtern vorstellen?

Große Sammler gab es in Wien schon immer. Der kulturelle Reichtum der Donaumetropole beruht nicht zuletzt auf ihren Leistungen. An erster Stelle ist die kaiserliche Familie zu nennen, deren Vorbild die alten Adelsfamilien folgten. Auch die römisch-katholische Kirche vergab Aufträge und schuf Orte, an denen Sammlungen entstehen konnten. Ab 1800 beginnt sich das Verhältnis von Künstlern und Auftraggebern zu wandeln. Die Zeit des Hofkünstlers ist vorbei. Aus alten Bindungen entlassen, sucht sich die Kunst zunehmend am Rande der Gesellschaft einen unverbrauchten Ort. Gleichzeitig wachsen aus einer neuen Wirtschafts- und Bildungselite Kunstsammler heran, die nicht zu den adeligen Kreisen gehören.

Bei den Weggefährten von Klimt, Schiele und Kokoschka kommt noch etwas entscheidendes hinzu: Sie begeistern sich zu einem Zeitpunkt, an dem längst noch nicht entschieden ist, ob die allgemeine Bewertung ihrer Einschätzung folgen wird. Obwohl sie selbst keine Künstler sind, verschaffen ihnen Besitz und Engagement einen Platz inmitten der künstlerischen Avantgarde. Für eine solche Gemeinschaft von Künstlern und Sammlern bietet Wien um 1900 ein ideales Umfeld.

Wien – eine Stadt im Wandel

Im Revolutionsjahr 1848 probt das Wiener Bürgertum den Aufstand gegen den bestehenden Polizei- und Obrigkeitsstaat unter Führung des Staatskanzlers Fürst Metternich. Metternich, einst »Kutscher Europas«, muss fliehen. Auf Kaiser Ferdinand I., der abdankt, folgt der erst 18-jährige Franz Joseph I. nach. Er sieht seine wichtigste Aufgabe im Erhalt der Monarchie. Als er 1916 stirbt, erscheint sein Tod nach fast siebzigjähriger Regentschaft wie der Abgesang auf eine untergehende Welt.

Das Zeitalter von Kaiser Franz Joseph I. beginnt politisch als eine Zeit des Neoabsolutismus. Nur widerwillig werden Zugeständnisse an den Liberalismus gemacht, der an Einfluss gewinnt. Ihren größten Triumph erzielen die liberalen Strömungen 1867 in der gesetzlichen Verankerung der allgemeinen Grund- und Freiheitsrechte, die zum Eckstein für die politische und soziokulturelle Entwicklung werden. Alle Staatsbürger erhalten dadurch dieselben Freiheiten garantiert. Das Recht, sich frei zu bewegen, schafft die Grundlage für den Bevölkerungszuwachs der Metropole. Angezogen vom wirtschaftlichen Aufschwung des beginnenden Industriezeitalters strömen die Menschen in die Hauptstadt – nach Wien. Sie kommen aus Böhmen, Mähren, Ungarn, Galizien, der Bukowina, Kroatien, Dalmatien und all den anderen Teilen der weiten Donaumonarchie, getrieben von der Hoffnung auf eine bessere Zukunft. Gerade den Juden, die bisher diskriminiert waren, bringen die Gesetze erheb-

Wien und seine Stadtmauern im Jahr 1858. Foto: Historisches Museum der Stadt Wien

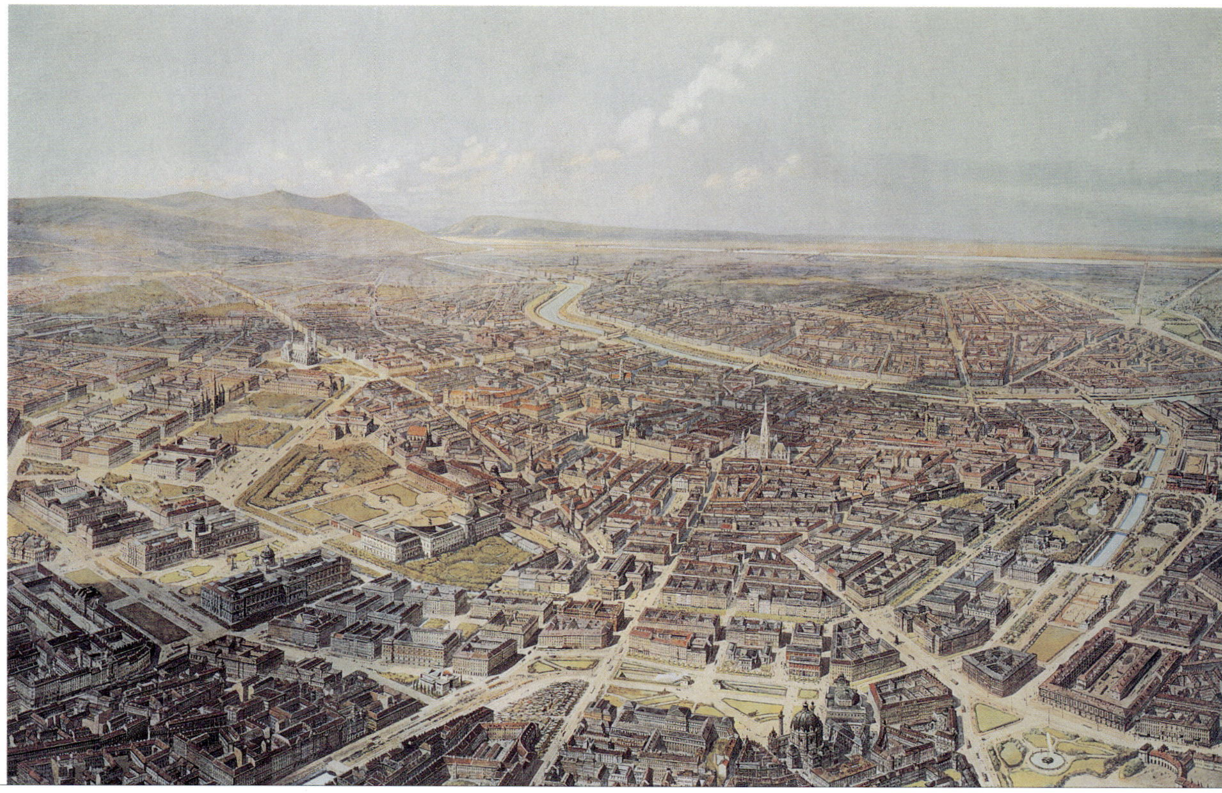

Erwin Pendl, Ansicht von Wien, Farbdruck nach einem Aquarell, 1905. Historisches Museum der Stadt Wien

liche Erleichterung. Innerhalb von wenigen Generationen explodiert die Bevölkerungszahl. Hat Wien um 1800 noch rund 230.000 Einwohner, zählt man 1851 circa 430.000. Nach Eingemeindung der Vororte leben 1890 mehr als 1,3 Millionen Menschen in der Stadt. Um 1910 übersteigt die Zahl die Zwei-Millionen-Grenze.

Vergleichbar der barocken Blüte um 1700 vollzieht sich in der Franzisko-Josephinischen Ära ein zweiter Wirtschaftsboom. Zum Fanal des Aufschwungs wird der Bau der Wiener Ringstraße. Die alten Befestigungsanlagen erweisen sich in zunehmendem Maße als Korsett der prosperierenden Stadt. Nun werden sie dem Bau einer nie zuvor gesehenen Prachtstraße geopfert. Der kaiserliche Hof, Staat und Verwaltung nutzen die Ringstraße zur baulichen Inszenierung imperialer Größe. Aber auch zahlreiche Unternehmer, die Wien zum Zentrum eines pulsierenden Wirtschaftsraums machen, bauen sich an der Ringstraße ihre Bürgerpaläste.

Eine Vorstellung vom Ergebnis dieses städtebaulichen Prozesses vermittelt die oben reproduzierte Aquarellansicht von 1905.[2] Im Zentrum der engen Altstadt liegt der mittelalterliche Stephansdom. Für die Wiener besetzt er seit alters her den räumlichen und ideellen Mittelpunkt der Stadt, der weit über seine säkulare Bedeutung ausstrahlt. Links im Vordergrund der Panoramaansicht dominiert die k. u. k. Hofburg, die Residenz des Kaisers: eine im Kern mittelalterliche Burganlage mit reichem Barockgepräge und weitläufigen, teils noch unvollendeten Anbauten des Historismus. Jenseits der Ringstraße liegen die beiden von mächtigen Kuppeln gekrönten Hofmuseen, heute Kunsthistorisches und Naturhistorisches Museum. Mit der weiter ausgebauten kaiserlichen

Blick über den alten Naschmarkt zur Secession, 1898. Zentrum des künstlerischen Aufbruchs. Foto: Historisches Museum der Stadt Wien

Residenz sollten sie ein kolossales Kaiserforum bilden – das weithin sichtbare Manifest von Wien als Residenzstadt, eine Funktion, welche die Stadt und ihren Alltag seit Jahrhunderten mehr als alles andere bestimmt. Hinter den beiden Hofmuseen reihen sich an der Ringstraße wie an einer Perlenschnur Parlamentsgebäude, Rathaus, Burgtheater, Universität und Votivkirche nebeneinander.

Im Vordergrund der Stadtansicht liegt das Secessionsgebäude fast unscheinbar am linken Rand des Karlsplatzes. Von hier aus nimmt die Erneuerung der Wiener Kunst um 1900 ihren Ausgang. Unter der Präsidentschaft von Gustav Klimt formieren sich 1897 die fortschrittlichsten Geister innerhalb der Wiener Künstlerschaft neu. Sie distanzieren sich vom Herkömmlichen und organisieren sich als Künstlervereinigung. Schon in ihrem Namen »Secession« thematisieren sie den Traditionsbruch, der zum Aufbruch gerät. Auch das eigene Vereins- und Ausstellungsgebäude mit der charakteristischen Goldkuppel, das schon ein Jahr später eröffnet wird, trägt diesen Namen. Es wird Schnittstelle des künstlerischen Austauschs und bildet ein Forum, in dem sich Künstler und neue Sammler begegnen. Vor allem die »Ringstraßengesellschaft«, die das traditionell konservative Klima der Stadt um eine liberale Grundhaltung bereichert, ist hier anzutreffen. Hingegen fehlen Kirche und alter Adel. Der Schriftsteller Stefan Zweig beklagt in seinem Roman *Die Welt von gestern*, dass die Vertreter der österreichischen Aristokratie »sich lieber Rennställe und Jagden hielten, als die Kunst, namentlich die moderne, zu fördern«.[3]

Begräbnis von Kaiser Franz Joseph I., Aufnahme 1916. Das Ende einer Ära. Zwei Jahre später existiert die Österreichisch-Ungarische Monarchie nicht mehr. Foto: Österreichische Nationalbibliothek, Bildarchiv, Wien

Um 1900 hat Wien die massiven Rückstände und Defizite der städtischen Infrastruktur im Vergleich zu anderen europäischen Metropolen aufgeholt. Innerhalb des Landes verfügt die Hauptstadt über die mit Abstand modernste Stadtplanung. Ein innerstädtisches Verkehrssystem für vier Millionen Einwohner ist bereits in Vorbereitung. Doch der Ausbruch des Ersten Weltkriegs verhindert nach Jahrzehnten des äußeren Friedens die weitere Entwicklung. Auch die Tage der kaiserlich-königlichen Monarchie neigen sich ihrem Ende zu.

Die Gründe für deren Untergang sind vielfältig. Nicht zuletzt ging sie an ihren eigenen Widersprüchen zugrunde. Das riesige Reich war über Jahrhunderte gewachsen. Nach der Abwehr der osmanischen Stadtbelagerung 1683 dehnte sich die Monarchie dank der militärischen Erfolge des Prinzen Eugen zunehmend nach Osten und auf dem Balkan aus. Über immer größeren Territorien wehte der österreichische Doppeladler. Doch im 19. Jahrhundert kollidierten das Nationalgefühl und der Wille zur Selbstbestimmung der zahlreichen Völker immer unversöhnlicher mit den Herrschaftsansprüchen der dominierenden deutschen Minderheit und dem Habsburgischen Staatsapparat.

Das Jahr 1918 markiert den historisch-politischen Wendepunkt und zeitigt das Ende dieser Welt. Wien, die einst prächtige Hauptstadt im Zentrum der Monarchie, scheint nun zum »Wasserkopf« eines bedeutungslosen Kleinstaates zu werden. Der politischen Zeitenwende entspricht aber auch eine kunsthistorische Zäsur. 1918 müssen die Wiener Sammler von einigen ihrer wichtigen Künstler für immer Abschied nehmen, allen voran von Gustav Klimt, der am 2. Februar 1918 stirbt. Sein Tod bleibt nicht die einzige Hiobsbotschaft. Wenig später weilt auch Egon Schiele nicht mehr unter den Lebenden, während Oskar Kokoschka seinen Lebensmittelpunkt nach Deutschland verlegt, wo er in Dresden eine Professur annimmt und immer mehr zum heimatlosen Kosmopoliten wird.

[1] Leitmotiv des Schiele-Sammlers Dr. Alfred Spitzer; in: Erinnerungen der Tochter Dr. Edith Neumann, siehe S. 228ff. in diesem Buch.

[2] Entstanden aus der Hand des Zeichners Erwin Pendl im Jahr 1905, wurde sie noch im selben Jahr im Verlag H. Hartleben, Wien, als Farbdruck vervielfältigt.

[3] Stefan Zweig, Die Welt von gestern. Erinnerungen eines Europäers, Frankfurt a. M. 1998, S. 38.

GUSTAV KLIMT

Der Weg von Gustav Klimt zu einem der gefragtesten Maler seiner Zeit ist als solcher in keiner Weise vorgezeichnet. Klimt wird am 14. Juli 1862 in Baumgarten bei Wien geboren. Sein Vater, ein Graveur, ernährt die Familie mehr schlecht als recht. Schon früh müssen die sieben Kinder zum Unterhalt der Familie beitragen. Mit 14 Jahren schreibt sich Klimt als Schüler an der Wiener Kunstgewerbeschule ein. Diese Künstlerschmiede war wenige Jahre zuvor gegründet worden und avancierte im Lauf der Zeit zu einer Hochburg des Wiener Jugendstils. Klimt verlässt sie nach sieben Jahren 1883 mit einem handwerklich soliden Rüstzeug. Auch sein jüngerer Bruder Ernst besucht diese Schule. Zwischen den beiden Klimt-Brüdern und ihrem Studienkollegen Franz Matsch entwickelt sich alsbald eine enge Freundschaft.

Dank der Fürsprache ihres Lehrers Ferdinand Laufberger erhält das Trio schon während der Studienzeit namhafte Aufträge. Es ist die Zeit des Historismus. Wien liegt im Bauboom. Die »Malercompagnie« – wie die drei sich selbst nennen – ist gefragt. Der wirtschaftliche Aufbruch der Belle Epoque und ihr enormer Ausstattungsbedarf befördern ihre Karriere. Auf ihrer Auftragsliste stehen die Theater Reichenberg in Böhmen (1882), Fiume/Rijeka (1883) und das Nationaltheater Karlsbad (1884). Große Beachtung bescheren den Absolventen der Kunstgewerbeschule die Aufträge in Wien, wo die Prunkbauten an der Ringstraße neue Maßstäbe der gesellschaftlichen Repräsentation setzen. Votivkirche, Hofoper, Börse, Parlament, und kaiserliche Museen etablieren sich als die jüngsten Sehenswürdigkeiten der Metropole.

Der Aufstieg des Trios zur ersten Garde der Wiener Maler scheint unaufhaltsam. 1885 gestalten sie eine Raumdekoration in der kaiserlichen Hermesvilla nach den Vorgaben von Hans Makart. Dieser stilbildende Malerfürst ist mit monumentalen und oft virtuos gemalten Ausstattungsbildern berühmt geworden. Noch prestigeträchtiger ist ihr nächster Auftrag: Die Treppenhausgestaltung des neuen Burgtheaters, ebenfalls ein Repräsentationsbau an der Wiener Ringstraße. Im Zuge der Stadterneuerung wird der Theaterbau ab 1874 nach den neobarocken Plänen von Gottfried Semper und Karl von Hasenauer errichtet.

Erstmals arbeitet das Trio am Auftrag für das Burgtheater getrennt. Auf Grund einer klaren Aufteilung der einzelnen Raumabschnitte tritt Klimts überragende Position deutlich hervor. Aber noch immer bleibt er ein Repräsentant der Wiener Ringstraßenkunst, die durch Hans Makart geprägt ist. Auch Klimts bisherige Arbeiten fügen sich in den architektonischen Rahmen der modischen Neu-Renaissance oder Neu-Barocken Bauten ein, in denen die Architektur den Schwesternkünsten Malerei und Bildhauerei einen nachgeordneten Platz zuweist.

Zunächst scheinen alle Beteiligten mit dem Ergebnis der Arbeiten im Burgtheater zufrieden zu sein: die Baukommission, der Architekt Carl von Hase-

Vorhergehende Seite:
Gustav Klimt, um 1916.
Foto: Moritz Mähr, Wien.
Privatbesitz

Gustav Klimt und Mitschüler an der Wiener Kunstgewerbeschule, um 1878/80. Gustav Klimt mit Zwicker, davor in der zweiten Reihe Franz Matsch, in der ersten Reihe Klimts Bruder Ernst mit einem Becher. Foto: Albertina Wien

nauer (er ist nach Sempers Weggang für die Bauleitung alleinverantwortlich), der für Kunstfragen zuständige kaiserliche Obersthofmeister – selbst Kaiser Franz Joseph nickt bei der Erstbesichtigung gnädig. 1888 erhält Klimt trotz seiner erst 26 Jahre das goldene Verdienstkreuz mit Krone, die höchste kaiserliche Auszeichnung. Vor Klimt liegt eine glänzende Karriere als »Staatskünstler«. Aber Franz Matsch erinnert sich an Klimts Panik vor der Fertigstellung der Burgtheaterdekorationen: »Endlich kam der Tag der Vollendung. Als wir unser Werk das erste Mal ganz sahen ohne Gerüst, packte uns Verzweiflung. Besonders Gustav Klimt äußerte sich drastisch. Dreck, Saudreck und dergleichen Schönes mehr.«[1]

Eine künstlerische Krise kündigt sich an. Sie verändert Klimts weitere Entwicklung nachhaltig. Ausbrüche wie »Dreck, Saudreck und dergleichen Schönes mehr« markieren aber auch einen biographisch-soziologischen Bruch. Weder die versammelten Honoratioren noch das allgemeine Schulterklopfen vermögen Klimts Zweifel und seine innere Unruhe zu dämpfen – auch nicht die kaiserliche Medaille. Klimt – er wird schon als »neuer Makart« gefeiert – tritt in eine neue Schaffensphase ein. Ihr erstes Symptom ist zunächst Rückzug. In Klimt gärt es. War der junge Maler vordem für sein rasches Arbeitstempo bekannt, so gerät seine Schaffenskraft nach den Burgtheaterdekorationen ins Stocken.

Klimt hat sich bis zu diesem Zeitpunkt als erfolgreicher Maler und Ausstattungskünstler positioniert. Nun ist er im Begriff, sich aus dem goldenen

Das Wiener Burgtheater an der Ringstraße, um 1890. Blick vom Rathausturm Richtung Stephansdom. Foto: Österreichische Nationalbibliothek, Bildarchiv, Wien

Das linke Treppenhaus des Wiener Burgtheaters, um 1890. An der Schmalseite das Lunettenbild »Altar des Dionysos« von Gustav Klimt. Foto: Österreichische Nationalbibliothek, Bildarchiv, Wien

Käfig der Ringstraßenkultur zu befreien. Er, der in vielfältiger Weise als Vollender von Hans Makarts Kunst gelten kann, tritt in eine »ödipale« Revolte ein. Gleichzeitig behütet sie ihn davor, als früher Karrierist zu enden. Am sichtbarsten vollzieht sich die Neuorientierung während seiner Arbeit an den Fakultätsbildern für die Wiener Universität (s. S. 118f.). 1894 erhält Klimt durch den Akademischen Senat der Universität diesen Auftrag. Mit der Ausführung lässt sich der Maler mehr als zehn Jahre Zeit. Doch mit jedem Bild, das er abliefert, entfernt sich Klimt mehr und mehr von den Erwartungen seiner Auftraggeber. Immer mächtiger braut sich ein Kunstskandal zusammen, der, in der Öffentlichkeit durch die Presse angeheizt, schließlich ganz Wien beschäftigt. Die wachsende Entfremdung zwischen Klimt und seinen bisherigen Auftraggebern ist nicht mehr aufzuhalten. Lieferte Klimt bislang eine »kultivierte« Malerei, die gelehrte Inhalte, Mythologien und bildungsbürgerliche Anspielungen transportierte, so bleibt zwar eine gewisse Gedankenschwere erhalten, doch werden die Motive ins Individuelle geöffnet und verweigern sich durch ihre symbolistische Ambivalenz einer auf Anhieb verständlichen Interpretation. Der Einklang mit dem positivistischen Selbstverständnis des 19. Jahrhunderts ist verschwunden, das Klima vergiftet. »Individuelles künstlerisches Empfinden« – ein Hauptanliegen der Secession – prallt ungebremst auf den Geschmack des Herkömmlichen und Bildungsbürgerlichen.

Die Decke im großen Festsaal der Universität Wien. Fotomontage nach Alice Strobl mit den vier Fakultätsbildern an ihrem originalen Ort. Drei der Bilder stammen von Gustav Klimt, die »Theologie« (links unten) und das Mittelbild hingegen von Franz Matsch.

Der Kulturhistoriker Carl E. Schorske sieht in diesen kritischen Jahren vor 1900 die beiden Galionsfiguren der legendären Wiener Jahrhundertwende, Gustav Klimt und Sigmund Freud, auf einer »gar nicht unähnlichen Entdeckungsfahrt«: »Beide zwangen ihre persönliche Krise des mittleren Lebensalters in den Dienst einer grundlegenden Neuorientierung ihres beruflichen Lebenswerkes. Beide verwarfen entschieden den physikalischen Realismus, in welchem sie erzogen wurden. Beide lösten ihr Arbeitsfeld – der eine die Psychologie, der andere die Kunst – aus seiner biologisch-anatomischen Begrenzung. Auf der Suche nach einem Weg hinaus aus den Trümmern einer substanzialistischen Konzeption der Wirklichkeit tauchten beide in das Selbst und brachen auf zu einer ›voyage intérieur‹, einer Reise nach innen. Als sie der Öffentlichkeit die Ergebnisse ihrer Erkundigungen in der Welt der Triebe zeigten, stießen sie in unterschiedlichem Grade auf Widerstand aus zwei Lagern: zum einen der liberalen und rationalistischen akademischen Orthodoxie und zum andern der Antisemiten. Angesichts dieser Feindschaft zogen Freud und Klimt sich vom öffentlichen Schauplatz zurück in den Schutz einer kleinen, aber treuen Gefolgschaft, um das neueroberte Terrain zu sichern.«[2]

Diese »Verortung« innerhalb einer neuen Gefolgschaft wird für Klimts weiteres Schaffen von elementarer Bedeutung. Je mehr er sich von seinen staatlichen Auftraggebern entfernt, desto wichtiger wird das Engagement seiner privaten Sammler und Auftraggeber. »Früher hatte ihn der allgemeine Beifall gehuldigt, nun umwölkte ihn der dichtere Weihrauch einer kleineren Gemeinde.«[3] Diese zahlenmäßig eng limitierte Gemeinde, die sich aus dem Großbürgertum rekrutiert, trägt Klimt fortan auf Händen.

BARON NICOLAUS DUMBA

geboren, um Mäzen zu werden

Baron Nicolaus Dumba ist der charakteristische Repräsentant der Wiener Ringstraßengesellschaft. Als Kaiser Franz Joseph I. 1857 das Dekret zur »Regulierung und Verschönerung« seiner Residenz- und Reichshauptstadt Wien unterzeichnet, sehen viele darin den Startschuss zur Modernisierung Wiens. Die Befestigungswälle und Stadtmauern werden geschliffen, die Wassergräben aufgeschüttet, das Brachland davor zur Verbauung frei gegeben. An Stelle der alten Fortifikationen entsteht die Wiener Ringstraße. Mit den zahlreichen öffentlichen Bauten, die hier errichtet werden, entwickelt sich der innerstädtische Boulevard zum Schauplatz staatlicher Selbstdarstellung. Gleichzeitig erwerben private Investoren zahlreiche Bauplätze. Meistens sind es neureiche Industrielle, die in ihren Bürgerpalästen, welche die adeligen Residenzen der Innenstadt imitieren, in nichts ihren gesellschaftlichen Vorbildern nachstehen wollen. Einer dieser »Newcomer« ist Baron Nicolaus Dumba.

Schon sein Äußeres spiegelt eindrucksvoll seine soziale Stellung wieder. Dazu gehören ein charaktervoller Bart und ein gepflegtes Äußeres. Seinen

Enthüllung des Mozart-Denkmals auf dem Albertina-Platz in Wien, 1896. Vor dem Hofzelt Nicolaus Dumba im Gespräch mit Kaiser Franz Joseph I. Foto: Österreichische Nationalbibliothek, Bildarchiv, Wien

Nicolaus Dumba, um 1890/95. Mitglied der griechischen Gemeinde Wiens, vor allem im Orienthandel tätig. Aufnahme des k.u.k. Hofphotographen Victor Angerer, Wien. Foto: Österreichische Nationalbibliothek, Bildarchiv, Wien

Theo Zasche, Karikatur auf Nicolaus Dumba als Ämterkumulierer in Wirtschaft, Politik und Kultur, um 1895. Zinkotypie nach Zeichnung. Österreichische Nationalbibliothek, Bildarchiv, Wien

gesellschaftlichen und wirtschaftlichen Aufstieg hat der Vater, der aus Makedonien stammt, bestens vorbereitet. Dumbas Vater Sterio ist Mitglied der kleinen, mit allerlei Sonderrechten ausgestatteten griechischen Gemeinde in Wien. Fast alle ihre Mitglieder sind im Orienthandel tätig, und auch Vater Dumba bringt es dabei zu einem beträchtlichen Vermögen. Die beiden Söhne, Michael und Nicolaus, setzen die Familientradition fort. Michael, der Erstgeborene und spätere Chef des Hauses, wird königlich-griechischer Generalkonsul in Wien. Es bleibt aber Nicolaus' Privileg, sich zu einem der bekanntesten Wohltäter Wiens zu entwickeln. In seinem Nachruf heißt es später vielleicht allzu beflissen, er habe keinen anderen Beruf gekannt als diesen: »Mäcenas zu sein«.

Nicolaus Dumba wird am 24. Juli 1830 in Wien geboren.[4] Nach seiner Ausbildung am renommierten Akademischen Gymnasium tritt er beruflich in die Fußstapfen des Vaters. Schon früh wird er vom Erfolg verwöhnt. Er erwirbt umfangreiche Besitzungen in der Gegend von Bukarest und Giurgiu, Südrumänien, und sichert seinen enormen Reichtum durch Beteiligungen im Bank- und Textilhandel. Dazu gehören eine florierende Baumwollgarn-Spinnerei in Niederösterreich ebenso wie Anteile an der »Ersten Sparkasse« in Wien. In schwierigen Zeiten rettet er die Bank vor dem Konkurs. Noch heute erinnert Dumbas Ölporträt in den Vorstandsräumen der Bank an sein Wirken.

Die österreichische Staatsbürgerschaft erwirbt Dumba erst 1870, als er sich für eine politische Karriere entscheidet. Er lässt sich als Kandidat für den Niederösterreichischen Landtag aufstellen. Seinen Pass als griechischer Untertan des Osmanischen Reiches gibt er zurück. Der Landesvertretung gehört er bis 1896 an, wobei er sich vor allem als Obmann des Finanzausschusses einen Namen macht. In ähnlicher Funktion profiliert er sich viele Jahre im österreichischen Abgeordnetenhaus, indem er den »Klub der Linken« mitbegründet.

Gleichzeitig aber pflegt er gute Verbindungen zum Kaiserhaus. Als Liberaler steht er vor allem Kronprinz Rudolf nahe. Mit der Ernennung zum Mitglied des Herrenhauses auf Lebenszeit durch Kaiser Franz Joseph I. im September 1885 befindet sich Nicolaus Dumba auf dem Höhepunkt seiner öffentlichen Karriere. Die Ehrenbürgerschaft der Stadt Wien fünf Jahre später rundet das Bild des hochangesehenen Bürgers ab.

Dumbas Laufbahn ist exemplarisch für jene Unternehmerklasse, die sich in der Donaumetropole sehr viel später entwickelte als in anderen europäischen Großstädten. Doch Dumba schafft nicht nur den wirtschaftlichen und politischen Aufstieg. Von allem Anfang an macht er auch als Freund der schönen Künste von sich reden. Der Wiener Kunstakademie gehört er schon viele Jahre an, als er 1880 deren Ehrenmitglied wird. Die gleiche Auszeichnung erhält er im selben Jahr aus Anlass seines 50. Geburtstags von der Genossenschaft bildender Künstler. Dumba sitzt ferner im Vorstand des Wiener Kunstvereins, ist Mitglied des staatlichen Kunstrats und hat Sitz und Stimme im Kuratorium des Österreichischen Museums für Kunst und Industrie. Kritiker nennen ihn einen Ämterkumulierer. Die zeitgenössische Karikatur des Zeichners Theo Zasche nimmt die Anhäufung und Verflechtung der zahllosen Ämter und Ehrenstellungen in Politik, Wirtschaft und Kunst humoristisch aufs Korn.

Rudolf von Alt, Die Bibliothek im Palais Dumba, 1877. Aquarell auf Papier. Historisches Museum der Stadt Wien

Hans Temple, Eine Sitzung des Makartdenkmalkomitees in Dumbas Makart-Zimmer, 1897. Um den Tisch mit dem Modell v.l.n.r.: der Maler und Radierer Eduard Peithner von Lichtenfels, der Bildhauer Caspar von Zumbusch, der Maler Heinrich von Angeli, der Bildhauer Karl Kundmann, der Medailleur Anton Scharff, der Hausherr Nicolaus Dumba, der Maler Rudolf von Alt und der Archäologe Otto Benndorf. Historisches Museum der Stadt Wien

Baron Dumba scheut sich nicht, seine Liebe zu den Künsten im Familienpalais eindrucksvoll zur Schau zu stellen. Sein vornehmes Stadtpalais an der Wiener Ringstraße, Parkring Nr. 4, steht noch heute. Das Palais, von seinem älteren Bruder in Auftrag gegeben, entstand in den Jahren 1865/66. Doch die wertvolle Innenausstattung, durch die es Berühmtheit erlangte, verdankt es dem kunstsinnigen Nicolaus. Mit etlichen Kommissionen macht er seine Wohnräume zu einem Schaufenster unterschiedlichster Innenraumgestaltungen des 19. Jahrhunderts. Über deren atemberaubende Ausstattung berichten verschiedene Quellen. Gemalte Ansichten und Fotografien haben sich ebenso erhalten wie literarische Berichte. Der beeindruckendste stammt vom Kunstkritiker Ludwig Hevesi.[5]

Schon Hevesi fällt die starke Wechselwirkung zwischen dem Hausherrn und seiner Wohnwelt auf. Der Kritiker sieht in der Wohnung eine Autobiographie des Hausherrn, in der sich aber nicht Dumba selbst, sondern sein Leben widerspiegelt. Der älteste Teil der Ausstattung ist Dumbas Arbeitszimmer, ein riesiger Eckraum, dessen Entstehung damals schon fast ein Vierteljahrhundert

Nicolaus Dumba in seinem Arbeitszimmer, um 1898. Foto: Österreichische Nationalbibliothek, Bildarchiv, Wien

Gustav Klimt, Schubert am Klavier, 1899. Lange Zeit das populärste Werk von Gustav Klimt. Öl auf Leinwand. Ursprünglich Sammlung Dumba, 1945 verbrannt

zurückliegt. Die Raumgestaltung stammt von Hans Makart, den Dumba nachhaltig fördert. Dumba ist seinen Künstlern ein großzügiger Mäzen. Makart schickt er beispielsweise auf eigene Kosten zu Studienzwecken nach Italien: »Gehen Sie nach Venedig und tun Sie nichts als schauen und dann machen Sie mir ein ganzes Zimmer.«[6]

Zurückgekehrt entwirft Makart, wie Ludwig Hevesi es ausdrückt, ein »wahres Denkmal des damaligen Wiener Prunkstils«. Kein Besucher, den die italienische Grandezza inmitten Wiens nicht überrascht, der nicht Tiepolos Atem und die Pracht Venedigs spürt. Einen entsprechenden Eindruck vermitteln die Darstellungen der Wiener Maler Rudolf von Alt und Hans Temple: An der Wand dichte Bücherreihen und Teile der Skulpturensammlung, für die Dumba eine besondere Leidenschaft hegte. Während die Wandmalereien Makarts darüber auf die Fensterflächen Rücksicht zu nehmen haben, öffnet sich an der Decke über einem reich geschnitzten Konsolgesims ein lichterfüllter Ausblick in das strahlend blaue Firmament.

Zwanzig Jahre später – Makart ist mittlerweile seit mehr als zehn Jahren tot – gestalten die beiden Jungstars Franz Matsch und Gustav Klimt zwei weitere Ausstattungen im Palais Dumba. An Matsch ergeht der Auftrag für das Speisezimmer, Klimt erhält 1893 den Auftrag, das Musikzimmer zu dekorieren. Klimt steht damals künstlerisch am Scheideweg. Während der Auftrag an Klimt für Baron Dumba eine seiner letzten mäzenatischen Großtaten darstellt, ist die

Gustav Klimt, Entwurf zur Gestaltung des Musiksalons im Palais Dumba, 1897. Bleistift und Wasserfarbe auf Papier. Privatbesitz

Dekorausstattung im Palais Dumba für Klimt der erste große Privatauftrag. Nachdem er im Jahr zuvor die Bestellung für die Fakultätsbilder erhalten hat, weist ihn jetzt der Dumba'sche Auftrag nicht nur künstlerisch in neue Bahnen: Klimts Karriere als Maler der vornehmen Gesellschaft nimmt ihren Anfang. Der Maler und Sohn eines Graveurs schließt erstmals Bekanntschaft mit einer ihm neuen Welt: der des Wiener Großbürgertums.

Auch stilistisch kündigt sich Neues an. Klimt erhält den Auftrag zwar schon 1893, die Ausführung verzögert sich aber bis 1897.[7] In diesen wenigen, für Klimt aber kritischen Jahren ändert sich sein Stil und damit zwangsläufig auch das Resultat, das der Auftraggeber erhält. So wird Baron Dumba »auf seine alten Tage secessionistisch«. Für den spitzzüngigen Karl Kraus ist dies ein willkommener Anlass, zu höhnen: »Herr von Dumba als Secessionist ist überhaupt sehr amüsant. Das kam nämlich so. Er hatte die Bilder für sein Musikzimmer bei Klimt bestellt, als dieser noch in der braven Art der Laufberger-Schule arbeitete und sich höchstens ein paar Makart'sche Extravaganzen gestattete. In der Zwischenzeit war aber dem Maler der Khnopff[8] aufgegangen, und jetzt ist er, damit die Geschichte nicht ohne Pointe bleibt, Pointillist geworden. Und das muss natürlich der Besteller alles auch mitmachen. So ward Herr von Dumba ein Moderner.«[9]

Klimt, der mit dem Musikzimmer das erste und einzige Mal in seiner Karriere als Raumgestalter brilliert, gestaltet einen empireartig gestimmten Raum: dunkles Mahagoni, riesige Spiegel und eine weiße Stuckdecke mit zierlichen Applikationen in Goldfarbe bestimmen den Eindruck. Den malerischen Mit-

Der von Gustav Klimt gestaltete Musiksalon im Palais Dumba, um 1900. Über der Tür als Supraporte »Die Musik II« von Gustav Klimt. Foto: Privatbesitz

Gustav Klimt, Die Musik II, 1898. Öl auf Leinwand. Ursprünglich Sammlung Dumba, 1945 verbrannt. Eine Variante in den Bayerischen Staatsgemäldesammlungen, Neue Pinakothek, München

telpunkt bilden die beiden Klimt-Bilder *Die Musik* und *Schubert am Klavier*. Als Supraporten über den beiden Haupttüren verherrlichen sie jene Kunst, die hier erklingen soll: die Musik.

Besonders die Schubert-Darstellung wird berühmt. Sie zeigt den Komponisten am Klavier, hinter ihm anmutige Sängerinnen, umschmeichelt von faszinierenden Lichteffekten. Ursprünglich dachte Klimt an einen anonymen Klavierspieler. Doch die Züge von Franz Schubert sind unverkennbar. Klimt folgte hiermit einem Wunsch Baron Dumbas, der ein leidenschaftlicher Sänger, Vizepräsident des Musikvereins, Vorstandsmitglied des Männergesang-Vereins und großer Franz-Schubert-Fan war.[10] Seine enorme Schubert-Sammlung, die er testamentarisch an das Archiv der Gesellschaft der Musikfreunde Wiens und die Wiener Stadt- und Landesbibliothek vermacht hat, erinnert noch heute daran.[11]

Klimts Schubert-Bild erlangte damals ungeheure Bekanntheit. Es hatte geradezu Kult-Status – vergleichbar heute mit Klimts goldenem Kuss-Bild. Hermann Bahrs Zitat vom »schönsten Bild, das je ein Österreicher gemalt hat«[12], wird von vielen geteilt. Doch nicht allein ästhetische Gründe machen das Bild berühmt.

Denn schon damals wird Klimt mit dem Schubert-Bild als Inbegriff des »Österreichischen« stilisiert. Dieses vermeintlich »Österreichische« zu fassen fällt damals so schwer wie heute. Doch in der politischen Auseinandersetzung spielt es eine zunehmende Rolle. Vor dem Hintergrund der Hegemonie des 1870/71 gegründeten deutschen Kaiserreichs sieht man in Wien die eigene Stellung bedroht und alte Bedeutungen schwinden. Eine Rivalität entsteht, die zwischen den beiden deutschen Metropolen Wien und Berlin als offener Wettstreit zwischen der alten Kaiserstadt und dem preußischen Aufsteiger sichtbar wird. Die Konfrontation ist vielschichtig und spiegelt sich auch im Versuch, innerhalb der deutschen Kultur eine spezifisch österreichische Note zu betonen. Im Rahmen dieser kulturpolitischen Auseinandersetzung wird Klimt massiv instrumentalisiert.

Der Wiener Literat Hermann Bahr steht in der Debatte an vorderster Stelle. Er gesteht freimütig ein, nicht in der Lage zu sein, das »Österreichische« definieren zu können, aber dank Gustav Klimts *Schubert am Klavier* sieht er das Gesuchte exemplarisch vorgeführt: »Ich weiß nur, daß ich bös werde, wenn man mich fragt, ob ich ein Deutscher bin. Nein, antworte ich, ich bin kein Deutscher, ich bin ein Österreicher. Das ist doch keine Nation wird entgegnet. Es ist eine Nation geworden, sage ich, wir sind nur anders als die Deutschen, etwas für uns. Definieren Sie das! Ja, wie soll man das ›definieren‹? Aber an diesem Schubert ist es zu sehen! Diese Stille, diese Milde, dieser Glanz auf einer bürgerlichen Bescheidenheit – das ist unser österreichisches Wesen (…).«[13]

In dieser Debatte um das so genannte »Österreichische« wird Klimt immer wieder als vermeintlicher Kronzeuge angerufen, auch lange noch nach Dumbas Tod und im Grunde bis heute, da Klimts Nachruhm zu Österreichs erfolgreichsten Kulturexporten gehört. Die beiden Klimt-Bilder, die später von den Erben verkauft werden, gelangen an August und Serena Lederer (s. S. 111ff.).[14]

Dass sich Baron Dumba, als er am 23. März 1900 in Budapest stirbt[15], um die Vergänglichkeit seines Tuns keine Illusionen macht, verdeutlicht eine letzte Episode seines Lebens: Am Vorabend seines Todes empfängt er in seinem Palais Gäste. Die Konversation dreht sich um Fragen der Kunst. Als dem Hausherrn mit der Feststellung geschmeichelt wird, wie sehr er in seinen Werken den Nachgeborenen erhalten bleiben werde, antwortet Dumba so bescheiden wie eitel: »Ach du lieber Gott, man thut im Leben viel zu wenig, als daß sich die Nachwelt lange mit Einem beschäftigen sollte.«[16]

SONJA KNIPS

das erste moderne Frauenbildnis

Im Gedächtnis der Nachwelt ist Gustav Klimt vor allem als Maler der Frauen in Erinnerung geblieben. Seine Bildnisse von Wiener Damen der Gesellschaft wurzeln in Ornament und Dekor. Sie sind weniger der Avantgarde als dem Raffinement verpflichtet, verkörpern das Artifiziell-Kostbare und sind eng mit Wien und der ästhetischen Grundhaltung der Stadt verbunden – nicht nur entwicklungsgeschichtlich, sondern auch formal und atmosphärisch.

Einmal tritt ein Gesandter mit der Bitte an Klimt heran, die drei Töchter eines deutschen Fürsten zu verewigen. Klimt erklärt sich grundsätzlich zu einem Gruppenbildnis bereit. Seine Bedingung aber lautet, dass die in verschiedenen Städten lebenden Prinzessinnen zu den Porträtsitzungen nach Wien anreisen müssen. So zerschlägt sich der Auftrag.[17] Das Scheitern scheint doppelt bezeichnend. Denn einerseits ist Klimt als Mensch und Künstler geographisch wie stimmungsmäßig von Wien nicht zu separieren. Andererseits leben auch seine Sammler und Mäzene in dieser Stadt und rekrutieren sich fast ausnahmslos aus dem dortigen Großbürgertum.

Sonja Knips, Atelieraufnahme um 1895. Eine ideale Mäzenin, die der großbürgerlichen Gesellschaft angehört und als Auftraggeberin »ihren« Künstlern freie Hand lässt. Foto: Privatbesitz

Gustav Klimt, Studien zum Bildnis der Sonja Knips, 1898. Schwarze Kreide auf Papier. Historisches Museum der Stadt Wien

Gustav Klimt, Bildnis Sonja Knips, 1898. Das erste moderne Frauenbildnis von Gustav Klimt. Öl auf Leinwand. Ursprünglich Sammlung Knips, heute Österreichische Galerie Belvedere, Wien

Vor diesem Hintergrund erscheint das anmutige Bildnis der Sonja Knips wie die Ausnahme, welche die Regel bestätigt. Sonja Knips ist eine geborene Baroness. Als Sophie Amalia Maria Freifrau Potier des Echelles kommt sie am 2. Dezember 1873 in Krakau zur Welt.[18] Ihr Vater Maximilian Freiherr Potier des Echelles ist ein hoher Offizier der österreichisch-ungarischen Armee, der als Feldmarschallleutnant in der galizischen Hauptstadt Dienst versieht. Seine Tochter bleibt die einzige Vertreterin des höheren (Beamten-)Adels, die Klimt je porträtiert.[19]

Den ihr standesmäßig gleichrangigen Baron Nicolaus Dumba – dessen Adelsprädikat auf die Nobilitierung des Vaters zurückgeht und erst eine Generation alt ist – hat sie wahrscheinlich aus Altersgründen nie getroffen. So passt in das Bild, dass die 25-jährige, als Klimt sie malt, seit zwei Jahren mit dem bürgerlichen Anton Knips verheiratet ist, der aus großindustriellen Kreisen stammt und Besitzer eines Eisenwerks in Böhmen ist.

Die Ehe mit dem acht Jahre älteren Anton Knips verläuft unglücklich. Schwere Schicksalsschläge überschatten ihr Leben. Vielleicht wird die strahlend schöne Sonja Knips auch deswegen zu jener kühl-distanzierten Persönlichkeit, als die sie ihre Nichte beschrieben hat. Sonjas jüngerer Sohn stirbt 19-jährig kurz nach seiner Rückkehr aus dem Ersten Weltkrieg. Die Todesanzeige

vermittelt die Trauer um den Verlust des jungen Mannes.[20] Dann verliert Sonja Knips ihren Lieblingsbruder bei einem Reitunfall mit einem Pferd, das sie ihm selbst geschenkt hat. Schuldgefühle lassen sie danach vor persönlichen Bindungen immer stärker zurückschrecken. Umso mehr nimmt sie als Mäzenin einen wichtigen Platz ein. Ihr 1898 gemaltes Bildnis ist wohl der intimste Beleg dafür. Zu Recht gilt das Porträt der Sonja Knips als das erste moderne Bildnis der Wiener Malerei. Gleichzeitig ist es das erste Klimt-Bildnis im neuen Stil.

Neu für Klimt ist die lebensgroße Darstellung, deren »auserlesene Anmut in Zeichnung und Färbung«[21] früh gewürdigt worden ist. Neu ist auch die quadratische, in sich ruhende Grundform. Zahlreiche Vorstudien vermitteln, wie Klimt zwischen Quer- und Hochformat schwankt, bis er in der Verschneidung von beiden im quadratischen Bildausschnitt die griffigste Formulierung findet. Sie kommt der Sitzpose wie auch der hoch aufragenden Haltung der Porträtierten entgegen. Das Artifizielle des Arrangements tarnt der Maler als flüchtige Momentaufnahme. Die diagonale Zweiteilung der Bildfläche korrespondiert mit der Gegenüberstellung von Licht und Dunkel, von Vorne und Hinten, von Fülle und Leere. Frau Knips sitzt an der vordersten Kante eines Polstersessels, der malerisch nur angedeutet aus dem Bildzentrum gerückt ist. Die Szene scheint in einem Garten angesiedelt zu sein, dessen Einzelheiten im Halbdunkel verschwinden. Die Dargestellte blickt frontal aus dem Bild heraus. Mit der Linken umfasst sie die Armlehne, als sei sie im Begriff, sich zu erheben. Verschwenderisch ergießt sich der malerische Reichtum des Tüllkleides. Eine Flut von zumeist parallel organisierten Pinselstrichen, die sich immer wieder kreuzen, sorgt für knisternde Spannung. Doch im mädchenhaften Antlitz, das den Blickkontakt mit dem Betrachter ruhig erwidert, wird alle Unruhe und Körperenergie gebannt. Ähnliche Figuren hat Arthur Schnitzler in seinen Romanen geschildert: Menschen als Inbegriff bürgerlicher Konvention, eingezwängt in ein Korsett aus Etikette und Ordnung, bedrängt von unterschwelliger Erotik.

Mit dem Knips-Porträt gelingt Klimt ein Schlüsselwerk des Wiener Fin de Siècle. Aus gutem Grund kann die Darstellung für sich in Anspruch nehmen, Endpunkt der österreichischen Malerei des 19. Jahrhunderts zu sein, von deren Errungenschaften sie das Beste in sich vereint. Gleichzeitig markiert das Porträt aber den Auftakt und den maßgebenden Schritt in die Secessionsästhetik.

Ob zwischen Klimt und Sonja Knips ein intimes Verhältnis bestanden hat, ist nicht bekannt. Sonja Knips berichtet, Klimt habe das Kleid, das sie trägt, selbst ausgewählt. Auch die Entscheidung für das Skizzenbuch in ihrer Rechten geht auf den Maler zurück. Der Maler gab es ihr in die Hand, weil dort angeblich ein Farbakzent fehlte. Es kennzeichnet Klimts Verbundenheit mit der Kunst des 19. Jahrhunderts, dass er sich bei der Lösung eines koloristischen Problems noch der Gegenstandsgebundenheit der Farbe verpflichtet

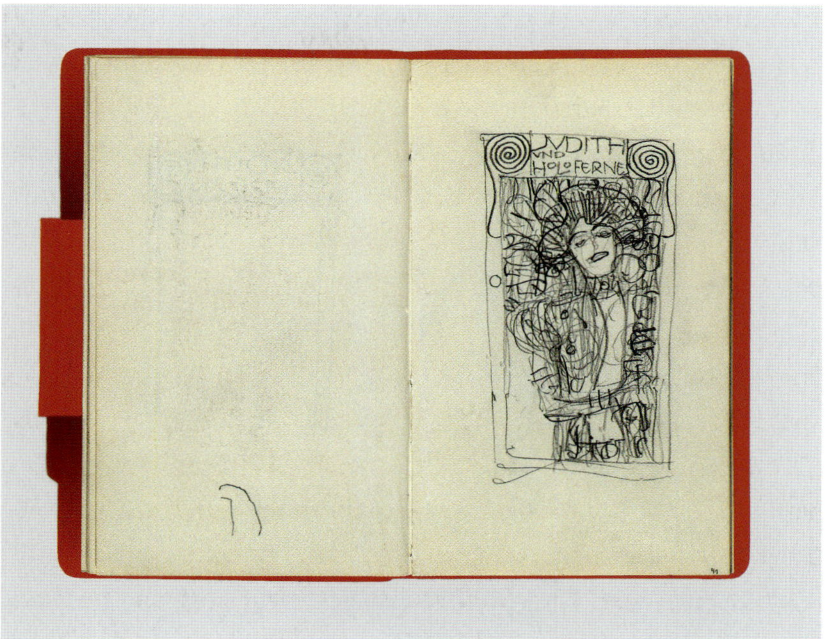

Das in rotem Leder gebundene Skizzenbuch, ein Geschenk von Gustav Klimt an Sonja Knips. Heute Österreichische Galerie Belvedere, Wien

Aus dem Skizzenbuch: Eine Entwurfszeichnung von Gustav Klimt zum Ölbild »Judith«, um 1900

fühlt. Schon die nächste Künstlergeneration der Expressionisten hätte einfach Rot verwendet, ohne dafür mit einem Skizzenbuch eine gegenständliche Legitimation zu bemühen.

Ein solches Skizzenbuch überlässt Klimt der Porträtierten als Geschenk. Auf der ersten Innenseite fügt er sogar eine Fotominiatur von sich bei. Manche Klimt-Kenner wollen daraus eine »Liaison dangereuse« ableiten, vielleicht sogar eine intime Beziehung. Das Skizzenbuch samt Fotografie sei ein Präsent, das vor dem Hintergrund der damals zu wahrenden äußeren Etikette »das Äußerste und Gewagteste war, was man einer verheirateten Frau schenken konnte, ohne sie sofort zu kompromittieren«.[22]

Von ihrem Porträt trennt sich Sonja Knips erst am Ende ihres Lebens. 1950 verkauft sie das Bild der Österreichischen Galerie unter der Auflage, es zu Lebzeiten als Leihgabe behalten zu dürfen. So bleibt das Bild bis zuletzt fester Bestandteil ihrer Wohn- und Lebenswelt.

Den architektonischen Rahmen dafür liefert Josef Hoffmann. Hoffmann ist einer der bedeutendsten Architekten Wiens. Anders als sein Lehrer Otto Wagner oder Adolf Loos ist er eng mit der Secession verbunden, zu deren Gründungsmitgliedern er zählt. 1903 gehört er zu den Mitbegründern der Wiener Werkstätte, deren Architekturabteilung er leitet. Im Zusammenhang der Klimt-Sammler taucht er immer wieder auf. Wie kein anderer scheint er das adäquate architektonische Ambiente für Klimts Meisterwerke zu schaffen.

1903 baut er die Wiener Wohnung von Sonja Knips in der Gumpendorferstraße Nr. 15 um.[23] Erstmals übernimmt Hoffmann damals die künstlerische Inszenierung ihres Haushalts. Eine alte Fotografie zeigt das von Hoffmann ent-

Die Wohnung Knips, Gumpendorferstraße Nr. 15, Wien VI, Aufnahme nach 1903. Entwurf von Josef Hoffmann. Die Sitznische aus grauem Ahornholz und weißen Säulen; über der Sitzbank die Klimt-Landschaft »Obstbäume«. Bank wie Wandbespannung sind grau gehalten. Foto: Privatbesitz

Gustav Klimt, Obstbäume, 1901. Öl auf Leinwand. Ursprünglich Sammlung Knips, heute Privatbesitz

worfene Wohnzimmer mit Sitznische: Ein heller Raum, der von der Straße her durch ein großes Fenster freigiebig Licht erhält. Hell ist auch der farbliche Gesamtton. An der Seitenwand eine Sitznische, deren graue Stoffbespannung und weiße Rahmung auf die dort hängende Klimt-Landschaft Rücksicht nehmen. Diese Landschaft mit dem Titel *Obstbäume* stammt aus dem Jahr 1901. Klimt stand damals im Bann des Pointillismus. Die international wichtigsten Vertreter dieser Richtung, Paul Signac, Paul Seurat und Theo van Rysselberghe, waren damals in den Wiener Secessionsausstellungen häufig vertreten. Wann und wo Sonja Knips das Bild erwirbt, ist unbekannt.

Die Wohnung wird durch das Hinzufügen benachbarter Räume mehrfach erweitert.[24] Schließlich umfasst sie den gesamten ersten Stock des Mietshauses. Die Bauleitung liegt stets bei Josef Hoffmann, der zugleich den Landsitz der Familie Knips am Millstätter See in Kärnten entwirft.

Noch im hohen Alter verbringt Sonja Knips dort bevorzugt die Sommermonate. Ihre Enkelin erinnert sich: »Sie war körperlich sehr aktiv. Im Sommer schwamm sie täglich im Millstädter See (...). Sie liebte Brustschwimmen, einen Hut auf ihrem Kopf und stets darauf bedacht, die Schultern nicht nass zu machen.«[25]

Die Villa Knips, Nusswaldgasse Nr. 22, Wien XIX, Aufnahme 1980. Entwurf Josef Hoffmann. Außenansicht des 1924/25 errichteten Baus mit weitläufigem Gartengrundstück. Foto: Privatbesitz

Die Wohnung Knips in der Gumpendorferstraße nach der Umgestaltung von 1915/16. An der Schmalseite des Raumes über einer Vitrine mit hölzernem Gitterwerk und hohen kannelierten Beinen die Klimt-Landschaft »Obstbäume«. Foto: Privatbesitz

Ihren Höhepunkt findet die berufliche Verbindung zwischen Josef Hoffmann und Sonja Knips im Bau der Villa Knips im 19. Wiener Gemeindebezirk, Nusswaldgasse Nr. 22.[26] Nach Vorentwürfen von 1919 entsteht 1924/25 ein großzügiges Gartenwohnhaus. Einmal mehr verkörpert Sonja Knips dabei jenen Typus der Bauherrin, den Josef Hoffmann in seiner gesamtkünstlerischen Kompromisslosigkeit »verlangt«. Sie lässt ihm freie Hand und besteht auch später darauf, dass an seiner Anordnung von Einrichtung und Ausstattung nicht das Geringste geändert werden darf. Auch wenn im Inneren des Hauses nach ihrem Tod vieles verloren geht, vermittelt die Anlage inmitten eines großzügigen Gartengrundstücks noch heute jenen Hauch von Luxus und Diskretion, der so selbstverständlich zum Leben der Sonja Knips gehörte, wie er zur Stimmung ihres von Gustav Klimt geschaffenen Bildnisses passt.

Klimts Porträt der Sonja Knips nimmt im neuen Heim einen zentralen Ort ein. Hoffmann lässt das Bild im Wohnzimmer so hängen, das es schon vom Vorzimmer aus durch eine verglaste Abtrennung zu sehen ist. Einen ähnlich prominenten Platz erhält die annähernd lebensgroße Klimt-Allegorie *Adam und Eva* im Salon der Dame. Es ist das dritte Klimt-Gemälde im Besitz der Sammlerin, erworben aus der Klimt-Nachlassausstellung 1919.

Als Sonja Knips am 25. Juni 1959 stirbt, wird sie in der Familiengrabstätte in Wien-Hietzing beigesetzt, auch sie eine Schöpfung des »Hausarchitekten« Josef Hoffmann. Danach verblassen die Erinnerungen an eine der distinguiertesten Sammlerinnen in Wien um 1900. Geblieben aber ist ihr Porträt, das die Journalistin Berta Zuckerkandl schon 1903 als »sublimirten Extract des modernen Frauentypus«[27] würdigt. So wie dieses Porträt die Tradition der österreichischen Bildnismalerei erneuert, entfaltet der Jugendstil gerade im Herzen der Donaumetropole seine umfassendste und wohl vornehmste Blüte.

Innenansicht der Villa Knips: Der Salon der Dame mit Klimts Allegorie »Adam und Eva«, Aufnahme 1926. Foto: Privatbesitz

Gustav Klimt, Adam und Eva, 1917/18. Öl auf Leinwand. Sonja Knips erwirbt das unvollendete Bild aus der Nachlassausstellung 1919, heute Österreichische Galerie Belvedere, Wien

KARL WITTGENSTEIN
und die Wiener Secession

Die Wurzeln des Jugendstils liegen im englischen Arts-and-Crafts-Movement. Von Großbritannien aus verbreiten sich diese Reformideen in ganz Europa. Künstler greifen deren Innovationen überall in der Alten Welt auf, aber nicht nur dort. Sie tragen Früchte von Brüssel bis Barcelona, von Paris bis Mailand, von Moskau bis nach New York. Im deutschen Sprachraum erhält die Reformbewegung ihren Namen nach der Kunstzeitschrift *Die Jugend*. Sie erscheint in München, strahlt aber weit darüber hinaus. Österreich beginnt erst spät, in das europäische Konzert der Erneuerer einzustimmen. Und trotzdem erlebt der Jugendstil gerade in Wien seine wohl reifste und vielfältigste Ausformung.

Die Geburtsstunde des Wiener Jugendstils fällt mit der Gründung der Wiener Secession 1897 zusammen. Deren konstituierende Versammlung als »Vereinigung bildender Künstler Österreichs« findet am 3. April 1897 statt. Gustav Klimt steht an der Spitze der Reformer. Tatkräftig werden Forderungen und neue Programme formuliert. Ziel ist die Abkehr vom Pomp der Ringstraße, dessen Stilverlogenheit demaskiert wird. Ein neuer Frühling der Künste bricht an, welcher der frisch gegründeten Vereinszeitschrift den lateinischen Titel *Ver Sacrum* gibt.

Die Secessionisten wissen um die vor ihnen liegende Sisyphosarbeit. Es gilt die Wiener Kunst zu entschlacken, die Tore zur internationalen Kunst zu öffnen und Berührungsängste mit der Moderne zu überwinden. Zielstrebig gehen die Erneuerer ans Werk. Sie entwerfen ein weit gespanntes Ausstellungsprogramm. Möglich wird es dank intensiver persönlicher Kontakte und Künstlerfreundschaften. Die Errichtung eines eigenen Vereins- und Ausstellungsgebäudes schafft den organisatorischen Mittelpunkt. Josef Maria Olbrich, der wenig später nach Darmstadt berufen wird, entwirft die Pläne des Baus, dessen vergoldete Lorbeerkuppel weithin leuchtet.

Nach Olbrichs Plänen entsteht am Karlsplatz nicht nur ein Ausstellungslokal, sondern ein moderner Kunsttempel. Seine architektonische Geschlossenheit verwehrt allem Banalen den Zutritt. Zunächst verspottet, setzt sich das Gebäude schon bald als Sehenswürdigkeit durch. Die feierliche Eröffnung findet am 12. November 1898 statt.

An diesem neugierig erwarteten Tag scheinen selbst konservative Zeitungskritiker überwältigt: »Die Wiener Secessionisten haben heute ihre Freunde und Bekannten zur Besichtigung der Ausstellung eingeladen, die sie zur Einweihung ihres neues Hauses veranstalten und die morgen eröffnet werden wird. Eigentlich sollte man sagen: die Secession im eigenen Tempel, da der sonderbare Bau mit seinen aus dem fernen Osten geholten Formen, seiner mausoleumartigen Verschlossenheit und den symbolistischen Ornamenten an den

Das Gebäude der Wiener Secession, um 1901/02. Über dem Portal das Motto: »Der Zeit ihre Kunst, der Kunst ihre Freiheit«. Foto: Österreichische Nationalbibliothek, Bildarchiv, Wien

Außenwänden den Eindruck einer mysteriösen Cultusstätte für die neue Kunst macht. Daran mahnen auch die Inschriften zu beiden Seiten des Einganges: ›Der Zeit ihre Kunst‹ und ›Der Kunst ihre Freiheit‹. Die Kuppel mit dem glänzenden Blätterschmuck ist bereits zu einem Wiener Wahrzeichen geworden, und der Wiener Witz hat danach das ganze Haus ›Zum goldenen Krauthapp'l‹ getauft. Man war schon sehr neugierig, das Innere des geheimnisvollen Baues und die neu ausgestellten secessionistischen Kunstwerke kennenzulernen, weshalb heute vormittags trotz des schlechten Wetters und trotz des elenden Zustands aller Zugangswege die Säle bald mit einer zahlreichen Gesellschaft gefüllt waren.«[28]

Noch heute fasziniert die Dynamik der damaligen Ereignisse. Der Aufbruch scheint grenzenlos, Tatkraft und Euphorie der Secessionisten ungebrochen. In umfassenden Analysen ist die Bau-, Ausstellungs- und Wirkungsgeschichte der Wiener Secession oft beschrieben worden. Übersehen wird aber immer wieder das Engagement der Künstlerfreunde. Denn nicht nur die Künstler wissen um den Abstand, der Wien bis dahin von der europäischen Moderne trennt. Auch potente Förderer und Finanziers leisten Beistand und sekundieren den Aufbruch.

Die Wiener Secession, 1898. An der Eingangstür das von Josef Maria Olbrich entworfene Plakat der II. Secessionsausstellung 1898. Foto: Österreichische Nationalbibliothek, Bildarchiv, Wien

Karl Wittgenstein, um 1890. Wegen seiner Erfolge in der Stahlindustrie der »österreichische Krupp« genannt. Foto: Privatbesitz

Das Sekretariat der Wiener Secession, um 1900. Entwurf und Ausstattung von Josef Hoffmann. Foto: Österreichische Nationalbibliothek, Bildarchiv, Wien

Die Errichtung des Secessionsgebäudes wird zum vereinten Kraftakt von Künstlern und Förderern. Bürokratische Hindernisse werden geschickt umschifft. Es gelingt den Künstlern, sich die Unterstützung sowohl öffentlicher als auch privater Geldgeber zu sichern. Den Baugrund in bester Citylage stellt die Stadt Wien zur Verfügung. Auch die Gemeindevertreter wollen sich nicht dem Argument verschließen, dass »die Neubelebung des Wiener Kunsttreibens eine Angelegenheit von eminentem öffentlichen Interesse sei«.[29] Die Baukosten werden über einen eigenen Fond finanziert. Beachtliche 20.000 Gulden schießt die Niederösterreichische Landesregierung zu. Den Löwenanteil der verbleibenden rund 50.000 Gulden aber steuert der Großindustrielle Karl Wittgenstein bei. Es wird sogar vermutet, dass ohne seine Unterstützungsgarantie die öffentlichen Stellen den Bauplatz kaum überlassen hätten.[30]

Karl Wittgenstein, Vater des prominenten Philosophen Ludwig Wittgenstein, wird am 8. April 1847 in Wien geboren.[31] Der Großvater Moses Mayer stammte aus Korbach in Westfalen und nahm zu einem nicht mehr feststellbaren Zeitpunkt den Namen Wittgenstein an. Dessen Sohn Hermann Christian Wittgenstein ist Wollgroßhändler. Auch dessen Gattin Fanny, geborene Figdor, gehörte einer Kaufmannsfamilie an. Von ihren elf Kindern wird Karl der berühmteste.

Der Werdegang von Karl Wittgenstein ist abenteuerlich. Als Jugendlicher kämpft er gegen seinen dominanten Vater an. Dass er später als Familienoberhaupt seinen eigenen Söhnen eine ähnlich schwere Hypothek mit auf den Weg

Die legendäre Mittelaltersammlung von Albert Figdor, Wittgensteins Onkel mütterlicherseits, um 1920. Foto: Privatbesitz

gibt, verleiht seiner Biographie etwas Verhängnisvolles. Von seinen acht Kindern erreichen nur sechs das Erwachsenenalter. Drei seiner Söhne begehen Selbstmord. Eine Tragik, die mit den übermenschlichen Ansprüchen und der Strenge des Vaters erklärt wird.

Mit 17 Jahren bricht Karl von zu Hause aus und schlägt sich in die USA durch. Doch der zweijährige Amerikaaufenthalt ist finanziell bitter. Seinen kläglichen Lebensunterhalt verdient der Ausreißer mit verschiedenen Gelegenheitsjobs in New Yorker Armenvierteln, bis er als Violine- und Mathematiklehrer in einer Schule ein Auskommen findet. Nach der Rückkehr nach Wien und kurzzeitigem Studium an der Technischen Hochschule heiratet er 1873 Leopoldine Kallmus. Ihr zuliebe lässt er, selbst Protestant und Spross einer jüdischen Familie, seine Kinder katholisch taufen und erziehen.

Wittgensteins beruflicher Aufstieg ist selbst für das an traumhaften Karrieren reiche 19. Jahrhundert ungewöhnlich. Er beginnt, als der 30-jährige 1877 Direktor der Teplitzer Walzwerke wird. 1880 gründet er das erste Schienenkartell Österreich-Ungarns und übernimmt 1884 die Aktien der Böhmischen Montangesellschaft. Übernahme und Gründung weiterer Hütten folgen. 1886 vereint er die Teplitzer Werke mit der Prager Eisenindustriegesellschaft, deren Direktor er wird. Damals läutet er die Geburtsstunde des ersten österreichischen Eisenkartells ein. Wittgenstein steigt zum unbezwingbaren Wirtschaftsmagnaten auf, der die österreichische Eisen- und Stahlindustrie beherrscht. Durch Beteiligungen und Aktienverflechtungen erweitert er seinen Einfluss auch auf andere Wirtschaftszweige und etliche Großunternehmen.

Der Industriekapitän verkörpert den Prototyp des Unternehmers: unkonventionell, instinktsicher, risikobereit und unbeugsam, ein Mann mit enormer Menschenkenntnis. Manche Zeitgenossen sehen in ihm den »Amerikaner in

Österreich«, anderen gilt er als der »österreichische Krupp«. Das Jahr 1898 aber bringt einen radikalen Umschwung. Wittgenstein fasst den Entschluss, sich aus dem Geschäftsleben fast ganz zurückzuziehen, und unternimmt vorerst eine dreimonatige Weltreise. Dann beginnt der 51-jährige, sich fortan vor allem seinen beiden Leidenschaften zu widmen: der Jagd und mit wachsendem Interesse der Kunst.

Anfänglich ist Wittgenstein eher der Musik zugetan. Seine Frau, die selbst eine ausgezeichnete Pianistin ist, unterstützt ihn darin. Gefeierte Komponisten wie Johannes Brahms und Gustav Mahler zählen zu ihren Gästen und werden Freunde. Aber auch Berühmtheiten wie Clara Schumann, Bruno Walter, das Joachim-Quartett und Pablo Casals musizieren in ihrem Salon.

Das Kunstengagement ist kein Zufall. Familiäre Vorbilder dafür finden sich schon in der Generation von Wittgensteins Eltern. Während seine Mutter ihr Haus zu einem Treffpunkt damals anerkannter Schriftsteller und Maler machte, erwies sich sein Onkel Albert Figdor als Sammler par excellence. Noch heute, mehr als hundert Jahre nach Figdors Tod, genießt seine Sammlung in Fachkreisen einen exzellenten Klang – obwohl heute längst in alle Winde zerstreut und nur mehr in Katalogen dokumentiert. Die Prunkstücke dieser Sammlung – vor allem Kunstgewerbe vom Mittelalter bis zum Barock – befinden sich heute in den größten Museen der Welt.

Erst allmählich wächst Wittgensteins Interesse für die Malerei, obwohl er in seiner Jugend selbst ein begeisterter Zeichner war. Entscheidende Impulse kommen von seiner Tochter Hermine. Sie erhält eine malerische Ausbildung und ist eine glühende Klimt-Anhängerin. In ihren »Familienerinnerungen« schreibt sie: »Mein Vater hatte große Freude an den Bildern, eine Freude, die

Karl und Leopoldine Wittgenstein mit ihrer Tochter Hermine im Jagdhaus Hochreith, um 1910. Foto: Privatbesitz

sich mit der Zeit verstärkte und verfeinerte, und er hat sich nach und nach – mit meiner Hilfe, das muß ich gestehen – eine kleine aber schöne Sammlung der Zeit von 1870 bis 1910 angelegt. Den Anfang machte die *Quelle des Übels* von Segantini, und ich erinnere mich genau, wie sehr ihm die Erwerbung dieses Bildes, das die Secession in ihrer ersten, Aufsehen erregenden internationalen Ausstellung zeigte, am Herzen lag. Wenn er mir auch meistens freie Hand ließ – er nannte mich im Scherz seinen Kunstdirektor –, so war doch sein Geschmack maßgebend. Ein sehr schönes Goya-Porträt z. B., das mich entzückte, hat er abgelehnt, und zwar ganz mit Recht, es wäre aus der Sammlung ›herausgefallen‹, wie man zu sagen pflegt. Diese Bildersammlung (...) war durch Plastiken von Max Klinger, Rodin, Mestrovic schön ergänzt. (...) Viele von den Künstlern waren uns auch persönlich bekannt oder befreundet, wie z. B. Rudolf von Alt, von dessen Hand ich prächtige Werke aus allen Perioden besitze. (...) Sonderbarerweise scheint mir für alle unsere Bilder eine gewisse ernste Ruhe in der Komposition charakteristisch, ein Betonen der Senkrechten und Waagrechten, das ich ›ethisch‹ nennen möchte.«[32]

Das erste Klimt-Gemälde, das Wittgenstein erwirbt, ist wahrscheinlich die Darstellung *Das Leben ein Kampf*. Das 1903 in der Wiener Secession erstmals ausgestellte Bild erscheint auch unter dem Titel *Der goldene Ritter*. Der Ritter ist eine Variante des »wohlgerüsteten Starken« aus Klimts Beethovenfries, an den sich die Bitten der auf Erlösung hoffenden »schwachen Menschheit« richten. Wahrscheinlich hat es die Ikonographie des Bildes Wittgenstein leicht gemacht, sich persönlich mit dem Bild zu identifizieren. Das Gemälde erhielt im Wittgenstein-Palais einen Platz im Treppenhaus. Als Blickfang am Ende der mächtigen Stiege war es dort effektvoll platziert, stand aber ständig im Wettstreit mit der opulenten Historismusarchitektur.

Gustav Klimt, Das Leben ein Kampf (Der goldene Ritter), 1903. Das Gemälde wiederholt das Rittermotiv aus dem Beethovenfries. Öl auf Leinwand. Ursprünglich Sammlung Wittgenstein, heute Aichi Prefectural Museum of Art, Nagoya

Das Palais in der Wiener Alleegasse, heute Argentinierstraße Nr. 16, bildete einen kuriosen Rahmen für Klimts Bilder. Wittgenstein hatte das alte Prantnersche Palais in den 1880er Jahren erworben und ließ es damals von dem Architekten Friedrich Schachner aufs üppigste umgestalten. Das Ergebnis der Adaptierungsarbeiten entsprach ganz dem Ringstraßenstil. Traditionsverhaftet fielen auch die Dekorationsarbeiten der damals beauftragten Maler Josef Fux, Franz Schönthaler und der Brüder Jobst aus, die heute allesamt vergessen sind. Ein ganz der Moderne verpflichtetes Haus lässt sich Wittgenstein erst mit dem Neubau seines Jagdhauses auf der Hochreith in Niederösterreich errichten. Es wird von Josef Hoffmann geplant und ist ganz mit Wiener-Werkstätte-Produkten ausgestattet.

1904 bestellen Karl und seine Gattin bei Klimt das Bildnis ihrer Tochter Margarethe. Drei Klimt-Briefe an die Auftraggeber, die sich erhalten haben, lassen die Entstehungsgeschichte Revue passieren. Im ersten Brief bedankt sich Klimt für den Auftrag: »Hochverehrte Gnädige Frau! Mit großem Vergnügen

Der »Rote Salon« des Palais Wittgenstein in der Alleegasse, heute Argentinierstraße, Wien IV, um 1910. Rechts eine Jugendstilvitrine und die Skulptur der »Kauernden« von Max Klinger. Foto: Privatbesitz

Der »Rote Salon« in entgegengesetzter Blickrichtung, um 1910. Rechts an der Staffelei das Klimt-Porträt von Margarethe Stonborough-Wittgenstein. Foto: Privatbesitz

bin ich bereit, Ihren Auftrag zu übernehmen, falls ein kleiner Aufschub möglich ist. Vor Mitte März werde ich nicht viel machen können; sollte dies kein Hindernis bilden, so stellte ich mich mit Freude zur Verfügung. Genehmigen Sie, Hochverehrte Gnädige Frau, den Ausdruck vorzüglicher Hochachtung Ihres stets ergebenen Gustav Klimt.«[33]

Nach etlichen Monaten schreibt Klimt an den Hausherrn, den er neuerlich um Geduld bitten muss. »Euer Hochwohlgeborener! Darf ich jetzt noch auf einen Brief antworten, den ich vor sehr geraumer Zeit erhielt? Und darf ich auf ein klein wenig Entschuldigung rechnen, wenn ich sage, daß außer einer krankhaften Schreibscheu, sonst täglich der Umstand, daß mir die Antwort sehr schwer wird, die Verzögerung verschuldete. Die Antwort wird mir schwer, nicht weil das Bild nicht fertig ist, sondern weil es vor allem noch nicht gut ist – ich kann daher nur den jetzigen Curs meiner lebensgroßen Portraits nennen und der beläuft sich auf ca. 5000 Gulden. Noch weniger kann ich von Ihrem lieben Anerbieten, das Portrait schon jetzt zu bezahlen, Gebrauch machen – nach dem Obgesagten. Ich hoffe, im Herbst nach Schluß der Ausstellung das Bild fertig machen zu können und hoffe weiters, daß es als Portrait noch gut werden soll. Ich bitte nochmals um gütige Entschuldigung – die schuldige Antwort hatte mein Gemüt sehr belastet. Ihr stets ergebener Gustav Klimt.«

Das schlechte Gewissen ist ernst gemeint. Klimts Schreibhemmung, für den jede Korrespondenzkarte eine unsägliche Anstrengung darstellt, ist sprichwörtlich. Aber auch seine Arbeitsweise ist notorisch langsam. Einerseits

Der Musiksalon im Palais Wittgenstein, um 1910. Rechts eine Beethovenbüste von Max Klinger. Foto: Privatbesitz

bereitet Klimt seine Porträts mit einer unüberschaubaren Fülle von Studien und Zeichnungen vor, stets auf der Suche nach der treffendsten Formulierung. Andererseits ist er skrupelhaft und verschleppt den Abschluss eines Bildes so lange wie möglich. Oft unterzieht der Maler seine Auftraggeber damit einer harten Prüfung. Doch erstaunlicherweise nehmen sie diese Geduldsprobe ohne Murren hin.

Mit Karl Wittgenstein und Gustav Klimt treffen zwei scheinbar konträre Charaktere aufeinander: hier der Tycoon, dessen Tatkraft keinen Widerstand und Aufschub duldet, dort der Malerfürst, der mit allen Fragen der Hauswirtschaft und des praktischen Lebens auf Kriegsfuß steht. Das Honorar will Wittgenstein vorstrecken. Doch Klimt lehnt ab. Er ahnt nur zu genau, damit eine Verpflichtung einzugehen, die neuerliches Zaudern nur schwer erlauben würde. Klimts Motivation ist nicht die Aussicht auf ein üppiges Honorar, sondern allein sein Ehrgeiz – wie er schreibt –, dass das Bild »als Portrait noch gut werden soll«.

Klimt nennt in seinem Brief einen »Kurs für lebensgroße Portraits« von ca. 5 000 Gulden. Das entspricht der enormen Summe von ca. 10.000 Kronen. Das Jahresgehalt eines Volksschullehrers beträgt zum Vergleich damals etwa 1200 Kronen.[34] Ähnlich astronomische Honorare können zu dieser Zeit bestenfalls der Impressionist Max Liebermann in Berlin und der elegante Gesellschaftsporträtist John Singer Sargent in England verlangen. So bleibt der Kreis der Sammler, die sich Klimt leisten, auch aus finanziellen Gründen ein zahlenmäßig eng begrenzter.

Klimt avanciert zu einem der teuersten Porträtmaler Europas. Seine Honorare verdeutlichen das: Exakt 10.000 Kronen fordert Klimt vom Wiener Unterrichtsministerium, als man das lebensgroße Bildnis seiner Lebensgefährtin Emilie Flöge ankaufen will. Klimt erläutert dazu: »Der Preis ist gleich dem Betrage, den ich jetzt für einen Portraitauftrag erhalte.«[35] Allein dem wackeren Ministerialbeamten, der das Angebot bearbeitet, erscheint der Preis als »exorbitant« (das Wort exorbitant im Originaltext unterstrichen!). Ungeachtet dessen findet das Flöge-Bild wenige Jahre später sogar einen Käufer für 12.000 Kronen.[36]

Eine Vorstellung von der Höhe des Preises erhält, wer weiß, dass Moriz Gallia, dessen Gattin Klimt 1903/04 porträtiert hatte, im gleichen Jahr eine stattliche Villa im österreichischen Salzkammergut inklusive aller Fahrnisse für 40.000 Kronen erwirbt.[37] Klimt verdient also ausgezeichnet. Da er nach 1900 durchschnittlich pro Jahr ein großformatiges Frauenbildnis und zwei bis drei Landschaften fertigstellt, »ermalt« Klimt jährlich den Gegenwert einer Villa samt Grundstück in einer der schönsten Gegenden Österreichs.

Solche Vergleiche machen klar, dass Klimt nicht im Entferntesten daran denkt, mit seinem Einkommen das zu tun, was seine Mäzene perfekt beherrschen: Geld »gewinnbringend« anzulegen. Als Klimt stirbt, hinterlässt er keinerlei Vermögen. Nicht einmal das Atelier, in dem er arbeitet, gehört ihm. Es ist gemietet, wie die Wohnung der Schwestern, bei denen Klimt logiert. Schiele berichtet über Klimts leichte Hand in Geldangelegenheiten: »Er verdiente viel, sehr viel, doch verausgabte er alles. ›Das Geld muß rollen, dann interessiert es mich‹, sagte er.«[38]

Klimt trachtet zwar kaum nach Besitz, aber er ist bestrebt, sich durch die Verbreitung seines künstlerischen Werkes ein Denkmal zu schaffen. Ausstellungen sind dafür ein ideales Forum. In dem dritten Wittgenstein-Brief bittet Gustav Klimt seinen Mäzen daher schon kurz nach der Fertigstellung um die Leihgabe des Porträts samt einem zweiten Gemälde seiner Hand, das Wittgenstein ebenfalls besitzt: »Euer Hochwohlgeborener! Darf ich mir das in Ihrem Besitze befindliche Bild: ›Goldener Ritter‹ für die Berliner Kunstausstellung erbitten? Ebenso das Portrait Ihrer Frau Tochter, obwohl das Bild noch unfertig ist? – die Ausstellung dauert wahrscheinlich bis November – ich habe dort einen Saal zu füllen und brauche die beiden Bilder dringend. Ihr stets ergebener Gustav Klimt.«

Dank Wittgensteins Zustimmung kann das Porträt seiner Tochter im Herbst 1905 erstmals in Berlin öffentlich gezeigt werden – allerdings unvollendet, wie so oft bei Klimt, der für Ausstellungen stets zu wenig Bilder vorrätig hat. Als das Bild wieder in Wien ist, findet es im väterlichen Palais zeitweilig einen Platz im Treppenhaus, später im Salon. Von der Dargestellten nie sehr geschätzt, verschwindet es später in einem Abstellraum.

Gustav Klimt, Bildnis Margarethe Stonborough-Wittgenstein, 1905. Öl auf Leinwand. Die Dargestellte ist eine Schwester des Philosophen Ludwig Wittgenstein. Ursprünglich Sammlung Wittgenstein, heute Bayerische Staatsgemäldesammlungen, Neue Pinakothek, München

GUSTAV
KLIMT

Gustav Klimt, Wasserschlangen (Freundinnen) I, um 1904/07. Klimts zeittypische Aktualisierung des mythischen Bildes der Sirenen und Wasserfrauen. Mischtechnik auf Pergament. Ursprünglich Sammlung Wittgenstein, heute Österreichische Galerie Belvedere, Wien

Nach dem *Goldenen Ritter* und dem Porträt seiner Tochter erwirbt Wittgenstein 1908 das ungewöhnlich delikate Klimt-Werk *Wasserschlangen*. Der Sammler ersteht das Bild im Wiener Kunstsalon Miethke.[39] Diese Galerie steht an der Spitze der Wiener Galerien und ist Vorreiter des modernen Kunsthandels, der in Österreich im internationalen Vergleich damals noch wenig ausgeprägt ist. Die kleinformatige, sowohl maltechnisch wie stilistisch preziöse Darstellung ist die zweite allegorische Darstellung des Malers in Wittgensteins Klimt-Sammlung.

Insgesamt ist diese breit angelegt. Klimt ist noch mit mindestens zwei Landschaften vertreten, darunter eine *Schloss Kammer*-Ansicht, deren Erwerb in das Jahr 1911 fällt.[40] Die meisten dieser Bilder entstanden mit Hilfe eines Opernglases oder Fernrohrs vom gegenüberliegenden Seeufer aus. Daneben sammelt Wittgenstein Werke von Klimts Kollegen in der Wiener Secession und deren korrespondierenden Mitgliedern. Unter diesen ragen vor allem der Schweizer Maler Ferdinand Hodler hervor und der bereits erwähnte Italienisch-Schweizer Giovanni Segantini. Wittgenstein erwärmt sich aber nicht nur für die Bannerträger der damaligen Moderne, er umgibt sich auch mit Werken traditionsgebundenerer Künstler. Deren naturalistische oder spätimpressionistische Werke wirken oft konträr zur Secessionsästhetik. Hierher gehören die Bilder der Wiener Maler Hugo Charlemont, Ferdinand Schmutzer und Hugo Hänisch, die heute nur mehr von lokalem Interesse sind.

Als Wittgenstein am 20. Januar 1913 im Alter von 60 Jahren stirbt, gelangt seine Sammlung mitsamt seinem Besitz an seine Kinder. Sein Tod ist eine Angelegenheit des öffentlichen Interesses. Er kommt nicht unerwartet, denn eine schwere Krankheit plagte den Sammler seit fünf Jahren. In der *Neuen Freien Presse* erscheint eine umfangreiche Würdigung.

Der Nachruf versucht Affinitäten zwischen Wittgensteins Charakter und der künstlerischen Avantgarde herzustellen: »Karl Wittgenstein war ein Selfmademan und hatte eine angeborene Respektlosigkeit vor Autoritäten und Konventionen. (...) Er kam zur Kunst nicht auf dem Wege über die Kunstgeschichte und nicht durch die Achtung vor staatlicher oder akademisch geeichten Autoritäten. Er verstand das Leben und Wirken als ein Kampf, und so war ihm auch in der Kunst nichts sympathischer, als die Auseinandersetzung zwischen künstlerischen Energien.«[41] Tatsächlich war gerade dieser Schulterschluss von neuer Gesellschaft und moderner Kunst bei Gustav Klimt prototypisch.

Noch im Todesjahr bringt die Secession in ihrem Ausstellungshaus eine Gedenktafel für Karl Wittgenstein an. Er ist der einzige Nichtkünstler, der in dieser Form geehrt wird.[42] Doch während des Nationalsozialismus wird die Tafel aus so genannten »rassischen Gründen« entfernt. Nicht zuletzt deswegen ist Wittgensteins Name, der einst an der Spitze der österreichischen Wirtschaftskapitäne stand, heute fast vergessen.

Gustav Klimt, Die Sonnenblume, um 1907. Öl auf Leinwand. Ursprünglich Sammlung Wittgenstein, heute Privatbesitz

Gustav Klimt, Bauerngarten mit Sonnenblumen, um 1907. Öl auf Leinwand. Ursprünglich Sammlung Wittgenstein, heute Österreichische Galerie Belvedere, Wien

Gustav Klimt, Schloss Kammer am Attersee IV, 1910. Öl auf Leinwand. Ursprünglich Sammlung Wittgenstein, heute Privatbesitz

FRITZ WAERNDORFER

Finanzier und Gentleman

Der Versuch, Kunst und Leben zu versöhnen, ist in den Caféhäusern der Wiener Bohemiens um 1900 ein beherrschendes Thema. Den Ausstattungsrahmen hierfür liefert vor allem die Wiener Werkstätte. Sie wird 1903 von Fritz Waerndorfer und seinen beiden Künstlerfreunden Josef Hoffmann und Kolomann Moser als »Productivgenossenschaft« gegründet. Am 9. Juni 1903 wird im Wiener Handelsgericht zu § 5 der Statuten festgelegt: »Josef Hofmann, Kolomann Moser, k. k. Professoren der Kunstgewerbeschule in Wien, werden als Directoren und Friedrich Waerndorfer, Fabrikant in Wien, als Cassier, sämtliche mit statutenmäßigem Firmierungsrecht« eingetragen.[43]

Mit ihren Luxusprodukten propagiert die Genossenschaft die Veredelung des Alltags. Viele Klimt-Sammler zählen zu ihrem Kundenstamm. Zu ihnen gehört auch Karl Wittgenstein; er lässt sich 1905 ein Jagdhaus errichten, das ganz dem modernen Ideal verpflichtet ist und ausschließlich mit Erzeugnissen der Wiener Werkstätte ausgestattet wird.

Der mit der Planung beauftragte Architekt Josef Hoffmann schwärmt: »Es wurde mit nichts gespart, es war ein besonders angenehmes Arbeiten ohne jegliche Reibereien.«[44] Das Ergebnis ist dementsprechend edel. Auch Fritz Waerndorfer lobt: »(es) ist einfach maßlos schön, absolut nicht protzig, (…) das Ganze so wie ich mir einen Privatissimum-Raum eines Fuggers im Mittelalter vorstellen würde.«[45]

Waerndorfer lobt hier nicht nur als geschmackssicherer Zeitgenosse, sondern quasi ex officio. Um über die ersten beiden Anfangsjahre hinwegzukommen, wurden zunächst nur Aufträge ausgeführt. Die ersten Auftraggeber

Der Verkaufsraum der Wiener Werkstätte, 1905. Eine Wiege des modernen Designs. Foto: Österreichisches Museum für angewandte Kunst, Wien, Archiv der Wiener Werkstätte

Kolo Moser und Fritz Waerndorfer, um 1903. Im Büro der Wiener Werkstätte, deren Chefdesigner Kolo Moser gemeinsam mit Josef Hoffmann ist. Foto: Österreichisches Museum für angewandte Kunst, Wien, Archiv der Wiener Werkstätte

55 FRITZ WAERNDORFER

Das Badezimmer im Jagdhaus Wittgenstein auf der Hochreith, Niederösterreich, um 1905. Die gesamte Ausstattung stammt von der Wiener Werkstätte. Foto: Österreichisches Museum für angewandte Kunst, Wien

rekrutierten sich ausschließlich aus dem Freundes- und Bekanntenkreis der drei Gründungsmitglieder. Denn so faszinierend die Ideale der Wiener Werkstätte waren, die finanzielle Durststrecke war lang und wirtschaftliche Erfolge selten. Waerndorfer gab auch gleich mit der Ausstattung seines Speisezimmers den ersten Großauftrag. Von nun an machte er sich die Entwicklung der Wiener Werkstätte zur Lebensaufgabe – bis an die Grenzen seiner Finanzkraft.

Der Gründungsdirektor verbindet Enthusiasmus mit Langmut und Leidenschaft. Seine Begeisterung überwindet immer wieder neue Schwierigkeiten. Doch gehört es zur Tragik dieses erstaunlichen Mannes, der nie Künstler war, aber Kunst bis an die Grenzen seiner pekuniären Möglichkeiten förderte, dass sein Engagement ihn finanziell zugrunde richtet.

Fritz Waerndofer wird am 5. Mai 1868 in Wien geboren.[46] Der Vater Samuel ist Inhaber einer Baumwollfabrik, deren Hauptsitz im böhmischen Nachod liegt. Durch zahlreiche Fabrikzukäufe umfasst das Werk 1897 insgesamt 63.000 Spindeln, womit es zu einem der größten Textilunternehmen der Monarchie aufsteigt.

Standesgemäß besucht der Industriellenspross das »Akademische Gymnasium«. An dieser Wiener Eliteschule fällt Fritz eher negativ auf. Damals beginnt er, seinen Namen anders als seine Familie mit »ae«-Umlaut zu schreiben. In den frühen 1890er Jahren schicken ihn seine Eltern nach England. Doch statt sich in der Textilbranche umzusehen, zieht er Besuche in Museen

Fritz Waerndorfer und seine Gattin Lilly, um 1896. Foto: Privatbesitz

Besteck der Wiener Werkstätte für Lilly und Fritz Waerndorfer, 1904. Entwurf Josef Hoffmann, mit den Initialen der Auftraggeber. Foto: Österreichisches Museum für angewandte Kunst, Wien, Archiv der Wiener Werkstätte

und Kunsthandlungen vor. Der angehende Textilerbe ist vor allem vom modernen englischen Kunstgewerbe begeistert. Diese Faszination und ein Faible für alles Englische sollten in der Zukunft erhalten bleiben.

Zurück in Wien wird Waerndorfer Gesellschafter in der Firma seines Vaters, frönt aber weiterhin seiner Ausstellungspassion. In einem Brief beklagt Waerndorfer, für die Eintritte ein kleines Vermögen auszugeben.[47] Rasch findet der Heimkehrer Zugang zur Wiener Moderne. Schon 1901 gibt Waerndorfer zu Ehren Klimts ein festliches Diner. Zwei Jahr später setzt er sich in den Kopf, seine Wertschätzung für den Maler auf unkonventionelle Weise zum Ausdruck zu bringen: Klimts Atelier soll auf seine Kosten ausgemalt und neu möbliert werden. Doch Klimt, damals mit den Vorbereitungen für seine große Retrospektive im Herbst völlig überlastet, reagiert auf die noble Geste mit gemischten Gefühlen. Er schreibt an eine Freundin: »Der Herr aus dem Cottage Viertel wollte in meiner Abwesenheit das Atelier auf seine Kosten herrichten lassen, als Überraschung – ich sollte davon nichts wissen – die Hausbesorgerin ließ es nicht zu – sondern fragte bei mir an – ich hatte alle Mühe die sonst ganz löbliche Absicht zunichte zu machen – ich kann solches unter den gegenwärtigen Umständen bei der vielen Arbeit und meiner Aufregung absolut nicht brauchen, die Sache wurde verschoben bis nach der Ausstellung.«[48]

So war es auch. Nach Ausstellungsende wurde die Neuausstattung realisiert. Eine alte Aufnahme zeigt das Atelier nach der Umgestaltung mit dem prächtigen Vitrinenschrank in gekalkter Eiche, ebenfalls nach einem Entwurf von Josef Hoffmann und von der Wiener Werkstätte ausgeführt.[49]

Waerndorfer, damals schon Gründungsdirektor der Wiener Werkstätte, besitzt wichtige Werke von Gustav Klimt. Bemerkenswerterweise stammen sie alle aus den Anfangsjahren der Wiener Secession. Waerndorfers Begeisterung für Klimt scheint danach abzukühlen. Stattdessen beginnt er ein bemerkenswert frühes Interesse an den Nachwuchstalenten Oskar Kokoschka und Egon Schiele zu entwickeln.

Waerndorfer erwirbt von Klimt drei frühe Landschaften. Er besitzt aber auch das allegorische Programmbild *Pallas Athene* aus dem Jahr 1898 (s. S. 62). Unter dem Schutz der griechischen Göttin waren die Secessionisten angetreten, die Stadt zu verändern. Mehrere zeitgenössische Fotografien dokumentieren die so genannte Kleine Gemäldegalerie der Waerndorfer-Villa in der Weimarer Straße 59, Wien XVIII. Die dort zu sehende Klimt-Landschaft *Ein Morgen am Teiche (Stiller Weiher)* kehrt auf einer weiteren Aufnahme in einer geänderten Präsentation im Herrenzimmer wieder (s. S. 64). Gemeinsam mit Klimts *Obstgarten am Abend* flankiert sie die Skulptur *Kniender Jüngling*, ein Schlüsselwerk des belgischen Bildhauers George Minne. Waerndorfer hatte die Figur auf der 8. Secessionsausstellung Ende 1900 erworben. Auffallend am Arrangement, das so simpel wie raffiniert ist, sind die symmetrische Präsentation und die klug erdachten Wandspiegel, die Minnes Skulptur zwanglos von allen Seiten sichtbar machen.

Seinen berühmtesten Klimt-Schatz, das Bild einer hochschwangeren Frau, präsentiert Fritz Waerndorfer hingegen nur selten. Dieses Gemälde, das den

Das Atelier von Gustav Klimt in der Josefstädter Straße, Aufnahme nach 1907/08. Fritz Waerndorfer lässt das Klimt-Atelier auf eigene Kosten von Josef Hoffmann einrichten. Foto: Österreichische Nationalbibliothek, Bildarchiv, Wien

Josef Hoffmann, um 1903. Gründungsmitglied der Wiener Werkstätte und Hausarchitekt zahlreicher Klimt-Sammler. Foto: Privatbesitz

Die Künstler Carl Otto Czeschka und Gustav Klimt mit Fritz Waerndorfer bei der Überfahrt nach London, Aufnahme wohl 1911. Klimt reiste zweimal nach England: 1906 und 1911. Foto: Österreichische Nationalbibliothek, Bildarchiv, Wien

Titel *Hoffnung I* trägt, ist skandalumwittert. Klimt hat jahrelang gezögert, es öffentlich auszustellen. Bei einem ersten Versuch 1903 zieht er es auf vertrauliche Bitte des Kulturministers zurück. Vermutlich erwirbt Waerndorfer damals das umstrittene Werk. Als das Bild im Rahmen der Wiener Kunstschau 1909 dann doch gezeigt wird – als Leihgabe Waerndorfers –, rückt es in den Mittelpunkt eines Skandals. Der weit ausladende Bauch einer nackten Frau in hochschwangeren Umständen ist ein unverhüllter Tabubruch (s. S. 63).

Die wenigen Klimt-Sympathisanten, die sich öffentlich für das Bild stark machen, erkennen in dem Bild den Ausdruck reinster Mütterlichkeit. Doch die Zeitungskritiker reagieren überwiegend ablehnend. Sie berichten vielmehr von der kochenden Volksseele, von deren Erregung auch internationale Medien ausführlich berichten. Die *Frankfurter Zeitung* schreibt von besorgten Müttern, die versuchen, ihre Töchter von dem »schamlosen Anblick« fern zu halten. Für den Schutz der Mütter hingegen sorge angeblich das »starke Geschlecht« (das doch vom Thema der Schwangerschaft noch weniger versteht): »Nicht jeder ahnungslose Besucher, nicht unsere Frauen und Töchter, die hereinkommen, sollen es sehen – müssen.«[50]

Den Schrein, in dem Waerndorfer das Bild in seiner Villa verwahrt, entwirft der Jugendstilkünstler Kolo Moser, eine tragende Figur der Wiener Werkstätte. Darin ist das Bild einem Mysterium gleich verwahrt. Nur für besondere Gäste werden die beiden Flügeltüren geöffnet. Einer, dem diese Ehre widerfährt, ist der einflussreiche Kunstkritiker und Secessionsanhänger Ludwig Hevesi:

Gustav Klimt, Stiller Weiher (Ein Morgen am Teich), 1899. Öl auf Leinwand. Ursprünglich Sammlung Waerndorfer, heute Leopold Museum – Privatstiftung, Wien

Gustav Klimt, Bauernhaus
mit Birken, 1900. Öl auf
Leinwand. Ursprünglich
Sammlung Waerndorfer,
heute Privatbesitz

Gustav Klimt, Pallas Athene, 1898. Unter dem Schutz der griechischen Göttin vollzieht die Wiener Secession den Aufbruch zur Moderne. Öl auf Leinwand. Ursprünglich Sammlung Waerndorfer, heute Historisches Museum der Stadt Wien. Foto: Museen der Stadt Wien

Gustav Klimt, Obstgarten am Abend, 1899. Öl auf Leinwand. Ursprünglich Sammlung Waerndorfer, heute Privatbesitz

Gustav Klimt, Die Hoffnung I, 1903. Öl auf Leinwand. Die Erstpräsentation 1909 erregt einen Skandal. Ursprünglich Sammlung Waerndorfer, heute National Gallery of Canada, Ottawa

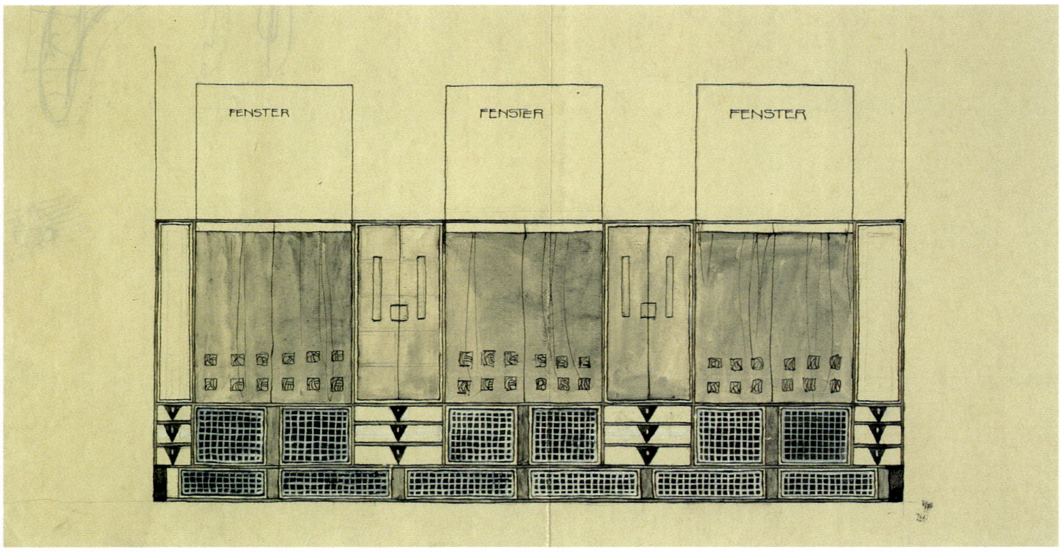

Kolo Moser, Entwurf für die Gemäldegalerie der Villa Waerndorfer. Österreichisches Museum für angewandte Kunst, Wien, Archiv der Wiener Werkstätte

Das Herrenzimmer der Villa Waerndorfer, Aufnahme nach 1902. Entwurf Josef Hoffmann. Auf dem rauh verputzten Kamin der »Kniende Knabe« von George Minne. Die Wandspiegel machen die Skulptur von allen Seiten sichtbar. Flankierend zwei Bilder von Gustav Klimt: »Stiller Weiher« (1899) und »Obstgarten am Abend« (1899). Foto: Staatliche Museen zu Berlin – Preußischer Kulturbesitz, Kunstbibliothek

Das Esszimmer in der Villa Waerndorfer, Aufnahme nach 1902. Entwurf Josef Hoffmann. An der Schmalseite zwei Skulpturen von George Minne. Ein zeitgenössischer Besucher, Ludwig Hevesi, betont das Innovative der Raumgestaltung (1905): »Das geräumige Speisegemach ist nicht mit Holz getäfelt, sondern über die halbe Höhe hinauf mit weißem Marmor verkleidet. Der obere Teil der Wände und die ganze Decke sind nicht tapeziert und stuckiert, sondern einfacher weißer Rauhputz, ohne jeden Zierat (...) Das breite, vielgeteilte Fenster läßt die grünen Buntheiten des Gartens ein, und die Fensterflügel schlagen sich nicht um, als Verkehrshindernisse für die Bewohner, sondern man läßt sie herab, wie in einem Salonwagen des Expresszuges«. Foto: Österreichisches Museum für angewandte Kunst, Wien, Archiv der Wiener Werkstätte

»Wir saßen an jenem Abend lange beisammen und beschauten die herben Kunstwerke, die Herr Wärndorfer (sic) sammelt. Über einem großen Bild sind zwei Flügeltüren hermetisch geschlossen, um jedes profane Auge abzuhalten. Das Bild ist die berühmte, sagen wir berüchtigte ›Hoffnung‹ von Klimt. Nämlich jenes junge Weib in hochinteressanten Umständen, das der Künstler hüllenlos zu malen wagte. Eines seiner Meisterwerke. Eine tief ergreifende Schöpfung. (...) ein Privatissimum im Hause Waerndorfer.«[51]

Einen zweiten Bericht hinterließ Helga Malmberg, Angestellte der Wiener Werkstätte. Fritz Waerndorfer hatte sie als tüchtige Verkäuferin kennen gelernt und engagiert. Ihre Memoiren sind eine wichtige kulturhistorische Quelle. Schon bei ihrem Dienstantritt war sie von der Wiener Werkstätte restlos begeistert, von den schönen, hellen Arbeitsräumen, die Hoffmann eingerichtet hatte, von den herrlichen Materialien, den edlen Holzarten in der Tischlerei, den eleganten, manchmal vergoldeten Ledereinbänden bei den Buchbindern, dem Überfluss an farbigen Steinen und Edelmetallen in der Goldschmiedewerkstätte. »Das Wertvollste in diesem Unternehmen aber waren die sorgfältig ausgesuchten Handwerker. (...) Zwischen den entwerfenden Künstlern und den ausführenden Handwerkern herrschte ein liebenswürdiger und kameradschaftlicher Ton.«[52]

Die Gemäldegalerie in der Villa Waerndorfer, Aufnahme nach 1903. Entwurf Kolo Moser. An der Schmalseite der geschlossene Schrein für Klimts »Hoffnung I«. Foto: Österreichisches Museum für angewandte Kunst, Wien, Archiv der Wiener Werkstätte

Kolo Moser, Exlibris für Fritz Waerndorfer, 1903. Waerndorfer ließ sich von verschiedenen Künstlern Bücherzeichen entwerfen. Lithographie auf Papier. Privatbesitz

Gustav Klimt, Übertragungsskizze für das Fakultätsbild »Jurisprudenz«, 1902–03. Schwarze Kreide und Bleistift auf Papier. Ein zeichnerisches Hauptwerk der Sammlung Waerndorfer, heute Privatsammlung, New York

Trotzdem ist ihre Erinnerung an den Besuch bei Waerndorfers durchaus zwiespältig: »Im Haus stellte uns Frau Waerndorfer zuerst ihre hübschen und wohlerzogenen Kinder, ein Mäderl von zehn und einen Buben von acht Jahren, mir ihrer englischen Nurse vor. Die Kinder knixten und küssten die Hand, auch ihr Benehmen bei Tisch war vorbildlich. Die Unterhaltung wurde nur auf englisch geführt, das beide Kinder fließend sprachen und das auch der Herr und die Dame des Hauses vollkommen beherrschten. Das Speisezimmer war ein großer Raum mit riesigen Fenstern nach dem Garten zu. (...) Dann wurde der Dame des Hauses ein rotes Samtetui überreicht. Sie entnahm ihm einen handgearbeiteten silbernen Schlüssel und steckte ihn in das Schloß eines Wandschranks, den ich bisher nicht bemerkt hatte und der sich mit zwei Flügeltüren öffnete. Das Innere enthielt ein Bild von Gustav Klimt, den fast lebensgroßen Akt einer jungen zarten Frau, die hoch in der Hoffnung war. (...) Das Bild, obgleich aus der Marotte eines Malers entstanden, war ein wirkliches Kunstwerk. Es gab aber wohl kaum einen Menschen, der sich gerade dieses Bild in sein Haus genommen hätte.«[53]

Helga Malmbergs Beurteilung ist nicht untypisch. Denn bei aller Sympathie und Dankbarkeit, die sie ihrem Dienstgeber entgegenbringt, ist er in ihren Augen nicht frei von Snobismus. Andererseits macht gerade sein beharrliches

GVSTAV
KLIMT

Gustav Klimt, Zug der Toten (Aus dem Reich des Todes), 1903. Öl auf Leinwand. Ursprünglich Sammlung Waerndorfer, 1945 verbrannt

Streben nach dem Besten und Einzigartigen seine bleibenden Verdienste aus. Als Sammler besticht er durch Leidenschaft. Waerndorfer sammelt nicht nur Klimt. In den Schubladen und Kästen seiner Wohnung bewahrt er Zeichnungen und Skizzenbücher verschiedenster Künstler auf. Von den Secessionisten finden sich fast alle wichtigen Vertreter, namentlich Josef Hoffmann, Kolo Moser und Richard Luksch, in Waerendorfers Sammlung wieder.

In Anlehnung an die internationale Ausstellungspolitik der Secessionisten sammelt Waerndorfer aber auch Arbeiten des bereits erwähnten belgischen Bildhauers George Minne sowie englische Kunst. Besonders sein Faible für alles Angelsächsische hinterlässt deutliche Spuren. Vom hoch geschätzten englischen Jugendstilgrafiker Aubrey Beardsley erwirbt Waerndorfer zwei Dutzend herausragender Zeichnungen, die wegen ihrer erotischen Freizügigkeit zu Lebzeiten des Zeichners nicht verbreitet werden durften. Waerndorfer besitzt auch circa 150 eigenhändige Briefe Beardsleys, darunter die letzten zittrigen Zeilen Beardsleys, in denen der sterbende Künstler verfügte, man möge nach seinem Tod all seine anstößigen Zeichnungen verbrennen, auf dass er im Jenseits doch noch sein Seelenheil finden möge.[54]

Der Musiksalon in der Villa Waerndorfer, um 1903/04. Das einzige Werk des schottischen Künstlerpaars Charles R. Mackintosh und Margaret Macdonald-Mackintosh auf dem Kontinent. Foto: Hunterian Museum, University of Glasgow, Mackintosh Collection

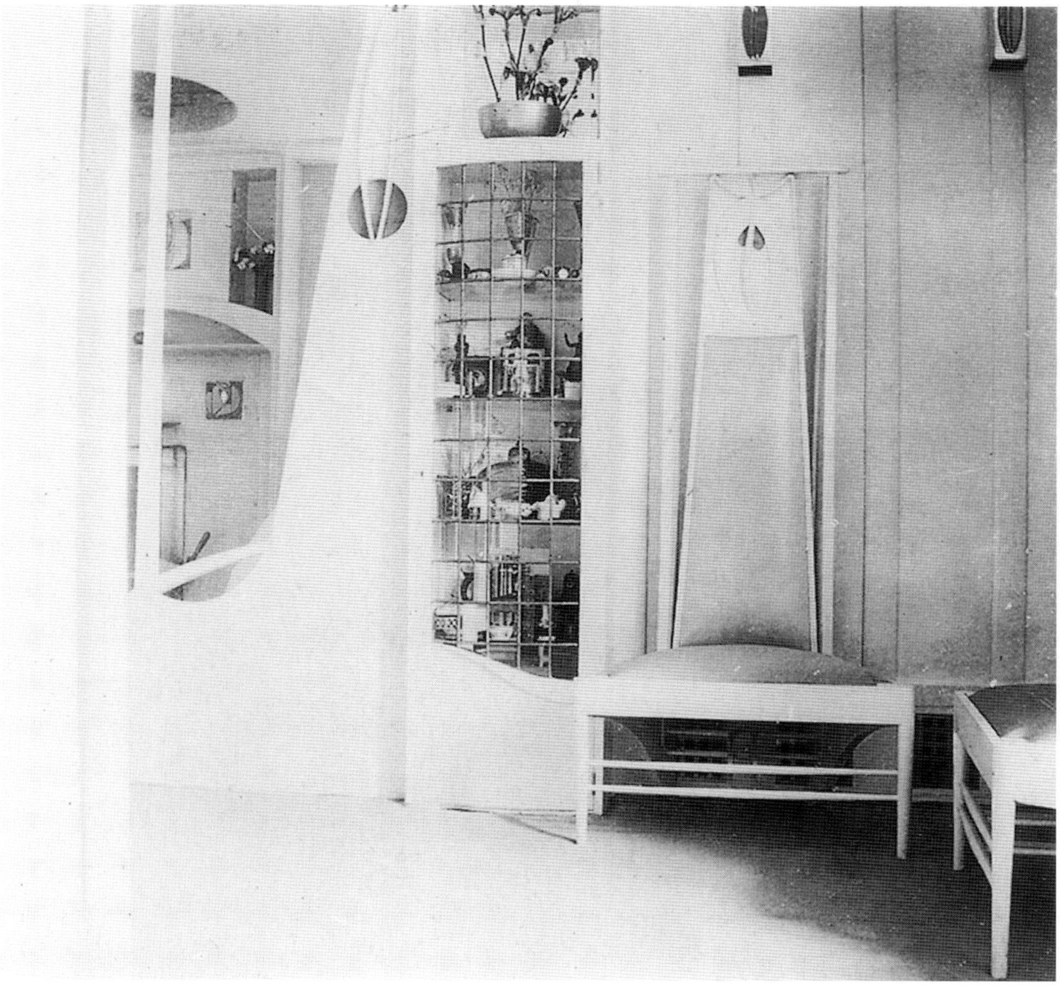

Der Musiksalon in der Villa Waerndorfer, um 1903/04. Foto: Hunterian Museum, University of Glasgow, Mackintosh Collection

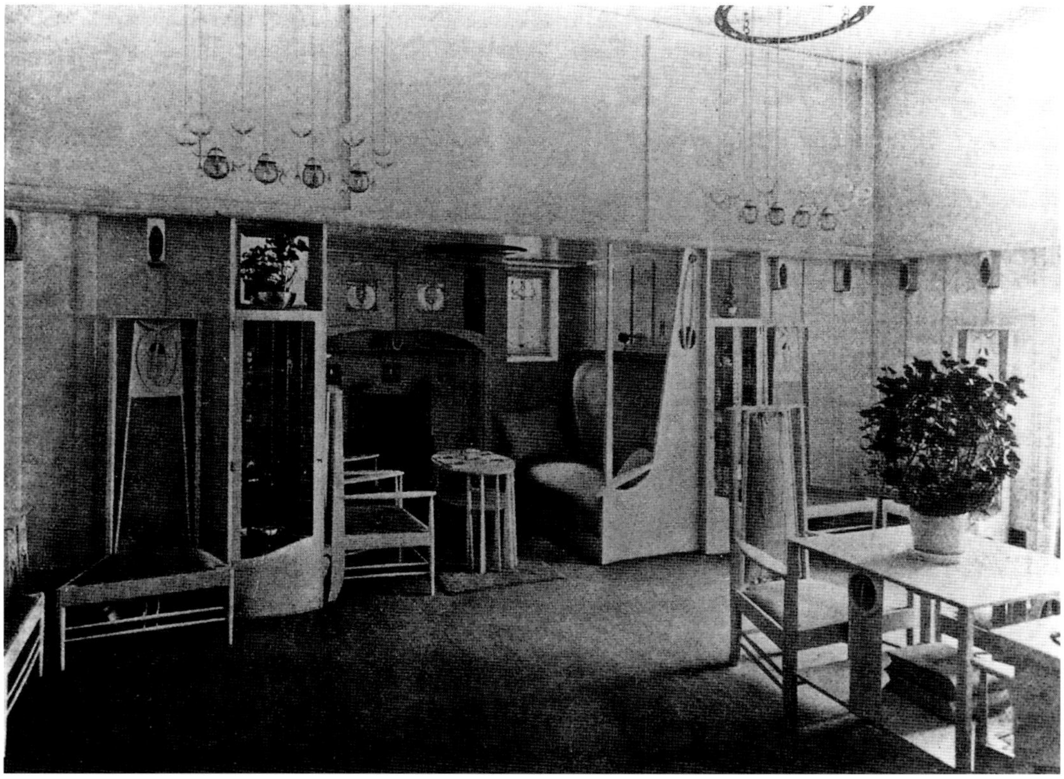

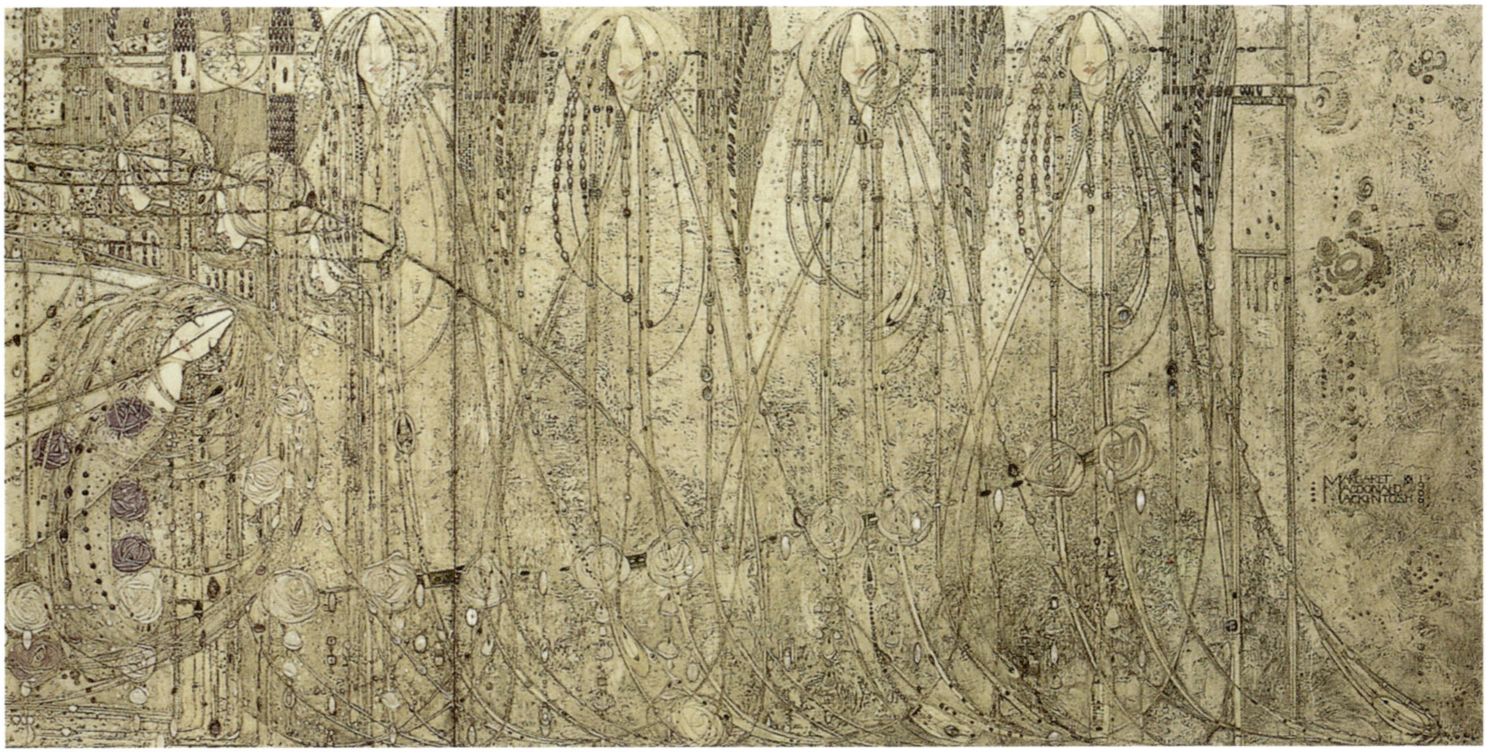

Margaret Macdonald, Fries, 1906 (Ausschnitt). Geschaffen für den Musiksalon von Fritz und Lilly Waerndorfer. Ihr Haus verwandelte sich auch deswegen zu einer vielgepriesenen »Pilgerstätte von Kunstliebhabern« (A.S. Levetus, 1909). Heute Österreichisches Museum für angewandte Kunst

Waerndorfers Sammeltätigkeit, die in einem lebendigen Dialog mit der Secession steht, ist von dieser nicht zu trennen. Waerndorfer ist sich dessen bewusst. Ironisch gesteht der Sammler 1902 Josef Hoffmann: »Wenn ich mir so meine Sachen manchmal anschau' kommt's mir vor, wie wenn die ganze Secession nur für mich gegründet worden wäre. (...) von Minne hätte ich keinen Dunst ohne Euch, – kurz ich komme mir vor, wie ein an Eurem Fett gemästetes Schwein. Macht aber nix.«[55]

Waerndorfer verfügt aber nicht nur über Selbstironie und Witz. Er ist hellsichtig und als Akteur von unbeirrbarer Konsequenz. Exzentrisch ist das Musikzimmer, welches Waerndorfer bei dem schottischen Künstlerpaar Charles R. Mackintosh und Margaret Macdonald-Mackintosh in Auftrag gibt. Beide Künstler sind in der 8. Ausstellung der Wiener Secession 1900 prominent vertreten. Waerndorfers Kommission ist die wichtigste für das Künstlerpaar auf dem europäischen Kontinent.[56]

1907 eröffnet Waerndorfer das Kabarett Fledermaus in der Kärntner Straße, Ecke Johannesgasse, »wo man in das 20. Jahrhundert einbog«.[57] Ein Kabarett mit Bar und Theaterraum für 300 Personen, das für sein literarisches Programm berühmt war. In diesen Räumen ist das Streben nach dem Gesamtkunstwerk am frühesten und am authentischsten verwirklicht worden.

Mit steigendem Interesse nimmt Waerndorfer schon damals – und damit gehört er zu den Ausnahmen unter den Klimt-Sammlern – auch Oskar Kokoschka und Egon Schiele wahr. Ein erster Kontakt ergibt sich über die Wie-

Das Vestibül des Cabaret Fledermaus, Wien, Aufnahme nach 1907. Über den Eigentümer Fritz Waerndorfer schreibt der Wiener Zeitkritiker Egon Friedell: »1907 kam Fritz Wärndorfer ein geistreicher Gentleman mit sehr viel Geld und Geschmack – zwei Dinge, die bekanntlich fast nie beisammen sind – auf den Gedanken, durch die Wiener Werkstätte ein Kabarett namens ›Fledermaus‹ bauen zu lassen. (...) Fritz Wärndorfer leitete das Lokal ausgezeichnet. Nie hat es ein farbigeres und beschwingteres, kapriziöseres und originelleres Kabarett gegeben als die ›Fledermaus‹ und nirgends bessere Weine als in der Bar. Aber Wien blieb empört. Man nahm es Fritz Wärndorfer schrecklich übel, daß er als reicher Mann, als Herr aus der guten Gesellschaft sich zum Direktor eines Nachtlokals erniedrigte, für das Narren wie Peter Altenberg und Taugenichtse wie Alfred Polgar Texte schrieben. Hätte er kein Geld gehabt, so hätte man es ihm verziehen und er wäre der Reinhardt des Kabaretts geworden. Es ist eben alles Glückssache« (aus: Almanach der Wiener Werkstätte, 1928). Foto: Österreichisches Museum für angewandte Kunst, Wien

ner Werkstätte, für die sowohl Oskar Kokoschka als auch Egon Schiele Postkartenentwürfe liefern. Besonders mit Kokoschka, der 1908 mit Hilfe Klimts auf der Wiener Kunstschau sein Ausstellungsdebüt gibt, entwickelt sich eine rege Geschäftsbeziehung. Waerndorfer erwirbt von Kokoschka die Zeichnungen für *Die Träumenden Knaben*, die wenig später im Verlag der Wiener Werkstätte in Buchform erscheinen. Von Schiele erwirbt Waerndorfer 1912 das Bild *Herbstsonne*.[58]

Ein weiteres Engagement verhindern finanzielle Schwierigkeiten. Denn Waerndorfers Ressourcen werden knapp. Der Finanzbedarf der schon seit ihrer Gründung mit wirtschaftlichen Problemen kämpfenden Wiener Werkstätte spitzt sich immer mehr zu. Waerndorfer verliert mit der Wiener Werkstätte schließlich soviel eigenes Geld (und wohl auch teilweise das seiner Familie), dass er nach dem finanziellen Zusammenbruch der Werkstätte im Mai 1914 von seinen Angehörigen in die USA verbannt wird. Seine Wohnung muss er auflösen, die Klimt-Bilder werden verkauft. Vieles, namentlich das Mackintosh-Zimmer, geht für immer verloren. Als Waerndorfer 1939 in den Vereinigten Staaten stirbt, ist »Wien um 1900« nicht einmal mehr ein Traum.

OTTO UND EUGENIA PRIMAVESI

Als Fritz Waerndorfers Wirken für die Wiener Werkstätte scheitert, treten Otto und Eugenia Primavesi an seine Stelle. Ziel der Wiener Werkstätte ist es, eine künstlerisch vielseitige Produktion für alle Bereiche des täglichen Lebens zu ermöglichen. Eine andere Leitidee fordert, den entwerfenden wie ausführenden Künstlern dabei alle Freiheiten zu belassen. Sie sollen ungehindert von wirtschaftlichen Interessen sich allein der »besten Materialien« bedienen. In der Folge positioniert sich die Wiener Werkstätte von Beginn an im Luxusmarkt, dessen Aufnahmekapazität sie chronisch überbewertet.

Das erste Opfer dieser Fehleinschätzung wird der Gründungsdirektor Fritz Waerndorfer. Als die Wiener Werkstätte 1914 vor dem Ruin steht, übernimmt die Familie Primavesi ca. dreißig Prozent der Gesellschaftsanteile. Damit werden sie zu den größten Aktionären des Unternehmens, dem Otto bis 1925 als Geschäftsführer vorsteht.

Aber immer neue Schwierigkeiten stellen sich ein. Zunächst muss der Zerfall der österreichisch-ungarischen Monarchie überwunden werden, in dessen Zusammenhang die Familie Primavesi nach Wien übersiedelt. Unter den schwierigen wirtschaftlichen und politischen Bedingungen kann sich die Wiener Werkstätte kaum verbessern. Die privaten Querelen der beiden Eheleute belasten die Betriebsführung zusätzlich.[59] 1925 trennt sich Otto von seiner Frau – scheinbar ohne offizielle Scheidung – und überschreibt ihr seine Anteile an der Wiener Werkstätte.

Seit diesem Zeitpunkt nimmt Eugenia die Organisation der Firma aktiv in ihre Hände, zu deren besten Kundinnen sie schon bisher zählte. Ihr Engagement ist vielfältig. Um neue Kunden zu gewinnen, verlegt sie sogar ihre privaten

Armband für Eugenia (Mäda) Primavesi, 1914. Ein erlesenes Beispiel für die Schmuckgestaltung der Wiener Werkstätte. Gold getrieben, Elfenbein, Brillant. Sammlung Asenbaum, Wien

Das Zeichenbüro der Wiener Werkstätte, um 1903. Nach dem Finanzdekabel 1914 übernimmt die Familie Primavesi einen Großteil der Wiener-Werkstätte-Aktien. Foto: Österreichisches Museum für angewandte Kunst, Wien, Archiv der Wiener Werkstätte

Teeparties in die Räume der Wiener Werkstätte. Doch auch Eugenia scheitert an den Widrigkeiten, die in wirtschaftlichen Rahmenbedingungen und dem elitären Selbstverständnis des Unternehmens angelegt sind. Immer beschwerlicher wird es, für die exklusiven Produkte Abnehmer zu finden. Mit dem Tod von Otto Primavesi, der am 8. Februar 1926 beigesetzt wird, überstürzen sich die Ereignisse.

Als hätte Ottos Tod das Fass zum Überlaufen gebracht, wird innerhalb weniger Wochen das Konkursverfahren über die Wiener Werkstätte eröffnet. Im April gerät auch das Bankhaus Primavesi in ein finanzielles Desaster. Doch noch einmal wird die Wiener Werkstätte durch Hilfe von außen gerettet. 1932 schließlich ist die Liquidierung unausweichlich. Eugenia Primavesi musste schon zwei Jahre früher aus der Wiener Werkstätte ausscheiden. In ihren Erinnerungen wird sie die Zeit als Patronin lebenslang hoch in Ehren halten.

Die beglückenden Jahre des regelmäßigen Kontakts mit Gustav Klimt sind damals längst Vergangenheit. 1912, als sich der künstlerische Horizont von Otto und Eugenia Primavesi parallel zum Engagement für die Wiener Werkstätte immer mehr der Wiener Moderne zuwendet, kennt das Ehepaar keinerlei

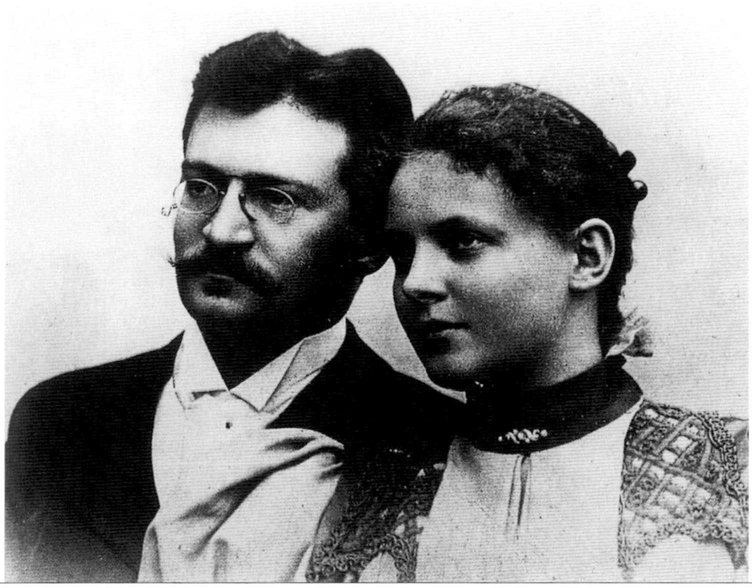

Das Ehepaar Otto und Eugenia Primavesi in glücklichen Tagen, um 1895. Foto: Privatbesitz

Das Ehepaar Otto und Eugenia Primavesi mit seinen vier Kindern, um 1906. V.l.n.r.: Mäda, Otto jun., Melitta und Lola. Foto: Privatbesitz

finanzielle Sorgen. Zwar stoßen Otto und Eugenia Primavesi erst spät zum Kreis der Klimt-Sammler, werden aber während Klimts letzten Lebensjahren zu seinen eifrigsten Mäzenen. Ihre Leidenschaft scheint so grenzenlos, dass ihre Sammlung nur von jener der Familie Lederer übertroffen wird (s. S. 111ff.).

Otto Primavesi kommt am 27. Februar 1868 in Olmütz (Olomouc), Mähren zur Welt.[60] Seine Frau Eugenia (auch Eugenie), geborene Butschek, stammt aus Niederösterreich. Sie will Bühnenkünstlerin werden. Geboren am 13. Juni 1874 in Langenzersdorf nimmt sie in jungen Jahren Schauspielunterricht am Konservatorium in Wien. Ein erstes Bühnenengagement führt sie nach Olmütz. Damals lernt sie Otto Primavesi kennen, den sie am 19. November 1895 heiratet. Die Ehe bedeutet Abschied von der Bühne, doch die Liebe zum Theater bleibt. Noch im hohen Alter nimmt Eugenia regelmäßig Freikarten für das Wiener Burgtheater in Anspruch. Aus der Ehe gehen vier Kinder hervor: Otto jun. – er ist der Erstgeborene – und die Töchter Lola, Mäda und Melitta.

Um 1912, als sich das Leben von Otto und Eugenia Primavesi eng mit dem Schicksal der Wiener Werkstätte verbindet, beginnen die Eheleute sich für Klimt zu begeistern. Die finanziellen Mittel ihres kostspieligen Engagements erwirtschaftet Otto Primavesi mit dem familieneigenen Bankhaus. Es hat seine Zentrale in Olmütz, wo die Familie Primavesi auch lebt – ungeachtet der engen Verbindungen mit Wien. Im Frühjahr 1912 berichtet Eugenia Primavesi von einer anstehenden Reise zur »Großen Kunstausstellung« in Dresden: »Ich bin schon sehr begierig auf den Raum Hoffmann-Hanak-Klimt; das andere lässt mich mehr gleichgültig.«[61]

Die Begeisterung wächst. Noch im selben Jahr wird Klimt mit den Porträts von Mutter und Tochter beauftragt. Beide stellt Klimt stehend dar. Eugenia Primavesi ist in einem kaftanartigen Kleid der Wiener Werkstätte wiedergegeben,

Die Villa Primavesi in Olmütz (Olomouc), Mähren, um 1908. Die Villa wurde 1905 erbaut. Aufnahme der großen Halle, hinter dem Klavier die Büste der Eugenia Primavesi, ein Werk des österreichischen Bildhauers Anton Hanak aus dem Jahr 1908. Foto: Kunstmuseum, Olmütz

Der Salon der Dame in der Villa Primavesi, um 1908. Der Salon ganz mit Biedermeierwerken ausgestattet. Foto: Kunstmuseum, Olmütz

S. 76/77: Die große Halle der Villa Primavesi, um 1908. Foto: Privatbesitz

das ihr matronenhaftes Äußeres unterstreicht. Ein ähnliches Kleid trägt sie auf jenem Foto, das sie gemeinsam mit Gustav Klimt und anderen Gästen vor ihrem Landhaus in Winkelsdorf (Kouty) bei Mährisch Schönberg zeigt.

Im Bildnis der Mutter lässt sich das Blumenmuster im strahlend gelben Hintergrund als Ausblick in eine Landschaft lesen. Gleichzeitig verankert es die Dargestellte in der Bildfläche. Ein chinesisches Phönixmotiv, das Klimt in der rechten oberen Bildecke einbaut, taucht auch in anderen Gemälden des Künstlers auf. Vielfältig ist das Verhältnis von Linie und Farbe. Kontrastreich setzt sich in der Wiedergabe des Gewands der schwere Pinselduktus von der feinteiligen Behandlung des Gesichts ab.

Die Tochter trägt ein Kleid aus leichter, weißer Seide. Mit Blumen und Plisseefalten geschmückt, nimmt Klimt es zum Anlass für erlesene koloristische Effekte. Kein zweites Kinderbildnis hat Klimt in dieser Größe je gemalt. Die Neunjährige, geboren am 22. Dezember 1903 in Olmütz, steht aufrecht. Ihr Blick begegnet dem des Betrachters ohne Scheu. Auf unterschiedlichen Ebenen arbeitet Klimt mit inhaltlichen und formalen Gegensatzpaaren. Und doch gelingt das Großartige in der Vermählung der Gegensätze. Die Darstellung ist weder Erwachsenen- noch Kinderbild. Mäda besetzt fest verankert die vorderste Bildebene, während sich hinter ihr ein imaginärer Bildraum öffnet. Das Verschmelzen von Figur und Grund bleibt ambivalent. Dreidimensionale Motive und Bildfläche begegnen sich dialektisch. Das sichere, breitbeinige Standmotiv des Mädchens kontrastiert mit der Auflösung der zeichnerischen Form. So unbeirrbar das Mädchen blickt, so sehr versteckt es die Hände – die in den anderen Klimt-Bildnissen eine prominente Rolle spielen – hinter dem Körper.

Über die Umstände der Entstehung berichten Briefe aus Familienbesitz. Anfang Februar 1913 schreibt Eugenia Primavesi: »Am 18. soll ich wieder sitzen.«[62] Die Porträtsitzungen finden in Wien statt. Regelmäßig fahren Mutter und Tochter zu diesem Zweck von Olmütz zu Klimt und bleiben jeweils rund zehn Tage.[63] Für Klimts Arbeitsweise typisch entstehen dabei Dutzende von Zeichnungen. Einige Monate später bescheinigt Klimt am 28. Juni 1913 dem Auftraggeber: »Hochgeehrter Herr! Bestätige bestens dankend den Empfang von 15.000 Kronen (Fünfzehntausend), welche ich als a conto-Zahlung für die beiden Porträts richtig erhalten habe. Hochachtungsvoll Gustav Klimt.«

Wie hoch spätere A-conto-Zahlungen waren, ist nicht bekannt. Fest steht, dass die Bilder erst ein halbes Jahr später fertiggestellt waren. Fast hätte Klimts notorische Zögerlichkeit das Eintreffen eines wichtigen Weihnachtsgeschenks verhindert. Am 19. Dezember 1913 entschuldigt Klimt sich dafür: »Sehr geehrte gnädige Frau! Bekomme den Rahmen erst heute (Freitag) abend – das Bild wird auch erst dann fertig – leider! Da die Sendung per Eilgut jetzt zur Zeit der Feiertage sehr unsicher ist, so will ich das Bild samt Rahmen Montag früh als Personengut eventuell mit dem Eilzug nach Olmütz schicken. Ich löse

GVSTAV
KLIMT

Gustav Klimt, Bildnis Mäda Primavesi, um 1912. Öl auf Leinwand. Ursprünglich Sammlung Primavesi, heute The Metropolitan Museum of Art, New York. Gift of André and Clara Mertens, in memory of her mother, Jenny Pulitzer Steiner, 1964

Gustav Klimt, Bildnis Eugenia (Mäda) Primavesi, 1913/14. Öl auf Leinwand. Ursprünglich Sammlung Primavesi, heute Municipal Museum of Art, Toyota

Das Landhaus Primavesi in Winkelsdorf (Kouty) bei Mährisch Schönberg, um 1915. Ein Hauptwerk des Architekten Josef Hoffmann. Fertigstellung 1914. Wenige Jahre später fiel das Anwesen einem Brand zum Opfer. Foto: Privatbesitz

Eugenia Primavesi in dem von Josef Hoffmann entworfenen Landhaus in Winkelsdorf, um 1916. Foto: Privatbesitz

Die große Halle im Landhaus Primavesi, um 1915. Die große Halle mit Treppe zum Obergeschoss geht fließend in das Speisezimmer über. Foto: Privatbesitz

hier eine Fahrkarte nach Olmütz, gebe die Kiste als Personengut auf und sende das Recepisse[64] recommandiert an Ihre Adresse. So kann das Bild, wie ich höre, in einem Tag dort sein – mitfahren braucht ja niemand. Ich hoffe, daß dies alles in Ordnung geht und daß das Bild zur rechten Zeit in Ihren Händen ist und daß Sie mir die Schwierigkeiten, welche ich bereite, verzeihen. – Ich habe leider einen sehr großen künstlerischen Katzenjammer. Mit dem Wünschen fröhlicher Feiertage bleibe ich Ihr ergebener Gustav Klimt.«[65]

Dank der Eilzustellung trifft das Bild doch noch rechtzeitig ein. Zunächst wird es im Olmützer Stadthaus der Familie aufgehängt, das noch ganz im Geschmack des Späthistorismus eingerichtet ist. Fotografien zeigen das überladene Arrangement der großen Eingangshalle mit den zahlreichen Biedermeiermöbeln und alten Porträtgemälden. Als aber das neue, von Josef Hoffmann erbaute Landhaus in Winkelsdorf bezugsfertig ist, erhält das Bild in kongenialer Umgebung einen Ehrenplatz.

Gustav Klimt, Die Hoffnung II, 1907/08. Öl auf Leinwand. Ein Weihnachtsgeschenk des Ehepaars Primavesi 1914 an sich selbst, heute The Museum of Modern Art, New York, Mr. and Mrs. Ronald S. Lauder and Helen Acheson Funds, and Serge Sabarsky

Gustav Klimt, Baby (Wiege), 1917/18. Öl auf Leinwand. Ursprünglich Sammlung Primavesi, heute National Gallery of Art, Washington, D.C. Gift of Otto and Franciska Kallir with the help of the Carol and Edwin Gaines Fullinwider Fund

Gustav Klimt, Gartenlandschaft mit Bergkuppe, 1916. Öl auf Leinwand. Ursprünglich Sammlung Primavesi, heute Kunsthaus Zug, Stiftung Sammlung Kamm

Gustav Klimt, Litzlbergkeller am Attersee, 1915/16. Öl auf Leinwand. Ursprünglich Sammlung Primavesi, heute Privatbesitz

Das Landhaus, in der prachtvollen Landschaft des Altvatergebirges gelegen, wird zu einem Paradebeispiel von Josef Hoffmanns gesamtheitlicher Gestaltungsidee.[66] Wie schon bei Karl Wittgenstein ist das Stadthaus traditioneller Repräsentation verpflichtet, während das Landhaus freier und modern eingerichtet ist.

Das Feriendomizil nimmt einen wichtigen Platz im Leben und im gesellschaftlichen Anspruch der Familie ein. Die vielfach geforderte Einheit von Kunst und Leben wird hier bis ins kleinste Detail der Innendekoration und des Design vom Essbesteck bis hin zum Bettzeug ausgeführt. Formen der Geselligkeit und des festlichen Beisammenseins sind selbstverständlich im Gesamtkonzept berücksichtigt. Zum Wohl ihrer Gäste führt Frau Primavesi sogar Buch über deren Vorlieben hinsichtlich Zimmer, Speisen, Blumen, Kissenzahl und dergleichen. Weniger Erfolg hat sie hingegen mit ihrem strengen Gesundheitsreglement, das vom Hausherrn und seinen Gästen nur allzu gerne ausgetricks wird. [67]

Im November 1913 findet das erste »Schweindlfest« statt. Nur eines von zahlreichen legendären Hausfesten, zu denen unter anderen Klimt, Hoffmann und Hanak geladen sind. Weitere folgen und erfreuen sich besonders während der tristen Versorgungslage des Ersten Weltkriegs großer Beliebtheit.

Zu Weihnachten 1914, als das Weihnachtsfest erstmals im neuen Landhaus gefeiert wird, gibt es eine besondere Klimt-Überraschung. Am 1. Januar 1915 berichtet Eugenia: »Und dann hier der erste Weihnachtsabend mit einem Bild von Klimt als Überraschung, das mir in seinem Atelier damals am Samstag so gut gefallen hat. Vision heißt es und freut mich sehr (...).«[68] Heute ist das Bild der schwangeren Frau unter dem Titel *Hoffnung II* bekannt.

Innerhalb weniger Jahre bauen Otto und Eugenia Primavesi eine der bedeutendsten Klimt-Sammlungen auf. Sie umfasst Eugenias Porträt, das Bildnis der Tochter Mäda und die bereits erwähnte allegorische Darstellung *Hoffnung II*. Aber neben Porträt und Allegorie ist Klimt auch mit Landschaftsbildern vertreten. Ein erstes Landschaftsbild erwirbt das Ehepaar Primavesi 1916 mit dem *Litzlbergerkeller am Attersee*. Eine weitere Landschaft folgt wiederum von der Staffelei weg ein Jahr später im Spätherbst 1917. Damals wird der Ankauf der *Gartenlandschaft mit Bergkuppe* getätigt, die neuerlich als Weihnachtsüberraschung geplant ist.[69] Angeblich gehört auch das frühe Klimt-Bild *Bauernhaus mit Rosenstrauch* der Familie Primavesi.

Nach Klimts Tod erwirbt die Familie Klimts Bildnis *Das Baby*, das 1919 in der Klimt-Nachlassauktion in der Galerie Nebehay angeboten wird. Aus der gleichen Galerie gehen 1920 auch die großartigen Werkzeichnungen für den Stocletfries in den Besitz der Familie Primavesi über. Nicht zu vergessen sind die Klimt-Zeichnungen zu den beiden Porträts, von denen sich einige noch heute im Besitz der Nachkommen befinden.

Gustav Klimt, Die Erwartung, um 1905/09. Werkvorlage zum so genannten Stocletfries. Ursprünglich Sammlung Primavesi, heute Österreichisches Museum für angewandte Kunst, Wien

Gustav Klimt, Die Erfüllung, um 1905/09. Werkvorlage zum Stocletfries. Die Vorlagen gehören zu den besonderen Kostbarkeiten der Sammlung Primavesi. Mischtechnik auf Papier. Heute Österreichisches Museum für angewandte Kunst, Wien

Doch das ist die Ausnahme, der Kern der Sammlung hat keinen langen Bestand. Nach dem Zusammenbruch des Bankhauses Primavesi 1926 müssen die Bilder verkauft werden. Fast alle Ölbilder aus der Primavesi-Sammlung, die zwei Jahre später in der Klimt-Gedächtnisausstellung der Wiener Secession hängen, sind im Katalog als verkäuflich angeführt.[70] Am dauerhaftesten in Familienbesitz hält sich das Bildnis von Eugenia Primavesi. Nach dem Tod der Dargestellten am 13. Juni 1963 fällt es testamentarisch an ihre Tochter Mäda. Offiziell gilt es damals als verschollen und wird im Werkverzeichnis der Klimt-Gemälde mit unbekanntem Verbleib vermerkt. Tatsächlich aber hängt es all die Jahre von der Öffentlichkeit unbemerkt in Mädas Haus in Kanada. Sie war nach dem Zweiten Weltkrieg dorthin ausgewandert, wo sie in Montreal ein von ihr gegründetes Kindergenesungsheim leitete. Als Mäda das Bild 1987 in New York zur Versteigerung einbringt, ist die Überraschung groß. Während das Bild damals nach Japan verkauft wird, stirbt Mäda Primavesi mehr als zehn Jahre später am 25. Mai 2000. Mit ihr trat die letzte Zeitzeugin ab, die Klimt noch persönlich an der Staffelei erlebte.

ADELE UND FERDINAND BLOCH-BAUER

Emanzipation der Frau und Tradition der Salondame

Wenn es stimmt, dass jeder Porträtierte in seinem Abbild zu überleben hofft, so geht dieses Kalkül bei Adele Bloch-Bauer besonders auf. Ihr goldenes Bildnis, das Klimt von ihr malte, trägt mehr zu ihrem Nachruhm bei als alles andere. In der Liste der international meist reproduzierten Gemälde rangiert das Bild schon längst an vorderster Stelle. Es schmückt tausenderlei Nippes und Verpackungen, ziert Seidentücher und weniger Wertvolles. Doch die Ehre ist zweischneidig. So prominent das Bild wurde, so sehr verblasst hinter der gleißenden Pracht das Wissen um die Biographie. Aus Adele Bloch-Bauer wurde zwar die omnipräsente »Dame in Gold«, und doch war sie kaum mehr als ein Bildtitel.

Die Porträtierte wird am 9. August 1881 als Adele Bauer in Wien geboren.[71] Ihre Eltern, Moritz und Jeannette Bauer geborene Honig, gehören zur wirtschaftlichen Elite des Landes. Ihr aus Bayern stammender Vater etabliert sich in der Wiener Finanzwelt. Auf dem Höhepunkt seiner Karriere leitet er als Generaldirektor den Wiener Bankverein, zu jener Zeit die siebtgrößte Bank Österreich-Ungarns, er ist Präsident der Orientbahn und Teilhaber an wichtigen Industrieunternehmen. Wie kaum ein anderer versteht er es, seine Geschäfte erfolgreich zu führen. Aber seine Aktivitäten finden nicht nur Bewunderer. Für den Wiener Kulturkritiker Karl Kraus, der die gewagten Machenschaften und Börsenspekulationen von Moritz Bauer wiederholt angreift, bleibt dieser ein Ärgernis.[72]

Über Adeles Jugendjahre ist wenig bekannt. Als sie 18-jährig den Industriellen Ferdinand Bloch heiratet, ist die Verbindung der beiden Familien Bauer und Bloch arrangiert: Die Heirat ist eine mariage de raison, wie sie in vermögenden Kreisen nicht nur in Wien häufig eingefädelt wurde. Die Verbindung wird doppelt abgesichert, als Adeles Schwester – Marie-Therese – Ferdinands Bruder, den Rechtsanwalt Dr. Gustav Bloch, heiratet.

Adeles Gatte ist zum Zeitpunkt der Eheschließung doppelt so alt wie die Braut. Er wird am 16. Juli 1864 in Jungbunzlau geboren. Später besucht er in Prag die Handelsakademie. Wie sein Schwiergervater profiliert er sich als Unternehmer. Ferdinand übernimmt die von seinem Vater gegründete Zuckerfabrik und macht sie zu einem der größten Wirtschaftsbetriebe seiner Art in ganz Mitteleuropa.

Es ist unbekannt, wann sich Gustav Klimt und das Ehepaar Bloch-Bauer erstmals begegnet sind. Als Klimt 1907 das Porträt der damals 26-jährigen Adele vollendet, sind beide jedenfalls schon seit mehreren Jahren miteinander bekannt. Denn die Vorgeschichte des Bildes, mit dem Klimt ein Hauptwerk seines so genannten »Goldenen Stils« schafft, greift weit zurück. Erste

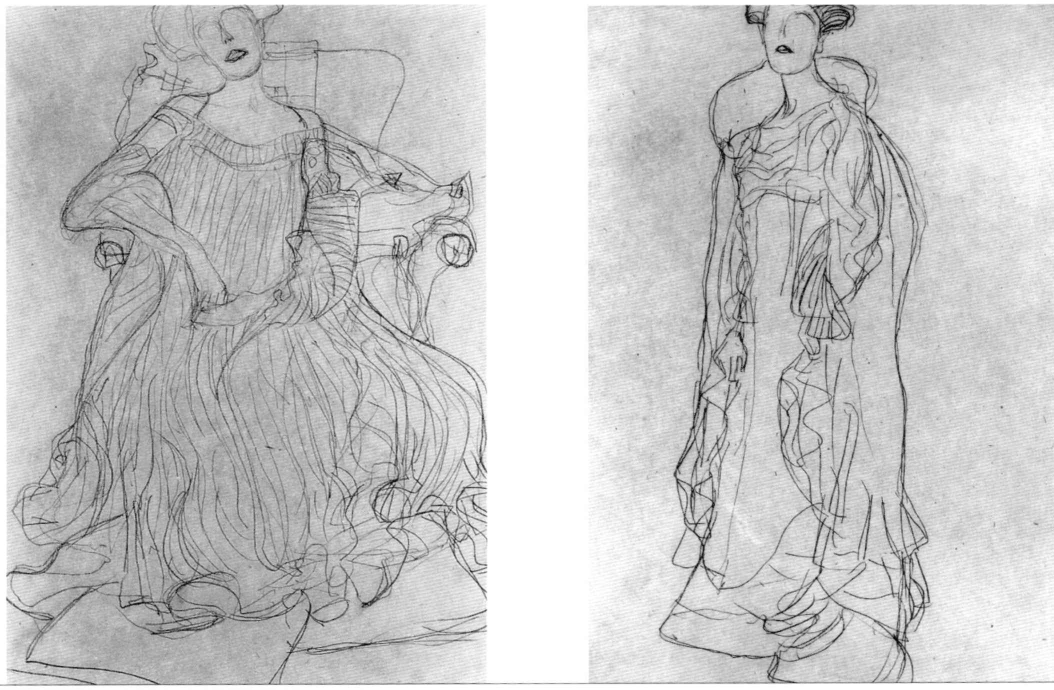

Gustav Klimt, Studien zum Bildnis Adele Bloch-Bauer I, 1907. Zwei von zahllosen Studien und Vorzeichnungen zum Ölbild. Schwarze Kreide auf Papier. Ursprünglich Sammlung Bloch-Bauer, heute Privatbesitz

Gustav Klimt, Bildnis Adele Bloch-Bauer I (Dame in Gold), 1907. Das berühmteste Frauenporträt von Gustav Klimt. Öl, Silber- und Goldauflage auf Leinwand. Ursprünglich Sammlung Bloch-Bauer, heute Österreichische Galerie Belvedere, Wien

Zeichnungen und Vorstudien entstehen bereits 1903/04. Dutzende und aberdutzende werden noch folgen. Kaum ein zweites Bild hat Klimt derart sorgfältig vorbereitet wie das Adele-Porträt.

Den äußeren Anlass des Bildes erwähnt die Dargestellte in einem Brief vom 22. August 1903. Ursprünglich haben sie und ihre Geschwister den Eltern zum Hochzeitstag ein gemeinsames Geschenk präsentieren wollen. Doch davon kamen sie ab. »Mein Mann hat sich dann entschlossen, mich von Klimt porträtieren zu lassen, der aber erst im Winter ans Werk schreiten kann. So müssen halt meine Eltern Geduld haben.«[73]

Im Frühjahr 1907 wird das Bild in Mannheim erstmals ausgestellt. Die Wiener sehen das Werk ein Jahr später im Rahmen der Kunstschau 1908. Klimt hatte ein faszinierendes Zwitterwesen aus Malerei und Kunstgewerbe geschaffen. Die Reaktionen sind positiv mit skeptischen Untertönen. Der Rezensent der *Wiener Allgemeinen Zeitung* schreibt von einem »Idol in einem goldenen Schrein«.[74] Andere urteilen: »Mehr Blech als Bloch.«[75] Peter Altenberg hingegen schwärmt von einem »Endgebilde der zartesten Romantik der Natur, die Hände der Ausdruck einer anmutigen Seele«.

Das Bildnis der Adele Bloch-Bauer relativiert selbst den Vorwurf, Klimt sei als Porträtist nicht am individuellen Vis-à-vis, sondern allein am Ornament, am Stofflichen, an Mustern und Dekor interessiert. Tatsächlich aber schuf er einen Freiraum zwischen Individualität, Raffinement und Psychologie, der neu und im Porträtfach einzigartig ist.

Adele Bloch-Bauer scheint zu sitzen und schwebt gleichzeitig vor einem goldenen Sessel. Die Balance zwischen aktiven und passiven Elementen bleibt

GUSTAV
KLIMT
19 07

offen. Die intensive Verwendung der Nicht-Farbe Gold hat Klimt danach nur noch einmal in seinem Kultgemälde *Der Kuss* zur Meisterschaft erhoben. Gold beherrscht die Bildwirkung. Sein vielfältiger Glanz wird zur Folie der hoheitsvollen Darstellung. Alle Bilddetails scheinen sich in der gleißenden Pracht aufzulösen. Vergleichbar den griechisch-orthodoxen Heiligenbildern sind unter der metallenen Oberfläche nur noch Gesicht und Hände sichtbar. In der Kunstgeschichte findet sich ein berühmtes Vorbild für diese Art der Wiedergabe, das Klimt anregte. Im 6. Jahrhundert ließ sich die byzantinische Kaiserin Theodora in den Goldmosaiken Ravennas darstellen. 1903 waren diese »Mosaiken von unerhörter Pracht« für Klimt zur »Offenbarung« geworden.

Klimt brilliert als Porträtist der »schönen Wienerin«. Über die Gründe seines Erfolgs wird seither viel diskutiert. Aber schon der Kunstkritiker Josef A. Lux ahnte tiefer liegende Zusammenhänge. Lux benennt ein Schlüsselelement der Klimt'schen Malerei, wenn er von jener geheimen Sehnsucht der Dargestellten spricht, die Klimt befriedige: »Die Sehnsucht ist groß, über dem Alltag zu stehen, (...) wie Fürstinnen und Madonnen (...) in einer Schönheit, die von gierigen Händen des Lebens nicht mehr zerpflückt und verwüstet werden kann.«[76]

Das Bildnis Adele Bloch-Bauer in der »Internationalen Kunstausstellung«, Mannheim 1907, wo es erstmals öffentlich gezeigt wird. Die Raumgestaltung stammt von Josef Hoffmann, die beiden Skulpturen von George Minne. Deren kantige Körpersprache kehrt in Adeles Armhaltung wieder. Foto: Staatliche Museen zu Berlin – Preußischer Kulturbesitz, Kunstbibliothek

Bei allem Hinüberschielen zum Fürstlichen und Madonnenhaften und bei aller Sehnsucht, über dem Alltag zu schweben, kommt aber hinzu, dass Klimt und seine Modelle selbstbewusst genug sind, weder die Attitüde noch die künstlerische Formensprache der tonangebenden Aristokratie zu kopieren. Zwar sind Klimts Frauenbildnisse der Form nach repräsentative Porträts. Dem Gehalt nach aber geht es hier um die Frau, die sich dem Betrachter »hoheitsvoll und distanziert, zugleich sinnlich und verführerisch« präsentiert. Andererseits scheint vieles an dieser Wirkung geheimnisvoll, wird besonders von den Zeitgenossen als naturhaft, verführerisch und bedrohlich erlebt.

Die ambivalente Nähe zu Klimts allegorischen Darstellungen ist allgegenwärtig. Die Frau, »sie wird uns in ihrer ornamentalen Aura als Kunstwerk kostbar angeboten und als Mensch entzogen«.[77] Kein anderer Maler als Gustav Klimt hat den Wunsch der Wirtschaftselite nach Noblesse raffinierter erfüllt, kein anderer Maler das Zwischenreich von Erotik und Ornament so meisterhaft erweitert und in Szene gesetzt.

In Klimts Bildnis der Adele Bloch-Bauer scheint die innere Unruhe der Dargestellten zur Ewigkeit zu gerinnen. Gleichzeitig sprechen aus dem Bild individuelle und gesellschaftliche Verweigerung. Gold umgibt Adeles Körper, negiert ihn, scheint ihn auszulöschen. Ein kostbares »collier de chien« (Hundeband) trennt den Kopf vom Leib.
Wenn sich Adeles Nichte, Maria Altmann, an die Tante erinnert, beschreibt sie Adele mit den Worten: »Krank, leidend, immer mit Kopfweh, rauchend wie ein Schlot, furchtbar zart, dunkel. Ein durchgeistigtes Gesicht, schmal, elegant.

Adele Bloch-Bauer in ihrem Salon, um 1910. Foto: Österreichische Galerie Belvedere, Wien

›Süffisant, arrogant‹, so hat sie auf mich als Kind gewirkt. Stets auf der Suche nach geistiger Anregung.«[78] Maria Altmann charakterisiert ihre Tante als disziplinierte Frau, die intensiv deutsche, französische und englische Klassiker studierte: »Adele war nicht glücklich zu Hause. Sie wollte studieren, was damals für ein junges Mädchen unüblich war und so heiratete sie.«[79]

Aber auch das gehörte zur Lebensrealität von Adele Bloch-Bauer. Zwar konnte sie sich von einem der teuersten Porträtisten Europas malen lassen, aber die Abgabe ihrer politischen Stimme in einer Wahl war ihr als Frau versagt. Nicht einmal das Studium an der Universität Wien stand ihr als Frau offen. Erst ab 1900 konnten sich Frauen an der philosophischen Fakultät einschreiben.

Die Ehe mit Ferdinand Bloch-Bauer blieb kinderlos – zwei Kinder verlor Adele während der Schwangerschaft, ein drittes starb wenige Tage nach der Geburt. Über eine intime Beziehung zwischen Gustav Klimt und Adele Bloch-Bauer wird oft spekuliert. Namentlich der amerikanische Psychologe Salomon Grimberg, auf den sich zahlreiche Autoren und Autorinnen beziehen, hat diese Vermutung angestellt.[80] Doch fehlen bis heute eindeutige Hinweise und Belege dafür.

Unbestritten aber ist Adele Bloch-Bauer die einzige Frau, die Klimt zweimal in großen Porträts gemalt hat. In dem zweiten Bildnis, das 1912, fünf Jahre nach dem ersten entsteht, ist Adele Bloch-Bauer nicht mehr sitzend, sondern stehend dargestellt. Neu ist vor allem die koloristische Qualität. Glückte Klimt mit dem ersten Porträt ein Höhepunkt seines »Goldenen Stils«, so kehrt nun die Farbe triumphierend wieder. Anregungen dafür findet Klimt namentlich bei dem Farbmagier Henri Matisse und den französischen Fauvisten. Deren Bilder lernt er vor allem in Paris 1911 während der Durchreise nach Brüssel kennen. Neu in Klimts Repertoire sind aber auch die galoppierenden Reiter im Bildhintergrund. Klimt entnimmt das Motiv asiatischen Vorbildern, die für ihn immer wichtiger werden.

Die beiden Porträts bilden das Zentrum der Klimt-Sammlung von Adele und Ferdinand Bloch-Bauer. Im Salon der Dame sind sie prominent vereint. Hier hängen aber auch die vier Klimt-Landschaften, die einen überwältigenden Raumeindruck schaffen. Es sind farbintensive Darstellungen, darin besonders dem zweiten Adele-Porträt verwandt. Die vier Landschaftsbilder besitzen eine einheitliche Größe, messen jeweils über einen Meter und sind durch ihre quadratische Grundform und den engen Bildausschnitt von meditativer Geschlossenheit.

Die früheste Landschaft von 1903 trägt den Bildtitel *Birkenwald*. Zwei weitere zeigen Motive vom Attersee, wo Klimt regelmäßig die Sommerferien verbrachte: *Schloss Kammer am Attersee III* aus dem Jahr 1910 und *Häuser in Unterach am Attersee*, entstanden um 1916. Hingegen datiert der *Apfelbaum* in die Zeit um 1912.

Nach dem Ende des Ersten Weltkriegs und dem Untergang der österreichisch-ungarischen Monarchie optiert das Ehepaar Bloch-Bauer aus wirtschaftlichen und politischen Gründen für die Staatsbürgerschaft der jungen Tschechoslowakei. Offizieller Wohnsitz wird ihr Schloss Jungfer-Brezan bei Prag. Doch Wien bleibt Lebensmittelpunkt. So erwirbt Ferdinand Bloch-Bauer im Dezember 1919 ein elegantes Stadtpalais am Wiener Schillerplatz, sozusagen auf halbem Weg zwischen Hofburg und Akademie der bildenden Künste.

Vor allem in den 1920er Jahren versammelt hier Adele Bloch-Bauer Intellektuelle, Künstler und Politiker. Alma Mahler und ihr dritter Gatte Franz Werfel verkehren in ihrem Salon ebenso wie die Künstler Richard Strauss und Stefan Zweig oder die sozialdemokratischen Politiker Karl Renner und Julius Tandler.[81] Mit den beiden letztgenannten verbindet die Hausherrin eine erstaunliche politische Übereinstimmung. Einerseits lebt Adele Bloch-Bauer in einer gesellschaftlich und finanziell enorm privilegierten Stellung, auf deren Annehmlichkeiten sie anscheinend weder verzichten kann noch will. Andererseits sympathisiert sie mit den Zielen der Arbeiterbewegung, deren politische Führer in ihrem Salon ein und aus gehen. Auch das gehört zur Eigenart von Adele Bloch-Bauer und macht das innerlich Zerrissene der »Dame in Gold« aus. Als Adele Bloch-Bauer am 24. Januar 1925 stirbt, ist sie längst aus der Israelitischen Kultusgemeinde ausgetreten. Auch damit bringt sie zum Ausdruck, wie

Gustav Klimt, Birkenwald, 1903. Öl auf Leinwand. Ursprünglich Sammlung Bloch-Bauer, heute Österreichische Galerie Belvedere, Wien

sehr sie um eine neue Identität bemüht war, die sich von alten Mustern und traditioneller Herkunft unabhängig macht. Ihren Leichnam lässt sie verbrennen – eine Bestattungsart, die von der meinungsprägenden Kirche und der konservativen Bevölkerung massiv abgelehnt wird.[82]

In ihrem letzten Willen formuliert Adele Bloch-Bauer noch einmal ihre Handlungsmaxime. Verantwortungsbewusstsein sich selbst und den anderen gegenüber betont sie als obersten Anspruch ihres Tuns.[83] Testamentarisch bedenkt die Erblasserin zahlreiche Arbeiter- und Bildungseinrichtungen mit Zuwendungen. Gleichzeitig legt sie den Wunsch fest, ihre Klimt-Bilder öffentlich zugänglich zu machen und der Österreichischen Staatsgalerie, heute Österreichische Galerie Belvedere, zu schenken.

Zunächst aber verbleiben die Bilder dem Wunsch der Verstorbenen gemäß bei ihrem Gatten, der Adele um viele Jahre überlebt. Doch dann ändern sich die Rahmenbedingungen radikal. Nach dem »Anschluss« 1938 werden die Klimt-Bilder in Ferdinand Bloch-Bauers Wohnung von den Nationalsozialisten

Gustav Klimt, Schloss Kammer am Attersee III, 1910. Öl auf Leinwand. Ursprünglich Sammlung Bloch-Bauer, heute Österreichische Galerie Belvedere, Wien

»sichergestellt«. Gleichzeitig wird sein gesamtes Vermögen arisiert. Dem Witwer gelingt die Flucht über die Tschechoslowakei in die Schweiz, wo er die Kriegsjahre überlebt. Wenige Monate nach Kriegsende stirbt er am 13. November 1945.

Der Wiener Historiker Hubertus Czernin schreibt über Adeles Ehemann Ferdinand: Seine Geschichte war keine gewöhnliche – und doch ist sie typisch für seine Generation. »Sie erzählt von einem Mann, der großen Reichtum erworben und später alles wieder verloren hat. Sie beschreibt ein Leben, das zwei Weltkriege und eine Weltwirtschaftskrise durchgemacht hat und das Zeuge nicht nur verschiedener Staatsformen – Monarchie und Republik – gewesen ist, sondern auch (und einschneidender) verschiedener Staatsideologien – von Legitimismus über Demokratie bis zu Klerikofaschismus und Nationalsozialismus (von den Episoden kommunistischer Revolutionsansätze in ihrer abgeschwächten mitteleuropäischen Form zu schweigen). Es ist die Geschichte, die an Verfolgung und Vertreibung erinnert, an Flucht quer durch Europa, an

Gustav Klimt, Apfelbaum I,
um 1912. Öl auf Leinwand.
Ursprünglich Sammlung
Bloch-Bauer, heute Österreichische Galerie Belvedere,
Wien

Gustav Klimt, Häuser in Unterach am Attersee, um 1916. Öl auf Leinwand. Ursprünglich Sammlung Bloch-Bauer, heute Österreichische Galerie Belvedere, Wien

GUSTAV
KLIMT

Oskar Kokoschka, Bildnis Ferdinand Bloch-Bauer, 1935/36. Öl auf Leinwand. Ursprünglich Sammlung Bloch-Bauer, heute Kunsthaus Zürich

Gustav Klimt, Bildnis Adele Bloch-Bauer II, 1912. Nach der Besichtigung des Bildes im Haus Bloch-Bauer rühmt die Wiener Malerin Broncia Koller-Pinell die »bezwingende Schönheit der Klimt'schen Malerei«. Öl auf Leinwand. Ursprünglich Sammlung Bloch-Bauer, heute Österreichische Galerie Belvedere, Wien

den Verlust von Heimat und an ein Leben, dem schließlich nur mehr die paar Quadratmeter eines Hotelzimmers blieben – mit schöner Aussicht, aber ohne jede Perspektive.«[84]

Im Zug der Debatte um die Restitution von enteignetem oder nach 1945 erpresstem jüdischen Kunstbesitz, der sich die österreichischen Museen seit 1999 massiv stellen müssen, wird immer wieder die Frage diskutiert, ob sich die Bloch-Bauer-Bilder zu Recht in Wiener Museumsbesitz befinden. Vor allem die Erben nach Ferdinand Bloch-Bauer sehen in Adeles testamentarisch geäußerter Bitte keine rechtsverbindliche Aufforderung. Seit 2001 ist dazu in den USA ein Rechtsstreit gerichtsanhängig.

Ein entscheidender Punkt in dieser Auseinandersetzung kreist um die Frage, ob Adele Bloch-Bauer tatsächlich Eigentümerin der Bilder war. Oder ist wahr, wenn Czernin urteilt: Sie sei eine seltsame Frau gewesen, »die mehr sein wollte als nur die Ehefrau eines Industriellen, aber letztlich doch nur Dekor für eine großbürgerliche Familie blieb«?[85]

Ungeachtet der juristischen Einschätzungen und Konsequenzen, ob sie »nur« die Ehefrau war, ist das ein zentraler Aspekt der kulturgeschichtlichen Standortbestimmung. Wie sehr nahmen Klimts Förderinnen den Aufbruch der Frau als gesellschaftliche Notwendigkeit wahr? Lassen sie sich in ihrem oft selbstbewussten Handeln gar als Vorläuferinnen oder Wegbereiterinnen der Emanzipation interpretieren? Oder blieb Adele Bloch-Bauer als Frau und Persönlichkeit tatsächlich nur Dekor?

DIE FAMILIE ZUCKERKANDL

Wie Adele Bloch-Bauer ist auch Berta Zuckerkandl eine emanzipierte Frau, der Klimt viel verdankt. Der Künstler steht mit mehreren Mitgliedern der Familie Zuckerkandl in Kontakt, die in ihrem Kern aus den drei Brüdern Emil, Otto und Victor besteht. Die Grundlage der Verbindung aber schafft Berta, die Gattin von Emil Zuckerkandl. Geboren am 12. April 1864 in Wien wächst sie in einem weltoffenen Haushalt auf. Von ihrem Vater, der das *Neue Wiener Tagblatt*, das Stammblatt des liberalen Wien, herausgibt, wird sie früh in das Zeitungsgeschäft eingeführt. So erhält die Tochter gegen alle Konventionen der Zeit schon früh die Chance, jenes journalistische Know-how zu erwerben, mit dem sie sich nachhaltig für Gustav Klimt einsetzt.

Unermüdlich rührt sie die Werbetrommel. In den öffentlichen Erregungen um Klimts Person und seine Kunst steht sie loyal an seiner Seite. Sie publiziert zahlreiche Aufsätze und Ausstellungskritiken, namentlich im *Neuen Wiener Tagblatt*, das nach dem Tod des Vaters von ihrem Bruder herausgegeben wird. Ihr gesellschaftliches Engagement steht ihrem publizistischen Schaffen in nichts nach. Ihr Haus macht sie zum Treffpunkt der Wiener Gesellschaft. Selbstbewusst urteilt die Gastgeberin: »In meinem Salon ist Österreich.« Sie verfügt über glänzende Beziehungen. Über ihre Schwester, die mit dem Bruder des französischen Ministerpräsidenten Georges Clemenceau verheiratet ist, versucht sie gegen Ende des Ersten Weltkriegs aktiv an den Friedensbemühungen teilzunehmen – allerdings erfolglos. Wegen ihres sozialen Engagements gilt sie als »rote Hofrätin«. Manche Kritiker titulieren sie weniger schmeichelhaft als »Kassandra von Wien«.[86]

Für Klimt hatte ihr publizistisches Engagement enorme Bedeutung. Er wusste, was er ihr verdankte. Auch persönlich herrschte zwischen beiden ein ausgeprägtes Vertrauensverhältnis. Umso erstaunlicher die Tatsache, dass er sie nie porträtierte. Dafür lassen sich vor allem zwei Gründe anführen: Einerseits entspricht Berta Zuckerkandl nicht Klimts bevorzugtem Frauentypus, und andererseits sind ihre finanziellen Möglichkeiten nach dem frühen Tod des Gatten 1910 beschränkt.

Ihren Gatten Emil Zuckerkandl heiratet sie 1886.[87] Wie seine Brüder stammt er aus dem ungarischen Györ. Nach dem Studium der Medizin an der Universität Wien macht er eine Karriere als Arzt und Universitätslehrer. Berühmt wird er als Anatom. Er hat nicht nur einen ausgezeichneten Ruf als Praktiker, sondern verfasst auch zahlreiche Lehr- und Handbücher. Seine Porträtbüste im Arkadenhof der Universität Wien erinnert noch heute an den Wissenschaftler. Wie seine Gattin wirft er wiederholt sein ganzes gesellschaftliches Gewicht für Gustav Klimt in die Waagschale. Heftig kommentiert wird seine Unterschrift unter eine Petition während des Streits um Klimts Fakul-

 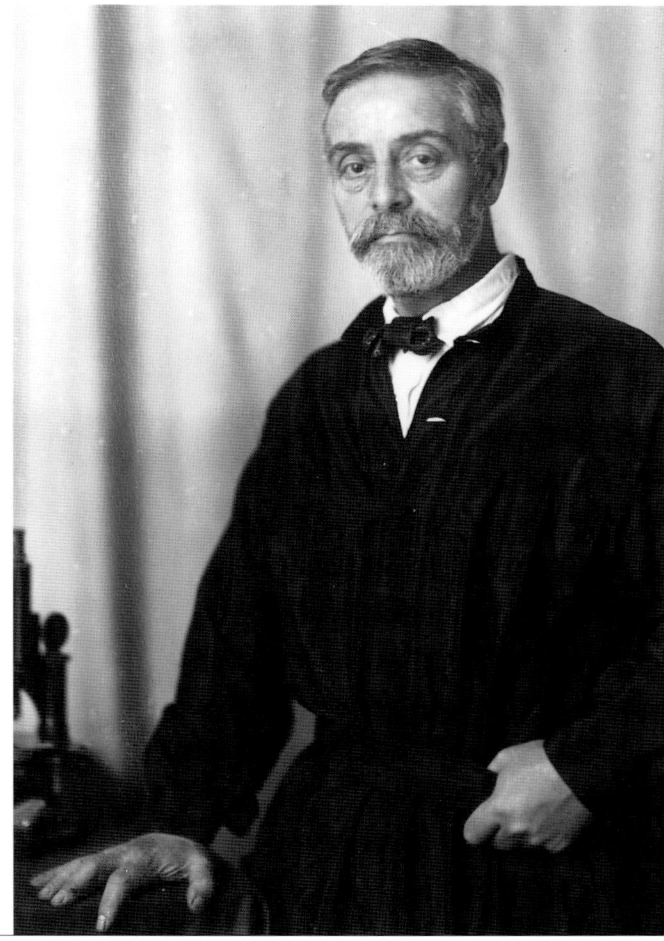

Die Journalistin Berta Zuckerkandl in einer Atelieraufnahme der Fotografin Mme. d'Ora, Wien, 1908. Foto: Österreichische Nationalbibliothek, Bildarchiv, Wien

Emil Zuckerkandl, Bertas Gemahl, Mediziner und Lehrer an der Universität Wien, Aufnahme d'Ora-Benda, Wien, 1909. Foto: Österreichische Nationalbibliothek, Bildarchiv, Wien

tätsbilder (s. S. 118f.). Während 87 Professoren der Universität Wien in einer Eingabe an das Kultusministerium gegen Klimt stimmen, unterzeichnet Emil Zuckerkandl mit elf weiteren Kollegen eine Gegenpetition. Darin sprechen sie den protestierenden Kollegen die Kompetenz in künstlerischen Fragen ab.

Als Liberaler ist ihm die Freiheit von Wissenschaft und Kunst ein hohes Gut. Schon früh nimmt er deswegen Anfeindungen in Kauf. Erstmals wird er 1888 massiv Opfer seiner Haltung. Als er in seiner Antrittsvorlesung an der Wiener Universität die Darwin'sche Evolutionstheorie behandelt – sie wird vor allem von der katholischen Kirche heftig bestritten –, bricht ein Proteststurm über ihn herein.

Während Emil Zuckerkandl am 28. Mai 1910 stirbt, überlebt ihn Berta um viele Jahre. Sie hilft mit ihren Veröffentlichungen, das Andenken an Klimt auch nach dessen Tod 1918 wach zu halten. In dem Maler verehrt sie den Schöpfer der »modernen« Frau in knabenhafter Schlankheit: »Man kannte den Ausdruck ›Vamp‹ noch nicht. Aber Klimt schuf den Typus einer Greta Garbo, einer Marlene Dietrich, lange, ehe er Wirklichkeit wurde.«[88]

Als es das alte Österreich nach 1938 nicht mehr gibt, muss Berta Zuckerkandl vor dem Rassenwahn der Nationalsozialisten flüchten. Über Paris emigriert sie nach Algier. Dort erlebt sie zwar noch das Ende der NS-Schreckensherrschaft, stirbt aber während der lang ersehnten Rückkehr in die Heimat am 1. November 1945 in Paris.

Der eigentliche Klimt-Sammler in der Familie Zuckerkandl ist Bertas Schwager Victor. Er ist der mittlere der drei Brüder und als Geschäftsmann vor allem in der Eisenindustrie tätig. Im Jahr 1903 erwirbt er am Rande des Wienerwalds eine alte Kur- und Wasserheilanstalt, die er wenig später als »Sanatorium Purkersdorf« von Grund auf neu bauen lässt. Anscheinend gelang es seiner Schwägerin Berta, ihn für den Architekten Josef Hoffmann zu erwärmen. Der entwirft die Baupläne und etabliert sich mit dem Neubau als einer der wichtigsten Architekten der modernen Baukunst. Die Erfahrungen kommen dem Architekten zwei Jahre später zugute, als er das Palais Stoclet in Brüssel plant, womit er seinen internationalen Ruf begründet.

Das Sanatorium Purkersdorf, um 1903. Außenansicht, aufgenommen während der Bauarbeiten. Foto: Österreichische Nationalbibliothek, Wien

Hoffmann entwirft mit dem Sanatorium ein Hauptwerk des Wiener Jugendstils, das komplett von der Wiener Werkstätte ausgestattet wird. In moderner Eisenbetonweise ausgeführt, entsteht zwischen 1904 und 1905, wie es Berta Zuckerkandl beschreibt, ein »Mittelding zwischen ›modernem‹ Hotel und ›moderner‹ Heilstätte«. Besonders die Gesellschaftsräume beeindrucken durch ihre erlesene Eleganz, obwohl sie auf das Wesentliche reduziert sind. Nach 1945 sollte das Sanatorium zu einer Fundgrube für Legionen von Kunsthändlern werden, die seine Ausstattung in alle Himmelsrichtungen verkaufen. Trotzdem ist es auf österreichischem Boden noch heute eines der bedeutendsten erhaltenen »Gesamtkunstwerke« des Wiener Jugendstils.

Victor Zuckerkandl ist zwar ein bedeutender Klimt-Förderer, als Sammler in erster Linie aber an Altwiener Malern und europäischen Miniaturen interessiert. Zudem legt er eine kostbare Asiatika-Kollektion an, für die 1907 seine Purkersdorfer Villa im Gründerzeitstil zum »japanischen Museum« umgebaut wird. Als Victor Zuckerkandl 1916 Wien verlässt, um in Berlin die Leitung der Schlesischen Eisenwerke Gleiwitz zu übernehmen, übergibt er einen Großteil seiner Sammlung dem Auktionshaus C. J. Wawra, das sie am 26. Oktober 1916 versteigert.

Das Vorwort zum Versteigerungskatalog, der mehr als 400 Nummern umfasst, erläutert dazu: »Herr Generaldirektor Zuckerkandl löst in seiner Villa in Purkersdorf den Haushalt auf. Was er jahrelang an Kunstschätzen mit Liebe und Verständnis zusammengetragen, kommt jetzt hier unter den Hammer, ausgenommen seine wertvolle Ostasiatische Sammlung, welche als Geschenk an das Museum in Breslau geht. Vorzüglich waren es unsere alten Wiener Künstler, welche Generaldirektor Zuckerkandl in den Bereich seiner Sammeltätigkeit zog (...). So schwer es Herrn Generaldirektor Zuckerkandl fällt, sieht er sich bemüßigt, seine Purkersdorfer Sammlung zu veräußern, da er außerstande ist, dieselbe in seiner vollständig eingerichteten Villa im Grunewald unterzubringen.«[89]

Das Sanatorium Purkersdorf, um 1906. Entwurf Josef Hoffmann. Blick in den Speisesaal, der mit Hilfe von Spiegeln und Durchblicken optisch noch erweitert wird. Links eine vorgebaute, verglaste Veranda, an der Stirnseite der Musiksaal. Die Bugholzsessel auf einem durchlaufend roten Teppich in einem warmen Braunton. Foto: Privatbesitz

Die Klimt-Bilder bleiben von der Auktion größtenteils unberührt. Versteigert werden allerdings sieben Klimt-Zeichnungen, allesamt Frauendarstellungen, die teils in Buntstift ausgeführt sind. Eine der Zeichnungen hatte Klimt mit »1895« datiert. Da eigenhändige Datierungen enorm rar sind, erzielt das Blatt mit 950 Kronen den höchsten Preis der versteigerten Zeichnungen.[90] Zuckerkandl liefert aber auch ein Ölbild zur Auktion ein: die Darstellung der *Pallas Athene* (s. Tafel S. 62).[91] Offensichtlich hing der Sammler nicht sehr an diesem Gemälde, das er erst zwei Jahre zuvor aus der Wohnung Fritz Waerndorfer erworben hatte. Waerndorfer hatte 1914 wegen des finanziellen Desasters der von ihm geleiteten Wiener Werkstätte Österreich verlassen müssen.

Im Übersiedlungsgepäck nach Berlin ist dagegen das Klimt-Porträt von Victor Zuckerkandls Gattin Paula enthalten. Das Bild entstand um 1912. Von der Versteigerung ausgenommen sind auch Klimts Landschaftsbilder. Zuckerkandl besitzt mehrere dieser quadratischen Bilder, die sich durch strengen Bildaufbau und dekorative Flächengliederung auszeichnen. In einigen Fällen ist Victor Zuckerkandl als Erstbesitzer belegt. Das gilt für Klimts *Mohnwiese* aus dem Jahr 1907, die Zuckerkandl 1908 ankauft, und für das Bild *Obstgarten mit Rosen*, dessen Erwerbung 1911 getätigt wird.[92] In all diesen Darstellungen

Gustav Klimt, Bildnis Paula Zuckerkandl, um 1912. Öl auf Leinwand. Ursprünglich Sammlung Zuckerkandl, seit dem Zweiten Weltkrieg verschollen

Gustav Klimt, Mohnwiese, 1907. Öl auf Leinwand. Ursprünglich Sammlung Zuckerkandl, heute Österreichische Galerie Belvedere, Wien

Gustav Klimt, Obstgarten mit Rosen, 1912. Öl auf Leinwand. Ursprünglich Sammlung Zuckerkandl, heute Privatbesitz

tritt das Atmosphärische, das die österreichische Landschaftsmalerei aus der zweiten Hälfte des 19. Jahrhunderts betont hat, zurück zu Gunsten einer ausgewogenen Bildstimmung und der Suche nach strahlenden Farbakkorden. Namentlich in der Darstellung der *Mohnwiese* scheint sich alles in reinen Komplementärfarben aufzulösen.

Eine ähnliche Bildwirkung erzielt Klimt in der *Allee im Park von Schloss Kammer*. Die dichten Baumkronen verschmelzen zu einem undurchdringlichen Farbteppich, der trotz der perspektivischen Wirkung der Allee alles in die Zweidimensionalität der Bildfläche zwingt. Eine vergleichbare Flächengliederung findet sich schon 25 Jahre zuvor in Rudolf von Alts Darstellung *Aus dem Kurpark von Teplitz*. So als wüsste er um ihre innere Verwandtschaft, vereint Zuckerkandl beide Landschaftsdarstellungen in seiner Sammlung.[93]

Seine Sammelleidenschaft setzt Zuckerkandl in Berlin fort. Ungeachtet der neuen Umgebung wird das Profil der Sammlung weiterhin von der österreichischen Kunst bestimmt, darunter dreißig Aquarelle von Rudolf von Alt. Hingegen sind deutsche Künstler wie Lesser Ury die Ausnahme, während Max Liebermann einzig mit einer radierten Porträtansicht des Sammlers vertreten ist.

Als Victor und Paula Zuckerkandl 1927 in Berlin rasch hintereinander sterben, wird der Nachlass unter den Erben aufgeteilt. Victor stirbt am 21. Februar, Paula, seine Gattin und Generalerbin, erliegt am 21. Mai 1927 einem Schlaganfall.[94] Trotz massiver Meinungsunterschiede unter den Erben

Gustav Klimt, Allee im Park von Schloss Kammer, 1912. Öl auf Leinwand. Ursprünglich Sammlung Zuckerkandl, heute Österreichische Galerie Belvedere, Wien

Gustav Klimt, Forsthaus in
Weißenbach am Attersee, 1914.
Öl auf Leinwand. Ursprünglich
Sammlung Zuckerkandl, heute
Privatsammlung, New York

Max Liebermann, Bildnis Victor Zuckerkandl, um 1920. Radierung. Privatbesitz

Gustav Klimt, Dame mit pelzverbrämtem Mantel, um 1896/98. Schwarze Kreide, weiß gehöht auf Papier. Im Rahmen der Sammlung Victor Zuckerkandl 1916 versteigert, heute Privatbesitz

Gustav Klimt, Frauenkopf im Profil nach links, 1895. Bleistift auf Papier. Im Rahmen der Sammlung Victor Zuckerkandl 1916 versteigert, Verbleib seither unbekannt. Eine der wenigen von Klimt datierten und signierten Zeichnungen

wird ein Großteil der Sammlung 1928 versteigert, nicht jedoch die Klimt-Bilder. Einen Überblick über Art und Umfang gibt der Katalog der Nachlassauktion bei C. J. Wawra in Wien.[95]

In ihrem Testament behält sich Paula Zuckerkandl geborene Freund vor, über den Hausrat sowie über Schmuck- und Kunstgegenstände besonders zu verfügen. Doch ihr Tod wenige Monate nach dem Ableben ihres Mannes vereitelt dieses Vorhaben. Trotzdem fühlen sich die Erben an den mündlich geäußerten Wunsch der Verstorbenen gebunden, ihr Klimt-Porträt der Österreichischen Galerie als Schenkung zu überlassen. Vorerst aber bleibt das Bild im engsten Familienkreis bei Paulas Bruder Richard Freund in Berlin.[96] Dann verhindern die Folgen des Nationalsozialismus den Vollzug der Schenkung. Richard Freund, der im September 1942 durch Selbstmord aus dem Leben scheidet, bestimmt testamentarisch: »Mein Wunsch ist es jedoch, dass das Gemälde meiner Schwester Paula von Klimmt(!) den in Amerika lebenden Familienangehörigen sobald als möglich zur Verfügung gestellt wird (....).«[97] Auch dazu kommt es nicht. Wahrscheinlich ist das Bild wenig später in den Kriegswirren unwiederbringlich zerstört worden.

Erhalten ist allein das Porträt von Paulas Schwägerin, Amalie Zuckerkandl. Auch dieses Bild erinnert an die unfassbare Tragödie der NS-Judenverfolgung. Amalie, später Miriam Amalie, Schlesinger wird am 1. August 1869 geboren.[98] Am 2. Juli 1895 wechselt sie vom evangelischen zum jüdischen Glauben, um acht Tage später Otto Zuckerkandl zu heiraten. Wie sein Bruder Emil ist dieser Mediziner. Er veröffentlicht gemeinsam mit dem Arzt und bekannten Wiener sozialdemokratischen Gemeindepolitiker Julius Tandler das Lehrbuch *Anatomische Untersuchungen*. Otto durchläuft eine glänzende medizinische Karriere.

Gustav Klimt, Bildnis Amalie Zuckerkandl, 1917/18 (unvollendet). Öl auf Leinwand. Ursprünglich Sammlung Zuckerkandl, heute Österreichische Galerie Belvedere, Wien

Der Mediziner Otto Zuckerkandl während des Ersten Weltkriegs, um 1914/18. Foto: Max Schneider, Wien. Österreichische Nationalbibliothek, Bildarchiv, Wien

Das Herrenzimmer von Otto Zuckerkandl, Reichsratstraße Nr. 13, Wien I, Aufnahme nach 1912/13. Entwurf Josef Hoffmann. An den Wänden eingebaute Bücherschränke. Diese wie die Möbel in schwarzer Eiche mit weißer Porenfüllung. Foto: Privatbesitz

Seit 1912 steht er der chirurgischen Abteilung des Spitals der Israelitischen Kultusgemeinde vor, die er zu einer urologischen Station ausbaut. 1917 wird er zum Leiter der urologischen Abteilung der Wiener Allgemeinen Poliklinik berufen. Drei Jahre zuvor – vielleicht sogar schon 1913 – erteilt er Klimt den Auftrag, seine Gattin zu porträtieren. Klimt beginnt umgehend mit der Arbeit, doch das Bild bleibt unvollendet. Während des Ersten Weltkriegs folgt Amalie Zuckerkandl ihrem Mann nach Lemberg und arbeitet 1915/16 in dessen Spital als Krankenschwester. Erst nach dem Rückzug der österreichischen Truppen aus Lemberg und Amalies Rückkehr nach Wien scheint Klimt den Auftrag fortzusetzen.[99] Am 5. November und am 12. Dezember 1917 erhält er eine A-conto-Zahlung von je 2000 Kronen.[100] Zwei Monate nach der letzten Zahlung stirbt Klimt, sein Auftraggeber Otto Zuckerkandl wird 1921 zu Grabe getragen.

Amalie, die ihren Gatten um mehr als zwei Jahrzehnte überlebt, erleidet von allen Klimt-Modellen das schrecklichste Schicksal. Nach dem »Anschluss« Österreichs 1938 gerät sie in die Todesmaschinerie des Nationalsozialismus. Im Jahr 1942 wird sie zusammen mit ihrer jüngeren Tochter nach Theresienstadt verschleppt und später ermordet, aller Wahrscheinlichkeit nach im Vernichtungslager Belzec.[101]

SERENA UND AUGUST LEDERER

Klimts bedeutendste Sammler

Während die Familie Zuckerkandl im akademischen Milieu verankert ist, repräsentiert das Ehepaar Serena und August Lederer das Wiener Großbürgertum von seiner vermögendsten Seite. Ihre Klimt-Sammlung ist unvergleichlich und bis heute einzigartig. Um sie aufzubauen, werden enorme Geldmittel investiert. Mehr noch verdankt sie ihre Entstehung aber der konsequenten Parteinahme und einer mehr als zwei Jahrzehnte dauernden Sammlertätigkeit, deren Beginn Serena Lederer initiiert.

Ein erstes Miniaturbildnis von ihr schafft Klimt bereits 1888. Der Wiener Malerfürst Hans Makart ist zu diesem Zeitpunkt vier Jahre tot und Klimt, den manche schon als seinen Nachfolger sehen, vom Jugendstil noch weit entfernt. Das kleine Porträt entsteht, als Klimt den Zuschauerraum des Alten Burgtheaters malt. Die junge Serena ist in dem Theaterbild mit der Familie ihres Onkels Dr. Adam Politzer zu betrachten. Klimt fertigte in den frühen 1880er Jahren wiederholt technische Zeichnungen für den Ohrenarzt Politzer an.

Mit dem Burgtheaterbild hat es eine besondere Bewandtnis. Das Bild ist ein Auftrag der Stadt Wien. Bevor das alte Burgtheater abgerissen wird, soll es von Klimt gemalt werden. Als der Maler darangeht, den Innenraum für die Ewigkeit festzuhalten, nimmt ganz Wien an dem Vorgang lebhaften Anteil. Tout Vienne drängt sich, um dabei zu sein. So schafft Klimt nicht nur ein Theater-«Porträt«, sondern muss auch fast 200 individuelle Miniaturbildnisse einfügen.

Jugendbildnis der noch unverheirateten Serena Lederer mit Onkel Sigmund und Tante Tinka Politzer, Ausschnitt aus Gustav Klimts Bild »Zuschauerraum im Alten Burgtheater« von 1888. Historisches Museum der Stadt Wien

Letztlich entsteht ein Spiegelbild des theatersüchtigen Wien, ein Rendezvous von Vertretern der höchsten Hofämter mit Mitgliedern der kaiserlichen Regierung, Theaterhabitués und Gesellschaftsgrößen. Sie alle wollen »als Zuschauer auch Rollenträger« sein.[102] Auch die »nouveaux riches«, zu denen Serenas Familie gehört, dürfen nicht fehlen. Dabei zu sein war alles. Als in letzter Minute bemerkt wird, dass ausgerechnet Karl Lueger, ein prominentes Mitglied des Gemeinderates und wenig später Bürgermeister, fehlt, muss Klimt ihn nachträglich einfügen.[103]

Klimts Burgtheaterbild hält eine gesellschaftliche und künstlerische Einheit fest, die in dieser Form schon wenige Jahre später nicht mehr existiert. Je erbitterter der Skandal um die Klimt'schen Fakultätsbilder tobt und je mehr sich das offizielle Establishment als Auftraggeber zurückzieht, umso bedeutender werden Sammler und Förderer wie Serena Lederer.

Gustav Klimt, Zuschauerraum im Alten Burgtheater in Wien, 1888. Der Maler fügt fast 200 Miniaturbildnisse ein. Öl auf Leinwand. Historisches Museum der Stadt Wien

Ihr lebensgroßes Staffeleibild malt Klimt mehr als zehn Jahre nach dem Burgtheaterbild. Es markiert den Auftakt einer zwanzigjährigen Allianz. Als das Bild im Frühjahr 1901 in der Wiener Secession öffentlich zu sehen ist, wird es von der zeitgenössischen Kritik mit Wohlwollen aufgenommen. Die Besucher fühlen sich an eine aufrechte Blume erinnert, »eine langstengelige ohne Blätter, eine schwarze Tulpe oder so«.[104]

Serena Lederer ist damals eine stadtbekannte Schönheit. An Klimts Darstellung fällt der Kontrast zwischen der weißen Gewandfigur und den glänzenden dunklen Augen besonders auf. Serena Lederer ist nicht groß gewachsen, doch das hohe Bildformat betont die schlanke Gestalt. Klimt überlässt nichts dem Zufall. Auch das empireartige Gewand, das die Porträtierte trägt, wurde von ihm persönlich aus den Kleiderschränken der Dargestellten ausgewählt. In den Salons der Wiener Jahrhundertwende gehörte sie zu den bestgekleideten Damen der Stadt.

Ähnliche Kleider mit lose herabfallender, die Taille kaum markierender Silhouette tauchen auch bei Klimts zeitgleich entstandenem Bild *Schubert am Klavier* (s. S. 27) auf. Dass er für diesen Anlass ebenfalls in Serenas Garderobeschränken wählen darf, gilt als weiteres Zeichen der Vertrautheit zwischen Gönnerin und Künstler, die durch nichts zu erschüttern ist.

Serena Lederer geborene Pulitzer, die ihren Vornamen auch Séréna, Szerena oder Sidonie schreibt, kommt am 20. Mai 1867 in Budapest als Kind vermögender Eltern zur Welt.[105] Zu ihrer Verwandtschaft gehört der in den USA als Journalist und Verleger berühmt gewordene Josef Pulitzer. Der von ihm gestiftete Pulitzer-Preis wird noch heute alljährlich von der Columbia University New York für herausragende journalistische Leistungen vergeben.

Selbstbewusst bewegt sich Serena schon früh im Rampenlicht der Gesellschaft. Im Gegensatz zu den meisten anderen Klimt-Modellen aber bleibt sie ihren jüdischen Wurzeln treu. Am 5. Juni 1892 heiratet sie vor dem Rabbinat

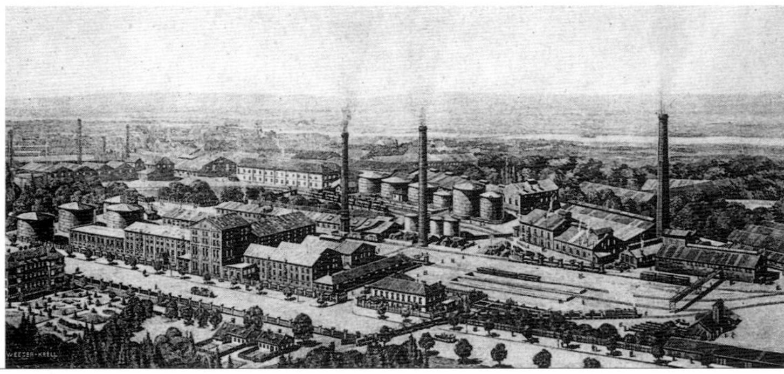

Der Großindustrielle und Spiritusfabrikant August Lederer, um 1916. Fotoatelier Astoria, Wien. Privatbesitz

Die »Raaber Spiritusfabrik- & Raffinerie Actien-Gesellschaft«, Postkarte um 1880. Der Kern des Lederer'schen Firmenimperiums. Foto: Privatbesitz

Serena Lederer und ihre Tochter Elisabeth, um 1914. Foto: Privatbesitz

der Israelitischen Kultusgemeinde in (Buda)Pest den Großindustriellen August Lederer. Er ist zehn Jahre älter als seine Gattin.

Geboren am 3. Mai 1857 in Böhmisch Leipa charakterisiert ihn – so wie die meisten Klimt-Sammler – ein atemberaubender wirtschaftlicher Aufstieg. Serena Lederer heiratet mit ihm einen Mann, der in den 1920er Jahren als »nach Rothschild reichster Mann in Oesterreich« gilt.[106] Sein finanzieller Höhenflug beginnt, als er die staatlichen Spirituswerke im ungarischen Györ – auf halber Strecke zwischen Wien und Budapest gelegen – übernimmt. Die hoch defizitären Staatsbetriebe werden von Lederer innerhalb kürzester Zeit saniert und zum Flaggschiff eines Industriekonzerns ausgebaut, der halb Österreich-Ungarn beliefert.

Zu den Fabrikanlagen in Györ gehört ein herrschaftliches, aus der Barockzeit stammendes Wohnhaus. Der Hauptwohnsitz der Familie Lederer befindet sich aber in der Wiener Bartensteingasse Nr. 8 in repräsentativer Wohnlage, unmittelbar neben Rathaus und Parlament. Wenige Gehminuten entfernt – wenngleich schon außerhalb der Inneren Stadt – liegt Klimts Atelier in der Josefstädter Straße, das er im Hochzeitsjahr von Serena und August Lederer 1892 bezieht.

Die räumliche Nähe mag Zufall sein, aber sie befördert den Kontakt. Zwischen Klimt und den Lederers entwickelt sich ein freundschaftlicher Umgang. Auch die drei Kinder der Familie Lederer, Erich, Elisabeth und Fritz, haben daran regen Anteil. Erich Lederer berichtet, dass Klimt regelmäßig donnerstags zum Essen kommt. Der unverheiratete Klimt, der bei seiner Mutter bis zu deren Tod 1915 lebt, nimmt solche Aufmerksamkeiten dankbar an und revanchiert sich auf seine Weise, indem er Serena Jahre lang im Zeichnen unterrichtet.

GUSTAV
KLIMT

Gustav Klimt, Bildnis Serena Lederer, 1899. Klimts wahrscheinlich wichtigste Mäzenin, dargestellt wie »eine schwarze Tulpe«. Öl auf Leinwand. Ursprünglich Sammlung Lederer, heute The Metropolitan Museum of Art, New York. Purchase Catharine Lorillard Wolfe Collection, Bequest of Catharine Lorillard Wolfe, by exchange, and Wolfe Fund; and Gift of Henry Walters, Bequest of Collis P. Huntington, Munsey and Rogers Funds, by exchange, 1980

Schiele, der von Serenas Zeichentalent allerdings wenig beeindruckt ist, berichtet von 14 Jahren: Sie könne »daher auch viel, aber natürlich uneigen und unschöpferisch«.[107]

Das Bildnis der Serena Lederer markiert den zeitlichen Auftakt einer Klimt-Kollektion, deren Ausmaß alles zu sprengen scheint. 1899 entsteht das Serena-Bildnis. Die weiteren Ankaufsdaten sind nicht immer archivalisch belegt. Besonders spektakulär sind die Ankäufe von zweien der drei Klimt'schen Fakultätsbilder. Klimt war 1894 vom Kultusministerium beauftragt worden, sie als Deckenschmuck der Aula Magna der Universität Wien zu schaffen. Doch der Maler entfernt sich immer mehr von den Erwartungen des Auftraggebers. Durch den jahrelangen öffentlichen Streit mürbe geworden, zieht Klimt die Bilder 1905 zurück. Am 25. Mai retourniert er das Ankaufshonorar.

In einem Zeitungsinterview gibt er sich kämpferisch und stellt klar: »Genug der Zensur. Ich greife zur Selbsthilfe. Ich will loskommen. Ich will aus allen diesen unerquicklichen, meine Arbeit aufhaltenden Lächerlichkeiten zur Freiheit zurück. Ich lehne jede staatliche Hilfe ab, ich verzichte auf alles.« Zusammenfassend fordert der Maler programmatisch: »Es soll nicht der Staat den Kunstmäzen spielen dort, wo er höchstens Almosen gibt.«[108]

Die materielle Voraussetzung für diesen Befreiungsschlag schafft August Lederer, der das von Klimt bereits verbrauchte Honorar vorstreckt. Im Gegenzug erwirbt Lederer *Die Philosophie* samt Kompositionsentwurf, während die beiden anderen Fakultätsbilder an den Maler und Ko-Finanzier Kolo Moser gehen. Lederers Neuerwerbung erhält umgehend einen Ehrenplatz. Der Architekt Josef Hoffmann wird beauftragt, die Lederer'sche Wohnung umzugestalten.[109] Zwei Räume werden zusammenlegt, um Platz für das Monumentalwerk zu schaffen, das über vier mal drei Meter misst. Viele Jahre später gelingt August Lederer nach Mosers Tod 1918 auch noch der Erwerb eines zweiten Fakultätsbildes, *Die Jurisprudenz*, während er den Verkauf des dritten Bildes (*Die Medizin*) an die Österreichische Galerie vermittelt.

Die Bewunderung für Gustav Klimt scheint im Hause Lederer grenzenlos. Leider wurde versäumt, den von Josef Hoffmann umgestalteten Raum samt Fakultätsbild fotografisch zu dokumentieren. Immerhin aber existieren spätere Fotografien von zwei Räumen aus der Zeit um 1925/30. Von der Jugendstilausstattung haben nur die getriebene Metallverkleidung des Kamins und die floralen Stuckgirlanden für die Beleuchtungskörper überlebt. Aber die Bilder scheinen noch so zu hängen, wie Klimt es gesehen hat.

Ausgestattet mit kostbaren Louis-XVI-Möbeln vermittelt der Raum eine Stimmung aus Eleganz und Klarheit. Noch immer müssen alle anderen Teile der Lederer'schen Sammlung hinter den Klimt-Bildern zurückstehen. So ist kaum etwas von den bedeutenden Renaissancebronzen zu sehen, die August Lederer auch sammelt. Neben Plastiken vor allem des 16. Jahrhunderts besitzt er aus

Gustav Klimt, Philosophie, 1899/1907. Öl auf Leinwand. Ursprünglich Sammlung Lederer, 1945 verbrannt

Gustav Klimt, Medizin, 1900/07. Öl auf Leinwand. August Lederer vermittelt den Ankauf des Bildes an die Österreichische Staatsgalerie 1918, 1945 verbrannt

Gustav Klimt, Jurisprudenz,

1903/07. Öl auf Leinwand.

Ursprünglich Sammlung

Lederer, 1945 verbrannt

dieser Epoche auch Gemälde, etwa von Jacopo und Gentile Bellini sowie antikes Mobiliar. Manches davon stellt er leihweise für die Ausstellung »Meisterwerke italienischer Renaissance aus Privatbesitz«, Wien 1924, zur Verfügung.[110] Aber keines dieser Werke reicht in den Augen der Familie Lederer an den Nimbus von Gustav Klimt heran.

Die erste der beiden Fotografien, die erst vor kurzem entdeckt worden ist[111], zeigt Serena Lederer stehend in einer Ecke des Salons. Sie trägt eine helle, unifarbene Seidenrobe, deren weiches Gleiten schon die Anmutung ihres Klimt-Porträts bestimmt, das an der Wand hängt (s. S. 116). Neben ihrem annähernd lebensgroßen Porträt sind eine Landschaft und das exotische Brustbild einer unbekannten Schönen zu sehen. Am Boden steht eine aus Stein gehauene unvollendete Büste. Dabei handelt es sich um jene auch in der Klimt-Literatur wenig bekannte Büste, die vom Maler selbst stammt und Klimt als Bildhauer belegt. Immer wieder berichten zeitgenössische Stimmen, dass Klimt sich mitunter monatelang als Steinbildhauer versuchte, meist mit dem Ergebnis aber unzufrieden vieles wieder zerstörte. Wahrscheinlich ist die Skulptur in Serenas Salon mit jenem um 1898 entstandenen Sphinxkopf identisch, der nach Erich Lederer Eigentum seiner Familie war und 1945 zugrunde gegangen sei.[112] Erstmals ist es hier möglich, diese Hinweise mit einer konkreten Abbildung in Verbindung zu bringen.

Serena Lederer rund zehn Jahr nach Klimts Tod in ihrem Salon, um 1925/30. An der Wand drei Bilder ihrer Klimt-Sammlung, ganz rechts ihr lebensgroßes Klimt-Porträt (1899). Am Kamin zwei Meissen-Keramiken (Augustus-Rex-Vase) und ein Renaissance-Aufsatz. Aufnahme Martin Gerlach Jr., Foto: Österreichische Nationalbibliothek, Bildarchiv, Wien

Eines der persönlichsten Werke der Sammlung entsteht mit dem Bildnis von Serenas Tochter Elisabeth, die Klimt sogar Onkel nennen darf. In ihrem Bildnis scheinen weibliche Schönheit, Eleganz und Selbstverständlichkeit eins zu werden. Den Zauber unverbrauchter Jugend erhöht Klimt zudem ins Phantastische. Der Maler porträtiert die junge Frau in einem sich verjüngenden Rock, einem so genannten Tonnen- oder Humpelrock. Durch Raffungen vermittelt dieser einen hochmodischen Hosencharakter. Über ihren Schultern liegt eine Stola aus durchsichtigem Chiffon mit floraler Stickerei, was auf den Betrachter wie eine geschlossene Umrisslinie wirkt. Der Ausschnitt aus dem chinesischen Drachengewand dahinter mit Blumenmotiven und stilisierten Fledermäusen als Glückssymbolen erweckt den Eindruck eines Zaubermantels.

In ihrer Rückschau berichtet die Dargestellte ausführlich von den Porträtsitzungen, während denen sie zahlreiche Eigenheiten von Gustav Klimt beobachtet. Die Sitzungen beginnen 1914: »Monate vergingen mit der Anfertigung von Zeichnungen in verschiedenen Stellungen. Onkel schimpfte und fluchte, dass es nur so ein Vergnügen war, ihm zuzuhören. Wiederholt warf er den Bleistift weg und äußerte sich dahin, dass man überhaupt niemals Leute malen soll, die zu nahe stehen. Dann kam Mama und es entbrannte ein Streit über Stellung, Toilette etc. Manchmal nahmen die Differenzen ganz ernste Formen an und er schrie in seinem tiefen, herrlichen Bass ›Ich mal mir mein Mädel, wie sie mir gefällt und damit Schluss.‹ Während drei Jahren änderte er immer wieder und wieder sein Konzept und es waren die schönsten und lehrreichsten Stunden meines Lebens. Er hätte es nochmals geändert, wenn nicht meine Mutter das Bild eines Tages mit Gewalt aufs Auto geladen und entführt hätte. Wie er es dann zuhause sah, meinte er: ›Jetzt ist sie's erst recht nicht!‹«[113]

Dank Serenas Tatkraft entsteht aber noch ein drittes Bildnis. Nach dem eigenen Porträt und jenem der Tochter folgt 1917 eine auffallend schlichte Darstellung ihrer Mutter Charlotte Pulitzer, geborene Politzer.[114] Mutter – Tochter – Großmutter, kein zweiter Klimt-Sammler verfügt über eine vergleichbare Ahnengalerie.[115] Gleichzeitig repräsentiert jedes dieser drei Bilder eine andere Stilstufe des Malers.

Sogar ein viertes Klimt-Porträt steht mit Serena Lederer in Verbindung. Als ihre Nichte Ria Munk durch Selbstmord aus dem Leben scheidet, vermittelt Serena den Maler an Rias Mutter, ihre Schwester. Diese will ein Bildnis der verstorbenen Tochter malen lassen. Klimt schafft mehrere Bildfassungen, ohne die Auftraggeber oder sich selbst zufrieden stellen zu können.[116]

Serena Lederer in ihrer Wohnung. Über der französischen Kommode das Bildnis ihrer Tochter Elisabeth von Gustav Klimt, um 1925/30. Aufnahme Martin Gerlach Jr., Foto: Österreichische Nationalbibliothek, Bildarchiv, Wien

Zahlreiche Ankäufe sind vor allem aus den Jahren während des Ersten Weltkriegs belegt. Damals wird die Sammlung mit Elan ausgebaut, wobei wirtschaftliche Überlegungen und die Flucht in Sachwerte auch eine Rolle gespielt haben könnten. Gleichzeitig ist einem bislang unbekannt gebliebenen Brief zu entnehmen, dass Klimt während der Kriegsjahre mit finanziellen Engpässen kämpft und er Serena Lederer dringend um eine A-conto-Zahlung bittet.

Der hier erstmals publizierte Brief ist von enormem Interesse. Klimt, in wirtschaftlicher Hinsicht bislang von seinen Sammlern verwöhnt, sieht sich plötzlich mit Geldproblemen konfrontiert. Der charmant-treuherzige Ton seines Schreibens verrät die Unbefangenheit des Künstlers ebenso wie die Nähe zu seiner Sammlerin.

Klimt bittet: »Hochverehrte Gnädige! Ein blöder Brief – Verzeihung? Den Zufall kennen Sie! Das Bild wird Dienstag oder Mittwochs fertig[117] – der ›schäbige Rest‹ des Honorars wird dann fällig – ich warte darauf wie der Teufel auf eine arme Seel'! Um es gleich wieder zu ver… Bis dahin sind es noch einige armselige Tage. Könnte ich also früher schon 2000 bis 3000 Kronen haben – oder 1000, es ist schon ganz gleich – dass ich das Bild nach einer Richtung wenigstens und einigermaßen sorglos fertig machen könnte. Es ist schäbig! – mit der ›Kriegsnot‹ ist's ein schlechter Trost! Nochmals Verzeihung bitte. Eventuell könnte auch der Diener ein ›bissl was‹ mitnehmen. Ich muß sonst meinen ganz kleinen ›Goldgeldschatz‹ angreifen, welcher für die allergrößte Not aufbewahrt ist. Ihr ergebener Gustav Klimt.«[118]

Die Familie Lederer tätigt zahlreiche Ersterwerbungen aus allen Gattungen von Klimts Schaffen, darunter Allegorien wie die erotische Darstellung *Leda mit dem Schwan* und herausragende Landschaften wie der *Goldene Apfelbaum* oder *Gartenweg mit Hühnern*.

Ein Coup gelingt 1915 mit dem Ankauf des Beethovenfrieses, dazu erhält Lederer von Klimt als Geschenk mehr als hundert vorbereitende Studienzeichnungen.[119] Andere Grafiken bereichern die Sammlung im Ankaufsweg; oft direkt von Klimt, unter Umgehung des Handels. Bei Ankäufen ist Serena nicht zimperlich. 1918 beabsichtigt der Wiener Kunsthändler Gustav Nebehay in seinem Verkaufslokal zahlreiche Klimt-Zeichnungen zu zeigen, insgesamt 200 der schönsten Blätter. Am Tag der Ausstellungseröffnung erscheint Serena Lederer im Geschäft, während der livrierte Chauffeur die Tür aufhält, besichtigt die Ausstellung und stellt die Frage nach dem Gesamtpreis: »›Was kostet das Ganze, Herr Nebehay?‹ Der versteht vorerst nicht recht. ›Ich pflege keine Scherze zu machen‹, sagte sie, sehr von oben herab. ›Addieren Sie!‹ Als er die Gesamtsumme nannte, hieß es: ›Gekauft! Schicken Sie mir alles in die Bartensteingasse!‹ Und sie rauschte hinaus!«[120]

Serena war eine Diva und solche Auftritte waren nicht untypisch. Andererseits veranlasste sie, dass 25 der schönsten Zeichnungen ihrer Klimt-Sammlung 1919 in einer Faksimileedition im Wiener Verlag Gilhofer & Ranschburg reproduziert wurden.[121] Interessant ist auch, dass ihr Interesse nach Klimts Tod 1918 keineswegs nachlässt. Dem Grafikankauf aus der Nachlass-Ausstellung folgen weitere. So angeblich 1928 das Schubert-Bild, das sich einst im Besitz von Baron Dumba befand (s. S. 23).[122]

Gustav Klimt, Bildnis Charlotte Pulitzer, 1917. Sie ist mit dem Begründer des amerikanischen Pulitzer-Preises verwandt. Öl auf Leinwand. Ursprünglich Sammlung Lederer, Verbleib unbekannt

August Lederer mit seiner Schwiegermutter Charlotte Pulitzer, um 1916. Foto: Privatbesitz

Gustav Klimt, Bildnis Elisabeth Lederer, 1914–16. Die Tochter von August und Serena Lederer. Klimt hebt die Schönheit und unverbrauchte Jugend der Frau ins Phantastische. Öl auf Leinwand. Ursprünglich Sammlung Lederer, heute Privatbesitz

GUSTAV
KLIMT

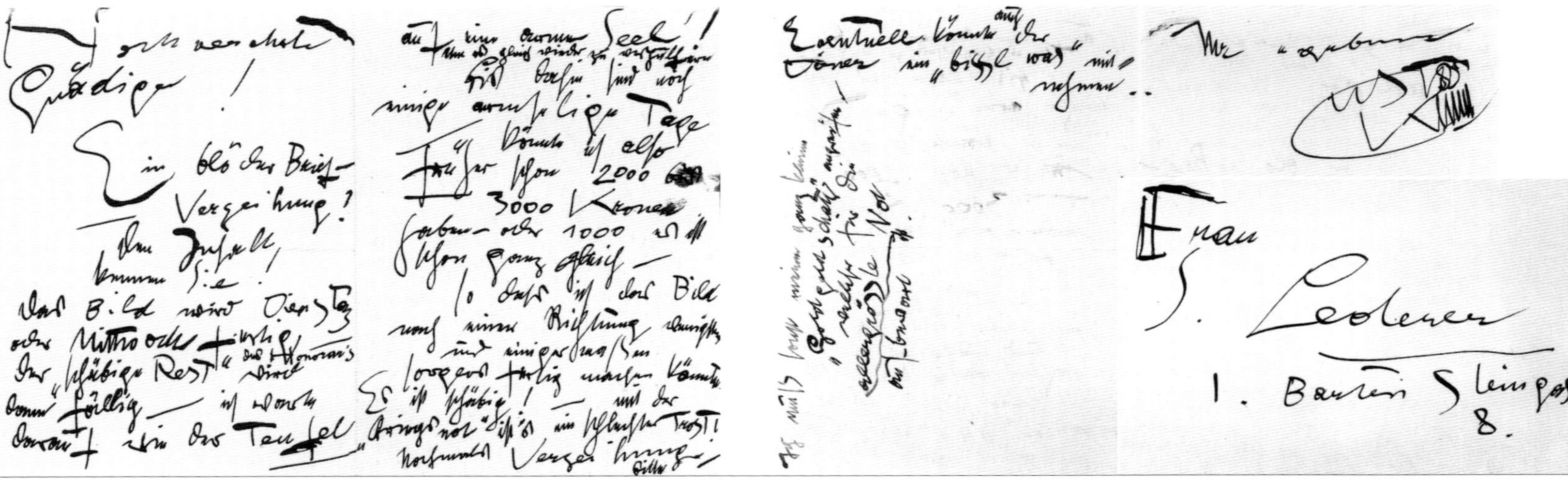

Frau
S. Lederer
I. Bartensteingasse
8.

Gustav Klimt, Brief an Serena Lederer, 1915. Privatbesitz

August und Serena Lederer bleiben dem Werk von Gustav Klimt ihr Leben lang treu. Beide überleben Klimt um viele Jahre. Nie aber hat ein Klimt-Bild freiwillig die Sammlung verlassen. Sie bleibt unverändert, während ringsum das Interesse an den Werken Klimts nach 1918 abnimmt. Auch für die Familie Lederer ändern sich die Zeiten.

Schon früher gab es immer wieder Verbalattacken gegen August Lederer, der nicht nur Sammler war, sondern vor allem Geschäftsmann. Lederers Wirtschaftsimperium gehörte während der Monarchiezeit zu den damals modernen Industriezweigen. Darauf verweist der französische Wirtschaftshistoriker Bernard Michel. In seiner Untersuchung über die Mäzene der Wiener Secession stellt Michel fest, dass sie sich alle aus dem industriellen Großbürgertum rekrutieren, »mit einer klaren Dominanz des Stahlkartells und der Nahrungsindustrie: Zuckerraffinieren, Alkohol, Bierbrauerei. Das waren moderne Industrien, schon seit den 1880er Jahren in Kartellform organisiert, ohne wirklich Schlüsselindustrien am Vorabend des Ersten Weltkriegs zu sein.«[123]
Lederer ist als Wirtschaftskapitän zwar äußerst erfolgreich, aber nicht unumstritten. Dazu gehören auch ideologische Angriffe. Besonders heftig sind die Attacken von Karl Kraus. Oft sind dessen Anfeindungen gegen den Wirtschaftsliberalismus, wie Lederer ihn prototypisch repräsentiert, von Ressentiments gegen die Wiener Secessionsästhetik nicht zu trennen.

Typisch ist dafür ein Zitat aus dem November 1900. Nicht frei von antisemitischem Unterton schreibt Kraus: »Wie einst jeder Aristokrat seinen Hausjuden hatte, so besitzt jetzt jeder Börseaner seinen Haus-Secessionisten. Herr Moll[124] ist bekanntlich Kunstagent bei dem Börsenjobber Zierer und dem Kohlenwucherer Berl, und Herr Klimt darf Frau Lederer in der secessionistischen Malerei unterweisen. (…) Wen wird es Wunder nehmen, daß mit der wachsenden Innigkeit der Beziehung von Secession und Börse der Geschäftsgeist in dieser Künstlerschar sich immer kräftiger regt?«[125]

Gustav Klimt, Goldener Apfelbaum, 1903. Öl auf Leinwand. Ursprünglich Sammlung Lederer, 1945 verbrannt

Gustav Klimt, Gartenweg mit Hühnern, 1916. Öl auf Leinwand. Ursprünglich Sammlung Lederer, 1945 verbrannt

Gustav Klimt, Malcesine am Gardasee, 1913. Öl auf Leinwand. Ursprünglich Sammlung Lederer, 1945 verbrannt

Gustav Klimt, Bauerngarten
mit Kruzifix, 1912. Öl auf
Leinwand. Ursprünglich
Sammlung Lederer, 1945
verbrannt

Gustav Klimt, Dieser Kuss der ganzen Welt, 1901/02. Ausschnitt aus dem Beethovenfries, den Lederer durch Vermittlung Egon Schieles erwirbt. Mischtechnik auf Kalkputz. Heute Österreichische Galerie Belvedere, Wien

Gustav Klimt, Kompositionsskizze für die Gruppe der drei Gorgonen aus dem Mittelteil des Beethovenfrieses, 1901/02 und Stehendes Liebespaar, 1902. Studien für den Beethovenfries. Bleistift auf Papier bzw. schwarze Kreide auf Papier. Ursprünglich Sammlung Lederer, heute Albertina, Wien

Das Ehepaar Serena und August Lederer vor ihrem Landsitz Schloss Weidlingau in Hadersdorf, Niederösterreich, um 1930. Foto: Privatbesitz

Der Angriff ist charakteristisch für Kraus, der gegen die Secession und ihre Bindung an das Wiener Großbürgertum heftig wettert. Letztlich richten sich seine Angriffe auf die Secessionisten wohl primär gegen deren Mäzene.

Nach 1918 verschärft sich die Situation. Charakteristisch für die Radikalisierung ist der Inhalt einer Sammlung von Zeitungsausschnitten aus den Jahren zwischen 1918 und 1939, die in jenen Jahren in der Bibliothek der Wiener Arbeiterkammer angelegt wurde: August Lederer wird dort weniger als Freund jener Kunst dargestellt, die manche Kommentatoren schon früh als »prahlerische Hochkultur« diskreditierten.[126] Vielmehr rückt Lederers angebliches Spekulantentum ins Visier der Kritik. Die Wiener *Börse* bringt 1923 die Schlagzeile »Der Fall Lederer«.[127] Spätere Überschriften sind noch kritischer: »Aus den

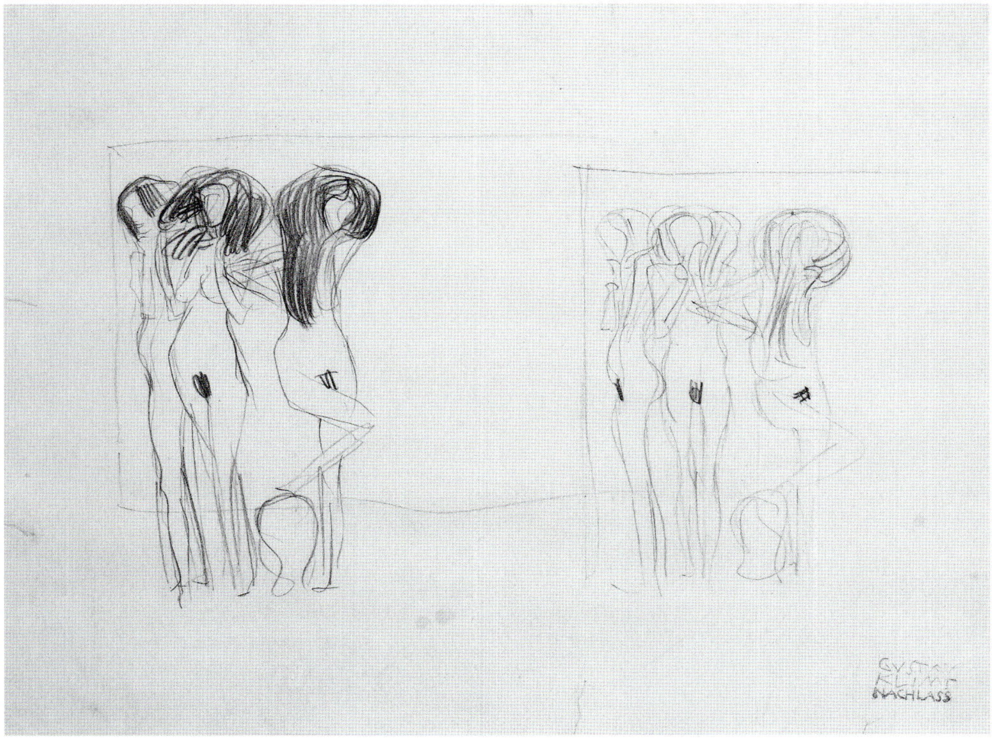
NACHLASS

NACHLASS

GUSTAV
KLIMT

Elisabeth Bachofen-Echt in ihrem Palais in der Wiener Jacquingasse, um 1925/30. Foto: Privatbesitz

Serena Lederer, um 1938/39. Eine der letzten Aufnahmen von Serena Lederer, entstanden nach dem Tod ihres Mannes 1936. Foto: Privatbesitz

Gustav Klimt, Die Freundinnen, 1916–17. Öl auf Leinwand. Sammlung Lederer, 1945 verbrannt. Foto: Staatliche Museen zu Berlin – Preußischer Kulturbesitz, Kunstbibliothek

Geheimnissen der Hochfinanz. Ein Prozess um Gewinnanteile von 120 Milliarden«[128] oder »August Lederer und seine Söhne. Die Immobilisierung des größten Spirituskonzerns. Ein geschäftstüchtiger Vater und unternehmungslustige Söhne«.[129]

Zweimal wird an Lederers Tür ein Sprengsatz angebracht. Während der erste noch rechtzeitig entschärft werden kann, verletzt der zweite den Hausherrn, glücklicherweise nur leicht. Hinter dem Anschlag stecken Gläubiger, die sich bei August Lederer für dessen Weigerung rächen wollen, die exorbitanten Spielschulden seines Sohnes zu begleichen. Ähnliche Kritik, wie sie gegen Lederer formuliert wird, trifft auch Karl Wittgenstein, dessen undurchsichtige Transaktionen häufig Anlass für heftige Attacken im Namen der sozialen Gerechtigkeit liefern.

Das spätere Schicksal der Familie, die nach 1938 Opfer des Nationalsozialismus wird, ist gespenstisch. August Lederer, der am 30. April 1936 stirbt, muss dieses dunkle Kapitel der Geschichte nicht mehr erleben. Die Klimt-Sammlung geht damals auf seine Gattin über. Doch Serena Lederer, die am 27. März 1943 in Budapest stirbt, wird drei Jahre zuvor aus ihrer Wohnung verjagt. Ihr anschließender Leidensweg scheint heute nicht mehr rekonstruierbar. In ihrer Not tritt sie noch 1939 aus der Israelitischen Kultusgemeinde aus, einer von vielen vergeblichen Versuchen, dem Naziterror zu entkommen. Ihren beiden Söhnen gelingt die Emigration. Hingegen entscheidet sich Tochter Elisabeth, in Wien zu bleiben. Schon am 16. Juli 1921 war Elisabeth aus der israelitischen Religionsgemeinschaft aus- und zur evangelischen Kirche übergetreten, um den gleichaltrigen Wolfgang Freiherr von Bachofen-Echt zu heiraten, Mitglied einer angesehenen Bierbrauer-Dynastie. Nach dem »Anschluss« Österreichs lässt ihr Mann sie fallen und wird durch Beschluss des Amtsgerichts Döbling vom 17. August 1938 von ihr geschieden.[130]

Die weitere Existenz der Elisabeth Lederer, geschiedene Bachofen-Echt in Wien ist prekär. Einst zur besten Wiener Gesellschaft gehörend, ist sie nun chronisch von Verfolgung bedroht, eine Ausgegrenzte in ihrer eigenen Stadt. Trotz aller Bedrängnis findet sie Mittel und Wege, in Wien zu überleben. Gustav Klimt spielt dabei letztmals eine wichtige Rolle. Um sich dem Terror zu entziehen, gelingt es Elisabeth Lederer am 18. März 1940, von der Reichsstelle für Sippenforschung einen »Abstammungsbescheid« mit der amtlichen Feststellung zu erhalten, dass sie nicht von ihrem gesetzlichen »jüdischen« Vater August Lederer, sondern von dem »deutschblütigen« Gustav Klimt abstamme. Gestützt auf eine eidesstattliche Erklärung ihrer Mutter und die Aussagen zahlreicher weiterer Zeugen wurden – so der NS-Prüfungsbericht – »Lichtbilder der beiden in Betracht kommenden Väter, sowie der beiden Brüder des Prüflings, Erich und Fritz Lederer, deren Abstammung von dem legitimen Vater unbestritten ist, geprüft. Die Abstammung des Prüflings von Gustav Klimt ist hiernach nicht unwahrscheinlich. Weiterhin ist auf ein graphologisch-erbcharakterkundliches Gutachten (AG/40 vom 16.12.39) zu verweisen, das auf Grund von Schriftunterlagen ausgearbeitet wurde.« Schon zuvor hat der Rassenforscher und Kunsthistoriker Paul Schultze-Naumburg auf Grund der ihm vorgelegten bildhauerischen Arbeiten der Elisabeth Bachofen-Echt mit pseudowissenschaftlicher Umständlichkeit bestätigt, dass die Begabung der Probandin keine »jüdischen Züge« trage, wofür nur ein »nichtjüdischer Erbstamm« verantwortlich sein könne. »Wenn aber der Vater der Volljude Lederer wäre, so wäre schlechterdings nicht zu begreifen, wie es zugehen sollte, dass in den künstlerischen Arbeiten der Ausdruck des reinjüdischen Wesens fehlt.«[131]

Als »Halbjüdin« anerkannt und durch den Namen ihres geschiedenen Mannes anscheinend »geschützt«, entgeht Baronin Bachofen-Echt der Deportation. Als sie am 19. Oktober 1944 in Wien stirbt, findet die pompöse Aufbahrung in ihrem Palais in der Wiener Jacquingasse statt – in einem Meer von Blumen, unter dem Zeichen des christlichen Kreuzes. Beigesetzt wird Elisabeth in der Familiengruft auf dem Hietzinger Friedhof in der Nähe des Schlossparks Schönbrunn neben ihrem früh verstorbenen Sohn.[132]

So lückenhaft das Leben der Elisabeth Lederer, geschiedene Bachofen-Echt noch immer erforscht ist, so unbearbeitet ist im Detail das Schicksal der Lederer'schen Klimt-Sammlung während der NS-Zeit. Schon unmittelbar nach dem »Anschluss« sind die Klimt-Werke der Gier der neuen Machthaber ausgesetzt. Zunächst wird die Sammlung 1938/39 mit drei Bescheiden »wegen Gefahr einer

Elisabeth Lederer, geschiedene Baronin Bachofen-Echt, 1944. Aufbahrung der Verstorbenen im Zeichen des christlichen Kreuzes in ihrem Palais in der Jacquingasse, Wien III. Foto: Privatbesitz

verbotswidrigen Ausfuhr« »sichergestellt«. Trotz aller Schikanen scheint es den Nationalsozialisten aber lange Zeit nicht zu gelingen, die rechtmäßigen Besitzer zu enteignen. Schließlich siegt das Unrecht: 1944 wird ein Großteil der inzwischen zwangsenteigneten Sammlung nach Schloss Immendorf im Niederösterreichischen Weinviertel ausgelagert. In den letzten Kriegstagen verbrennen die Bilder beim Rückzug der deutschen Wehrmacht, die das Schloss in Brand setzt. Mehr als ein Dutzend Klimt-Gemälde gehen für immer verloren.[133]

Es ist der größte Verlust an Kunstbesitz, den die österreichische Kunst im Zweiten Weltkrieg erlitten hat. Einzig die beiden Klimt-Porträts von Mutter und Tochter tauchen 1948 im Wiener Auktionshandel auf, wo sie von der Versteigerung zurückgezogen und an die Familie restituiert werden. Heute befinden sich beide Werke in New York. Das Bildnis der Tochter hängt zeitweilig als Leihgabe aus Privatbesitz in der »Neuen Galerie New York«, während das Porträt der Mutter im Metropolitan Museum zu bewundern ist. Alle Widrigkeiten der Zeit überdauert hat auch der Beethovenfries. Erich Lederer veräußert ihn 1973 an den Österreichischen Staat, wo er nach jahrelangen Restaurierungsarbeiten in der Wiener Secession, sozusagen am Originalschauplatz, der Weltöffentlichkeit zugänglich ist.[134]

[1] Zitiert nach Herbert Giese, Matsch und die Brüder Klimt. Regesten zum Frühwerk Gustav Klimts, in: *Mitteilungen der Österreichischen Galerie,* Jg. 22/23, 1978/79, Nr. 66/67, Salzburg 1978, S. 62.

[2] Carl E. Schorske, Wien. Geist und Gesellschaft im Fin de siècle, Frankfurt a. M. 1982, S. 195.

[3] Zitat Ludwig Hevesi. Hans Tietze greift dieses Bild in seinem Klimt-Nekrolog auf und spricht »von der verehrenden Liebe einer kleinen Gemeinde«, in: Gustav Klimt †, *Kunstchronik,* neue Folge, Jg. 29, 1917/18, Nr. 21, Sp. 216–220. Zitat Sp. 216. Allerdings darf nicht übersehen werden, dass der Kontakt mit der staatlichen Kunstverwaltung nie ganz abriss. Vgl. Jeroen van Heerde, Staat und Kunst. Staatliche Kunstförderung 1895 bis 1918, Wien – Köln – Weimar 1993, und ders., Der habsburgische Staat und Gustav Klimt. Szenen einer fruchtbaren Beziehung, in: Natter / Frodl, 2000, S. 18–24.

[4] Felix Czeike, Historisches Lexikon Wien in fünf Bänden, Wien 1993, Bd. 2, S. 105f. mit weiterführenden Literaturangaben.

[5] Ludwig Hevesi, Das Heim eines Wiener Kunstfreundes (Nicolaus Dumba), in: *Kunst und Kunsthandwerk,* Jg. 2, 1899. Zitiert nach dem Wiederabdruck in Ludwig Hevesi, Altkunst – Neukunst, Wien 1909, S. 361–374.

[6] Ebd., S. 364.

[7] Zu diesen zeitlichen Angaben siehe Strobl, Bd. 1, S. 101–103.

[8] Wortspiel mit dem Namen des belgischen Symbolisten Fernand Khnopff.

[9] Karl Kraus, Die Kenner. – Tina Blau. – Herr Klimt und das revolutionierte Kunstempfinden des Herrn von Dumba, in: *Die Fackel,* Nr. 1, Wien 1899, S. 27f., Zitat S. 28. Kraus dürfte mit seiner Dumba-Polemik nicht ganz Unrecht gehabt haben. Als Dumba stirbt, werden die Makart-Allegorien im Rahmen der Verlassenschaftsabhandlung mit 25.000 Kronen geschätzt, die beiden Klimt-Supraporten aber lediglich mit 300 Kronen taxiert! Siehe Wiener Stadt- und Landesarchiv, Verlassenschaftsabhandlung, Innere Stadt, A VII-33/1900, Nicolaus Dumba, fol. 178v–180v; zitiert nach Elvira Konecny, Die Familie Dumba und ihre Bedeutung für Wien und Österreich (Dissertation der Universität Wien, Bd. 179), Wien, Verlag VWGÖ, 1986, S. 191.

[10] Der Zeitzeuge Frimmel verweist ausdrücklich auf Dumbas Wunsch, Schubert in seinem Musiksalon verewigt zu sehen: »Dumba war ein fast einseitiger Verehrer Franz Schuberts und wünschte diese Leidenschaft künstlerisch verherrlicht zu sehen.« Siehe Theodor Frimmel, Lexikon der Wiener Gemäldesammlungen, München, 1913, Bd. 1, S. 293–295, Zitat S. 293.

[11] Siehe Herwig Würz (Hg.), Die Schubert-Sammlung der Stadt Wien. Nicolaus Dumba. Portrait eines Mäzens, Katalog der 233. Wechselausstellung der Wiener Stadt- und Landesbibliothek, Wien 1997.

[12] Zitat Hermann Bahr bei Gelegenheit der Ausstellung des Bildes in der Wiener Secession 1899; abgedruckt in Hermann Bahr, Secession, Wien 1900, 2. Auflage, S. 120. Eine frühe Farbreproduktion aus dem Münchner Hanfstaengel-Verlag trägt zur Bekanntheit des Schubert-Bildes bei, das dadurch eine hohe Verbreitung findet. Sogar der Schriftsteller Peter Altenberg, Prototyp des Wiener Kaffeehausliteraten, hat eine Reproduktion über seinem Bett hängen.

[13] Hermann Bahr, Secession, Wien 1900, S. 122f. Zu dieser kulturpolitischen Vereinnahmung vgl. Günter Metken, »Mit der Weltbewegung Schritt halten«, in: Ausst. Kat. Sehnsucht nach Glück. Wiens Aufbruch in die Moderne: Klimt. Kokoschka. Schiele, hg. von Sabine Schulze, Schirn Kunsthalle Frankfurt a. M., Ostfildern-Ruit 1995, S. 145–150 und zuletzt der kenntnisreiche Beitrag von Emily Braun, Klimtomania/Klimtophobia, in: Colin B. Bailey (Hg.), Modernism in the Making, Ausst. Kat. der National Gallery of Canada, New York 2001, S. 41–53.

[14] Zum Verkauf siehe *Mitteilungen der Österreichischen Galerie,* Wien 1963, Jg. 7, Nr. 51, S. 90. Universalerbin ist Dumbas einziges Kind Irene, die 1920 stirbt. Ihre Mutter segnet das Zeitliche 1928.

[15] Nachrufe erscheinen u. a. in der *Wiener Zeitung* vom 24. März 1900 und in der *Neuen Freien Presse,* Wien, vom 25. März 1900.

[16] Aus dem Nachruf auf Baron Dumba, *Neue Freie Presse,* Wien, vom 24. März 1900.

[17] N.N., Gustav Klimts Persönlichkeit. Nach Mitteilungen seiner Freunde, in: *Die Bildenden Künste. Wiener Monatshefte,* Wien 1918, Jg. 2, Heft 1–2, S. 4.

[18] Zu den folgenden biographischen Angaben siehe Tobias G. Natter, in: Natter / Frodl, 2000, S. 84–87.

[19] Das so genannte *Bildnis Baronin Elisabeth Bachofen-Echt* schuf Klimt zu einem Zeitpunkt, als die Dargestellte noch Elisabeth Lederer war. Erst später heiratete sie Baron Bachofen-Echt. Zum Bild siehe S. 128.

[20] Ein Exemplar der Todesanzeige in der *Heraldisch-Genealogischen Gesellschaft Adler,* Wien. Auch ihr zweiter Sohn stirbt früh, der noch vor Erreichen des 50. Geburtstags einem Leberleiden erliegt.

[21] Ludwig Hevesi, Acht Jahre Sezession, Kritik – Polemik – Chronik, Wien 1906, S. 81.

[22] Christian Brandstätter, Gustav Klimt und die Frauen, Wien 1994, S. 50.

[23] Eduard F. Sekler, Josef Hoffmann. Das architektonische Werk. Monographie und Werkverzeichnis, Salzburg – Wien, 1982, WV Nr. 79.

[24] Ebd., WV Nr. 129 und 193.

[25] Freundliche Mitteilung von Barbara Creaghan, Ontario, Kanada, an den Autor vom 3. Dezember 2000.

[26] Sekler, wie Anm. 23, WV Nr. 265.

[27] B.(erta) Z.(uckerkandl), Gustav Klimt, in: *Wiener Allgemeine Zeitung* vom 14. November 1903.

[28] *Neue Freie Presse,* Wien, vom 12. November 1898.

[29] 1. Jahresbericht der Vereinigung bildender Künstler Österreichs »Secession«, Wien 1899, S. 7.

[30] Vgl. Wolfgang Hilger, Geschichte der »Vereinigung bildender Künstler Österreichs« Secession 1897–1918, in: Die Wiener Secession. Die Vereinigung bildender Künstler 1987 -1985, Wien – Köln – Graz 1986, Bd. 2, bes. S. 16f.

[31] Geburtsdatum laut Angabe Österreichische Nationalbibliothek, Bildarchiv, Karteikarte Karl Wittgenstein.

[32] Hermine Wittgenstein, Familienerinnerungen; zitiert nach Cecilia Sjörgen, Die Familie, in: Ausst. Kat. Wittgenstein. Biographie – Philosophie – Praxis, *Wiener Secession,* Wien 1989, S. 99ff., Zitat S. 114–116.

[33] Die undatierten Briefe erstmals publiziert von Johannes Dobai, Das Bildnis Margaret Stonborough-Wittgenstein von Gustav Klimt, in: *alte und moderne Kunst,* Wien, Jg. 5, Heft 8, 8. August 1960, S. 8–11. Hier nach der zeitlichen Richtigstellung bei Strobl, Bd. 2, S. 34f., und Thomas Zaun-

schirm, Gustav Klimt. Margarethe Stonborough-Wittgenstein. Ein österreichisches Schicksal, Frankfurt a. M. 1987, S. 16–19.

34 Zaunschirm, wie Anm. 33, S. 78.

35 Österreichisches Staatsarchiv, Allgemeines Verwaltungsarchiv, Ministerium für Kultus und Unterricht, Fasz. 15 Kunstwesen, Ankauf, Akt Zl. 4197/1904.

36 Käufer ist das Niederösterreichische Landesmuseum, s. Tobias G. Natter, in: Natter / Frodl, 2000, bes. S. 100.

37 Siehe Testament Moriz Gallia, Nachtrag vom 15. April 1917; Wiener Stadt- und Landesarchiv, Verlassenschaftsakt, Bezirksgericht Margarethen, Todfallsaufnahme A 158/18 mit dem beiliegenden Testament Moriz Gallias vom 16. Dezember 1912 samt zwei späteren Nachträgen.

38 Egon Schiele, Klimts Herzensgüte war echt, in: Arthur Roessler, Erinnerungen an Egon Schiele, Wien 1948; zitiert nach Otto Breicha (Hg.), Gustav Klimt. Die Goldene Pforte. Werk – Wesen – Wirkung, Salzburg 1978, S. 157.

39 Siehe die Angaben bei Novotny / Dobai Nr. 139, S. 334. Dort allerdings mit Erwerbungsdatum 1907!

40 Ein entsprechender Hinweis in den Resten des Firmenarchivs der Galerie Miethke, Privatbesitz Salzburg.

41 Karl Wittgenstein als Kunstfreund, in: *Neue Freie Presse*, Wien, 21. Januar 1913; siehe auch Paul Kupelwieser, Karl Wittgenstein. Ein Charakterbild, in: *Neue Freie Presse*, Wien, 22. Januar 1913.

42 Der Beschluss fiel im Rahmen einer Trauerfeier der Wiener Secession für den verstorbenen Karl Wittgenstein, siehe *Neue Freie Presse*, Wien, vom 25. Januar 1913.

43 Zitiert nach Werner J. Schweiger, Wiener Werkstätte. Kunst und Handwerk 1903–1932, Wien 1982, S. 26.

44 Josef Hoffmann, Selbstbiographie, Mit einer Einleitung von Otto Breicha, in: *Ver Sacrum*, Neue Folge 4, München 1972, S. 104–123, Zitat S. 118.

45 Zitiert nach Franz Windisch-Graetz: Das Jagdhaus Hochreith. Zur Stilanalyse der Räume von Josef Hoffmann, in: *alte und moderne Kunst*, Wien 1967, Jg. 12, Nr. 92, S. 28–32.

46 Besondere Verdienste um die Erforschung der Biographie von Fritz Waerndorfer hat sich Peter Vergo erworben. Siehe Peter Vergo, Fritz Waerndorfer as Collector, in: *alte und moderne Kunst*, Wien 1981, Jg. 21, Heft 177, S. 33–38 und Peter Vergo, Fritz Waerndorfer and Josef Hoffmann, in: *The Burlington Magazine*, London, Bd. 125, Heft Nr. 964 vom Juli 1983, S. 402–410.

47 Brief von Fritz Waerndorfer an Josef Hoffmann vom 29. April 1902; siehe Vergo, wie Anm. 46, S. 35.

48 Brief von Gustav Klimt an Marie Zimmermann vom August 1903, zitiert nach Christian M. Nebehay, Gustav Klimt schreibt an eine Liebe, in: *Mitteilungen der Österreichischen Galerie, Sonderheft Klimt-Studien*, Salzburg 1979, Jg. 22/23, Nr. 66/67, S. 110f.

49 Sekler, wie Anm. 23, WV Nr. 96.

50 r.-r., Die neuen Bilder von Klimt in der Kunstschau, in: *Illustriertes Wiener Extrablatt* vom 28. April 1909. Siehe auch N.N., Wiener internationale Kunstschau, in: *Frankfurter Zeitung* vom 15. Mai 1909.

51 Hevesi, 1909, wie Anm. 5, S. 223f. Zum Bild selbst vgl. jüngst Colin B. Bailey (Hg.), Modernism in the making, Ausst.-Kat. der National Gallery of Canada, New York 2001, bes. S. 105 und John Collins, Klimt's Hope I. New documentation and its interpretation, in: National Gallery of Canada. Review, Vol. 2, 2001, S. 26–58.

52 Helga Malmberg, Widerhall des Herzens. Ein Peter Altenberg-Buch, Wien – Darmstadt – Berlin, Deutsche Buchgemeinschaft, o. J., bes. S. 51–55, Zitat S. 53.

53 Ebd., S. 102–105.

54 Vergo, wie Anm. 46.

55 Brief von Fritz Waerndorfer an Josef Hoffmann vom 23. Dezember 1902, zitiert nach Vergo, wie Anm. 46, S. 33–38, Zitat S. 34.

56 Dieser Musiksalon wurde in der Literatur mehrfach behandelt. Verdienstvoll vor allem Vergo, wie Anm. 46, S. 33–38. Zuletzt erschien Hanna Egger und Pamela Robertson, Ein moderner Nachmittag. Margaret Macdonald Mackintosh und der Salon Waerndorfer in Wien, Wien – Köln – Weimar, 1999.

57 Zitat Adolf Loos, aus »Antworten von Adolf Loos. Frage: Kunst und Handwerk«, in: *Neues Wiener 8 Uhr Blatt*, Jg. 6 vom 6. September 1919.

58 Kallir Paintings Nr. 236. Schiele zeichnet auch Mitglieder der Familie Waerndorfer, siehe Kallir Drawings Nr. 1227 und Nr. 1357.

59 Schweiger, wie Anm. 43, S. 121f.

60 Zu den biographischen Angaben siehe Hedwig Steiner, Gustav Klimts Bindung an Familie Primavesi in Olmütz, in: *Mährisch-Schlesische Heimat, Vierteljahresschrift für Kultur und Wirtschaft*, Steinheim a. M. 1968, Jg. 1968, Heft 4, S. 242–252 und Tobias G. Natter, in: Natter / Frodl, 2000, S. 128–131.

61 Gemeint sind neben Klimt der Architekt Josef Hoffmann und der Bildhauer Anton Hanak. Siehe Brief von Eugenia Primavesi vom 26. April 1912, zitiert nach Steiner, wie Anm. 60.

62 Zitiert nach Steiner, wie Anm. 60.

63 Siehe die Erinnerungen von Mäda Primavesi, zitiert in Rita Reif, »Lost« Klimt to be sold in Auction, in: *The New York Times*, New York, 9. Mai 1987.

64 Eigentlich Rezipisse, eine Übernahmebestätigung.

65 Zitiert nach Steiner, wie Anm. 60.

66 Sekler, wie Anm. 23, S. 127ff. und WV Nr. 179.

67 Siehe die Erinnerungen von Josef Hoffmann, zitiert nach Sekler, wie Anm. 23, S. 129.

68 Zitiert nach Steiner, wie Anm. 60. Zum Bild, das später im Stadthaus der Familie Primavesi in Olmütz hing, heute im Museum of Modern Art, New York, siehe Novotny / Dobai Nr. 155, dort ohne Provenienzangabe Primavesi, allerdings mit dem Hinweis, dass das Bild 1914 noch unverkauft war.

69 Novotny / Dobai Nr. 216. Siehe dazu den Hoffmann-Brief vom 5. Dezember 1917, publiziert bei Steiner, wie Anm. 60.

70 Siehe Katalog der Ausstellung, Wien 1928.

71 Zu diesen und allen weiteren biographischen Angaben siehe Tobias G. Natter, in: Natter / Frodl, 2000, bes. S. 115–118.

72 Siehe etwa Karl Kraus, *Die Fackel*, Wien, 1901, Nr. 65, S. 4f. und 1902, Nr. 93, S. 10ff.

73 Wien, Österreichische Nationalbibliothek, Handschriftensammlung, Sign. 577/52–1.

74 *Wiener Allgemeine Zeitung* vom 6. Juni 1908.

75 Fritz Novotny schreibt dieses Diktum dem Journalisten Julius Bauer zu, siehe Brief von Fritz Novotny an Johannes Dobai vom 13. Februar 1960, im Künstler-Archiv der Österreichischen Galerie Belvedere, Klimt-Mappe Nr. XII. Hingegen bringt Christian M. Nebehay das Urteil mit dem Klimt-Gegner Eduard Pötzl in Verbindung; siehe Nebehay, 1969, S. 425, Anm. 16.

76 J. A. Lux, Kunstschau-Wien 1908, in: *Deutsche Kunst und Dekoration*, 1908/09, Nr. 23, S. 44–46.

77 Werner Hofmann, Gustav Klimt und die Wiener Jahrhundertwende, Salzburg 1970, S. 18.

78 Maria Altmann in einem Gespräch mit dem Autor vom 7. März 1999.

79 *Der Standard*, Wien, vom 8. März 1999.

80 Salomon Grimberg, Adele. Private Love and Public Betrayal, in: *Art & Antiques*, New York, Sommerheft 1986, S. 70ff.

81 *Der Standard*, Wien, vom 8. März 1999; siehe auch Der Kuß der Vergangenheit, in: *News*, Wien, vom 25. Februar 1999.

82 Wiener Stadt- und Landesarchiv, Totenschau Protokoll.

83 Der Brief publiziert bei Hubertus Czernin, Die Fälschung. Der Fall Bloch-Bauer, Wien 1999 (Bibliothek des Raubes, Bd. 3a), S. 41–45.

84 Ebd., S. 19f.

85 Ebd., Klappentext.

86 Siehe Olaf Herling, Berta Zuckerkandl (1864–1945) oder die Kunst weiblicher Diplomatie, in: Frauke Severit (Hg.), Das alles war ich. Politikerinnen, Künstlerinnen, Exzentrikerinnen der Wiener Moderne, Wien–Köln–Weimar 1998.

87 Eine Zusammenstellung der umfangreichen Literatur über Berta Zuckerkandl bei Felix Czeike, Historisches Lexikon Wien, Wien 1997, Bd. 5, S. 713. Dort auch Angaben zu Emil und Otto Zuckerkandl, S. 713f. Beide Brüder waren anerkannte Anatomen. Wahrscheinlich aber bezieht sich Hevesis Bemerkung, dass Gustav Klimt den ganzen Sommer 1903 über anatomische Vorlesungen bei Prof. Zuckerkandl besuchte, auf Emil Zuckerkandl. Hevesi schreibt: »selbst das schauerliche Novum ›Aus dem Reich des Todes‹, für das er diesen Sommer rastlos die anatomischen Vorlesungen des Professors Zuckerkandl besucht hat, ist verkauft (...)«, in: Kunstchronik, Leipzig, NF, Jg. 15, 1903/04, Sp. 136. Zum Bild s. hier Abbildung S. 68.

88 Berta Zuckerkandl-Szeps, Erinnerungen an Gustav Klimt. Zu seinem sechzehnten Todestag, in: *Neues Wiener Journal* vom 4. Februar 1934.

89 Siehe »Versteigerung der Kollektion Generaldirektor Victor Zuckerkandl«, 236. Kunstauktion von C. J. Wawra, Wien, am 26. Oktober 1916.

90 Vgl. Strobl, Bd. 4, S. 225f.

91 Novotny / Dobai Nr. 93.

92 *Mohnwiese* (Novotny / Dobai Nr. 149) und *Obstgarten mit Rosen* (Novotny / Dobai Nr. 175). Die Ankaufsdaten laut Firmenarchiv Miethke, Privatbesitz Salzburg. Ferner besitzt Zuckerkandl die Landschaften *Allee im Park von Schloss Kammer*, 1912 (Novotny / Dobai Nr. 181) und das *Forsthaus in Weißenbach am Attersee*, 1914 (Novotny / Dobai Nr. 182). Das letztgenannte Bild leiht er für eine Ausstellung des »Bundes Österreichischer Künstler« in der Berliner Secession 1916, dem Jahr seiner eigenen Übersiedlung an die Spree.

93 Zu Klimt vgl. Novotny/Dobai Nr. 181. Die Teplitz-Ansicht von Alt ist im Katalog der Versteigerung »Nachlass Generaldirektor Dr. Victor und Paula Zuckerkandl † Berlin«, 1928, als Kat. Nr. 38 verzeichnet.

94 Siehe Todesfallsaufnahme Paula Zuckerkandl im Wiener Stadt- und Landesarchiv, Bezirksgericht Wien XIV, Zl. A II 923/27.

95 Siehe Auktionskatalog »Nachlass Generaldirektor Dr. Victor und Paula Zuckerkandl † Berlin. Ölgemälde, Aquarelle, Miniaturen und Kunstgegenstände«, Kunsthandlung C. J. Wawra, Wien, 8. Mai 1928.

96 Siehe Brief von Paul Stiasny als Testamentsvollstrecker nach dem Ehepaar Victor und Paula Zuckerkandl an die Österreichische Galerie vom 16. März 1928; Archiv der Österreichischen Galerie Belvedere, Zl. 167/1928. »(...) dass die Erben im Sinne eines persönlich geäusserten Wunsches der Verstorbenen beschlossen haben, ein Portrait der Frau Paula Zuckerkandl, gemalt von Gustav Klimt, der verehrten Oesterreichischen Galerie schenkungsweise zu überlassen.«

97 Testament vom Juni 1941. Freundliche Mitteilung von Sarah Jackson, The Art Loss Register, London, vom 8. April 2002.

98 Zu den biographischen Daten siehe Tobias G. Natter, in: Natter / Frodl, 2000, S. 146.

99 Mitteilung von Hermine Müller-Hofmann, Amalies Tochter, zitiert nach Strobl, Bd. 3, S. 85.

100 Siehe Auflistung der Einkünfte für 1917 in Klimts Skizzenbuch, abgeb. und zitiert nach Strobl, Bd. 3, S. 242.

101 Deportationskartei der Israelitischen Kultusgemeinde Wien.

102 Hofmann, wie Anm. 77, S. 20.

103 Die Episode überliefert bei Leopold W. Rochowanski, Intimes von Gustav Klimt, in: *Neues Wiener Journal* vom 13. Januar 1929. Nebehay, 1969, S. 98, Anm. 4 stellt richtig, dass Lueger damals noch nicht Bürgermeister war.

104 Besprechung Hevesi vom 16. März 1901, zitiert nach Hevesi, 1906, wie Anm. 21, S. 318.

105 Zu den biographischen Angaben siehe Tobias G. Natter, in: Natter / Frodl, 2000, S. 88–91.

106 Zitat aus der Zeitschrift *Freiheit*, Wien, vom 12. Dezember 1928. Dass die Wiener Rothschilds mit ihrem 1907 nobilitierten »Hofmaler« Heinrich von Angeli, der gleichermaßen für die fürstlichen Höfe in Wien, London und St. Petersburg arbeitete, nicht zum Klimt-Umfeld gehörten, bestätigt auch aus dieser Warte den Aspekt der Newcomer.

107 Schiele in zwei Briefen an Arthur Roessler vom 22. und 24. Dezember 1912, siehe Nebehay 1979, Nr. 428 und 429.

108 Berta Zuckerkandl, Die Klimt-Affäre, in: *Wiener Allgemeine Zeitung* vom 12. April 1905.

109 Sekler, 1982, wie Anm. 23, WV Nr. 94.

110 Siehe den gleichnamigen Katalog, Wiener Künstlerhaus, Wien 1924.

111 Die Entdeckung glückte Uwe Schögl, Österreichische Nationalbibliothek, Bildarchiv.

112 Erich Lederer zitiert nach Johannes Dobai, in: Novotny/Dobai, 1975, S. 390. Vgl. auch den Bericht von Fritz Waerndorfer, der Klimt als Bildhauer erlebt. Dazu und weitere Belegstellen bei Nebehay, Klimt, 1967, S. 68, Anm. 1.

113 Schriftliche Erinnerungen der Elisabeth Bachofen-Echt, unpubliziertes Manuskript vom April 1939. Herzlicher Dank an Marianne Kirstein-Jacobs, die das Manuskript liebenswürdigerweise zur Verfügung stellte.

114 Zum Bild Charlotte Pulitzer siehe Novotny / Dobai Nr. 190, dort datiert 1915. Zur Datierung 1917 siehe Strobl, Bd. 3, S. 129. Zu den biographischen Daten, geboren Oktober 1833, gestorben 14. November 1920, siehe Israelitische Kultusgemeinde Wien, Sterbebuch, Eintragung Zl. 2512/1920.

115 Johannes Dobai berichtet mit Hinweis auf eine mündliche Mitteilung von Mäda Primavesi, Klimt habe um 1905 geplant, ein zweites Porträt der Serena Lederer zu malen. Siehe Johannes

Dobai, Das Frühwerk Gustav Klimts, unpublizierte philosophische Dissertation an der Universität Wien, Wien 1958, S. 63.

[116] Von den erhaltenen Versionen ist das Bildnis, das sich heute im Städtischen Museum in Linz befindet, das eindrucksvollste. Siehe Novotny – Dobai Nr. 209.

[117] Vielleicht das Bildnis von Serenas Mutter Charlotte Pulitzer.

[118] Der Brief in Wiener Privatbesitz.

[119] Nebehay, 1969, S. 291.

[120] Die Anekdote überliefert Christian M. Nebehay, der Sohn des Kunsthändlers in seinem Buch, Die goldenen Sessel meines Vaters. Gustav Nebehay. 1881–1935. Antiquar und Kunsthändler in Leipzig, Wien und Berlin, Wien 1983, S. 115. Ergänzend mit Richtigstellung des Datums der Ausstellung und zu den Blättern siehe Strobl, 1989, Bd. 4, S. 221 und 227.

[121] Gustav Klimt, Fünfundzwanzig Handzeichnungen, Wien, Gilhofer & Ranschburg, 1919. Auflage in 500 nummerierten Exemplaren und eine Liebhaberausgabe Nr. I–X.

[122] Siehe Fritz Novotny, Zu Gustav Klimts »Schubert am Klavier«, in: *Mitteilungen der Österreichischen Galerie,* Wien 1963, Jg. 7, S. 90–101, bes. S. 90.

[123] Siehe Bernard Michel, Les Mécènes de la Secession, in: Ausst. Kat. »Vienne 1880–1938. L'Apocalypse Joyeuse«, Centre Georges Pompidou, Paris 1986, S. 189. Übersetzung des französischen Zitats durch den Autor.

[124] Carl Moll, 1862–1945, Maler, Gründungsmitglied der Secession und Organisationsgenie.

[125] Karl Kraus, *Die Fackel,* Nr. 59, November 1900, S. 19f.

[126] Siehe Emil Kläger, Durch die Wiener Quartiere des Elends und Verbrechens, Wien 1908, zitiert nach Hofmann, wie Anm. 77, S. 7. Auch Hofmann wirft Klimt ein affirmatives und konsonantes Verhalten vor. Anders als Adolf Loos oder Oskar Kokoschka habe er beim »danse macabre« einer »kriegslüsternen, spätfeudalen Oligarchie« mitgespielt.

[127] *Die Börse,* Wien, vom 18. Oktober 1923.

[128] *Der Abend,* Wien, vom 8. Juni 1924; siehe auch *Die Stunde,* Wien, vom 6. Dezember 1924.

[129] *Wiener Sonn- und Montagszeitung,* Wien, vom 15. Juni 1931.

[130] Zu den biographischen Daten siehe Tobias G. Natter, in: Natter / Frodl, 2000, S. 133–135.

[131] Alle Unterlagen zu dieser makabren Angelegenheit in Privatbesitz Wien. Sie wurden vom Autor erstmals in Tobias G. Natter, Gustav Klimt. Bildnis Baronin Elisabeth Bachofen-Echt, in: Natter / Frodl, 2000, S. 133–135 publiziert.

[132] Friedhof Hietzing, Gruft 14/49. Ursprünglich Gruft 12/197. Auch ihr Vater August Lederer wurde hier bestattet.

[133] Es handelt sich um die Novotny / Dobai Nrn. 86, 87, 89, 101, 105, 128, 131, 133, 174, 186, 200, 201, 202, 215 und 219. Vgl. Christian M. Nebehay, Gustav Klimt, Egon Schiele und die Familie Lederer, Bern 1987, S. 17–23. Erste Ansätze zum Schicksal der Sammlung in: Theodor Brückler (Hg.), Kunstraub, Kunstbergung und Restitution in Österreich 1938 bis heute (Studien zu Denkmalschutz und Denkmalpflege, Bd. 19) Wien – Köln – Weimar 1999, S. 24 passim. Für zahlreiche Hinweise herzlichen Dank an Sophie Lillie, auf deren wichtige Zusammenstellung jüdischer Kunstsammlungen in Österreich und ihr Schicksal nach 1938, die zum Erscheinungszeitpunkt noch nicht vorlag, besonders verwiesen sei.

[134] Zur Restitution vgl. zuletzt: Die Restitution von Kunst- und Kulturgegenständen im Bereich der Stadt Wien. 1998–2001, Wien 2001, bes. S. 23f.

EGON SCHIELE

Gustav Klimt hat als einer der erstaunlichsten Maler Österreichs den Wiener Jugendstil geprägt. Den Aufbruch zum Expressionismus vollzieht erst die nächste Generation, an deren Spitze Egon Schiele und Oskar Kokoschka stehen. Schiele ist fast drei Jahrzehnte jünger als Klimt. Er kommt am 12. Juni 1890 in der kleinen Bezirkshauptstadt Tulln in Niederösterreich zur Welt. Der Vater ist Bahnhofsvorstand. Sein früher Tod verschärft die finanzielle Lage des heranwachsenden Sohnes und der drei Schwestern. Die Kinder bekommen einen Mitvormund, und gegen dessen Willen legt Egon Schiele 1906 die Aufnahmeprüfung an der Wiener Kunstakademie ab. Auch seine Mutter ist von der Berufswahl wenig begeistert. Wiederholt wird sie später den Künstler an seine Versorgungspflicht als Stammhalter erinnern.

Nach drei Studienjahren tritt Schiele mit Gleichgesinnten vorzeitig aus der Schule aus. Gemeinsam gründen sie die »Neukunstgruppe«. In einer »Petition« konfrontieren die Dissidenten ihren Lehrer mit unangenehmen Fragen: Sei es beispielsweise lediglich einem Professor gestattet, in einem Bild die Natur wesentlich zu vereinfachen? Oder: »Ist es richtig und anständig, das, wofür einem Empfindung und Verständnis fehlen, kurzweg als schlecht zu brandmarken?«[1]

Aber Schiele hält sich nicht lange mit Fragen auf. In kürzester Zeit entsteht ein künstlerisch wie zahlenmäßig beeindruckendes Œuvre. Mehr als 300 Ölbilder sowie über 2500 Zeichnungen und Aquarelle, die in weniger als zehn Jahren entstehen, zeugen von Schieles atemberaubender Schaffenskraft. Tabulos und neugierig thematisiert der junge Künstler seine intensive Beschäftigung mit Sexualität und Erotik. »Dabei könnte man Klimt als genussfrohen Heiden bezeichnen, während Schiele oft gar nicht froh über den Druck zu sein schien, den Sexualität auf ihn ausüben konnte.«[2]

Seinen ersten großen öffentlichen Auftritt absolviert Schiele im Rahmen der Wiener Internationalen Kunstschau 1909. Zwar zählt er dort mit 19 Jahren zu den jüngsten Ausstellern, doch die bisherigen Proben seines Schaffens sind viel versprechend. Noch bewegen sie sich in den Bahnen, die künstlerisch vom Jugendstil und Gustav Klimt geprägt sind. Doch dann erfolgt fast schlagartig die Neuausrichtung. Um die Jahreswende 1909/10 treten die von Ornament und Flächenbezug ausgehenden Gestaltungsmuster in den Hintergrund, Schiele macht Körper und Körperbefindlichkeit zum Bildgegenstand, Mimik und Gestik erhalten psychologisches Gewicht. Plötzlich fügt sich Schiele in die vorderste Reihe der europäischen Expressionisten ein.

Zur Jahreswende 1909/10 lernt Schiele seinen »Entdecker« und künftigen Promotor Arthur Roessler kennen. Im Rahmen der »Neukunst«-Ausstellung im Wiener Kunstsalon Pisko schließen beide Freundschaft. Schiele sehnt sich immer wieder nach geographischer Veränderung. 1911 arbeitet er in Krumau, der Heimat seiner Mutter. Doch die kleinbürgerlichen Anfeindungen der

Vorhergehende Seite:
Egon Schiele, 1915.
Foto: Johannes Fischer,
Historisches Museum der
Stadt Wien

Egon Schiele in seinem Atelier. Links ein Teil des 1915 entstandenen Gemäldes »Tod und Mädchen«. Foto wahrscheinlich Johannes Fischer. Albertina – Egon-Schiele-Archiv, Wien

Nachbarn zwingen ihn, den Ort zu verlassen. Nach Wien zurückgekehrt, unternimmt Schiele schon wenig später einen zweiten Fluchtversuch aus der Großstadt: Er übersiedelt in das dörfliche Neulengbach. Doch der neuerliche Ausbruch endet noch tragischer als das Krumauer Experiment. 1912 wird Schiele in Neulengbach verhaftet und muss wegen des Vorwurfs der Pornographie eine 24-tägige Gefängnishaft im Bezirksgericht verbüßen. In der Folge bleibt er in Wien und beteiligt sich von hier aus an zahlreichen nationalen und internationalen Ausstellungen, die ihn zusehends bekannter machen.

Der Erste Weltkrieg lähmt nicht nur das Kunstleben, sondern auch Schieles Laufbahn. Als er im Sommer 1915 Edith Harms heiratet, muss er von seinen Modellen Abschied nehmen. Schon vier Tage nach der Trauung wird Schiele zum Wehrdienst eingezogen. Dank der Fürsprache einflussreicher Förderer gelingt ihm die Zuweisung zum »Dienst ohne Waffe«. Weitere Erleichterungen und die Überstellung an das Wiener Heeresmuseum folgen, wodurch der Künstler wieder enger mit der Kunstszene Wiens verbunden ist.

Die Ausstellung von 19 Ölgemälden, die im Frühjahr 1918 im Hauptsaal der Wiener Secession stattfindet, bringt dem Künstler den letzten großen ideellen und materiellen Erfolg, vor ihm scheint nun eine viel versprechende Laufbahn zu liegen. Er arbeitet an einer großen Zahl von Auftragsporträts. Doch am 31. Oktober 1918 reißt der Tod Schiele überraschend aus dem Leben.

Schon zu Beginn seiner Karriere zählt Gustav Klimt zu den frühesten Sammlern des Künstlerkollegen. Während das zeitweilige Nebeneinander von Jugendstil und Expressionismus etwa in Berlin zu massiven Generationskonflikten führt, erweist sich Klimt als väterlicher Förderer.

GUSTAV KLIMT
als Sammler und väterlicher Freund

Gustav Klimt ist kein passionierter Sammler, das war er nie. Im Gegenteil – angesichts seiner lebenslang reichlich fließenden Einkünfte überraschen vielmehr die bescheidenen Besitztümer, die er hinterlassen hat. Klimt ist ein Genuss- und Lebemensch, dagegen reizt ihn materieller Besitz wenig, und er profiliert sich auch nicht als großer Sammler. Trotzdem ist er einer der frühsten Schiele-Förderer und gleichzeitig einer seiner prominentesten »Sammler«.

Klimts Engagement ist kein Zufall. Wiederholt macht sich der Maler für junge Talente stark. Konkurrenzangst und Altersdünkel sind ihm fremd. Diese innere Freiheit unterscheidet Klimt wohltuend von seinen Kollegen. Sie hebt ihn auch vom Verhalten vieler seiner Anhänger ab, die sich nur schwer für den Expressionismus begeistern können. Gerade weil viele Klimt-Sammler den Zugang zur Secessionsästhetik erst allmählich finden, zögern sie, sich wenige Jahre später schon wieder auf eine neue Künstlergeneration einzulassen. Die »Verwilderung« von Form und Farbe erscheint ihnen nur schwer akzeptabel, oft genug nur als gesuchter Primitivismus. Dass die Nachwuchskünstler zudem einen psychologisierenden Blick hinter dem schönen Schein propagieren, überfordert sie.

Das Dilemma vieler Klimt-Anhänger wird am Beispiel der Malerin Broncia Koller-Pinell deutlich. Sie gehört der Generation von Gustav Klimt an, schätzt seine Kunst über alles und etabliert sich als erfolgreiche Malerin. Wiederholt nimmt sie an wichtigen Ausstellungen der Klimt-Gruppe teil. Aber noch 1912, als sie erfährt, dass Klimt gemeinsam mit Kokoschka und Schiele ausstellen soll, ist sie außer sich. Heftig beklagt sie sich über die Neulinge, spricht von »Gesindel« und empört sich, »weil die Leute nicht mehr wissen, was Kunst ist. Ihnen ist die Sensation alles. Diese halbwüchsigen Kerle müssen erst den Beweis erbringen durch Arbeit und Leistung.«[3]

Ihre massive Ablehnung ist typisch. Erst Jahre später gelingt Broncia Koller-Pinell die Annäherung an die verschmähten Nachwuchskünstler. Zu Egon Schiele findet sie immerhin 1918 einen Zugang, zu Oskar Kokoschka nie. 1918 erwirbt sie eine Schiele-Öllandschaft und gibt bei dem einst verschmähten Kollegen sogar das Porträt ihres Gatten in Auftrag. War die Lebenswelt der Familie Koller-Pinell bis dahin ausschließlich von den Idealen der Secessionisten und den Erzeugnissen der Wiener Werkstätte bestimmt, so hätte sie jetzt zu einer wichtigen Stütze im Leben von Egon Schiele werden können. Doch Schiele stirbt wenig später überraschend im Alter von 28 Jahren am 31. Oktober 1918.[4]

Kleinmütige Vorbehalte, die Koller-Pinell behindern, sind Klimt von vornherein fremd. Von Anfang an verbindet Klimt und Schiele eine kollegiale Ver-

Die Malerin Broncia Koller-Pinell, um 1900. Foto: Privatbesitz, Wien

Das Ehepaar Hugo und Broncia Koller, 1896. Foto: Privatbesitz, Wien

trautheit. Schiele ist erst zwanzig Jahre alt, als Klimt ihm im November 1910 erstmals einen Besuch abstattet. Der Jüngere ist vor lauter Schüchternheit befangen, die Konversation schleppend, aber Klimt lässt keine Zweifel an seiner Wertschätzung. Freimütig lobt er die Qualität der vorgelegten Arbeiten.[5] Der Gegenbesuch findet zwei Monate später im Klimt-Atelier statt. Die Künstler, beide geniale Zeichner, die ein zentrales Bildthema im erotischen Frauenakt suchen, finden schnell zueinander. Es werden sogar Zeichnungen ausgetauscht. Aufgeregt berichtet Schiele: »Ich habe zwei schöne Klimtzeichnungen, ich war nachmittags über bei Klimt. Er zeigte mir alles.«[6]

Dass Klimt ohne Rücksicht auf Marktbewertungen im Verhältnis 1:1 tauscht, trifft Schiele unvorbereitet. Später erwirbt Klimt weitere Zeichnungen. Die Signalwirkung ist enorm. Zwar ist Klimt damit noch kein Sammler, aber einen nobleren Ritterschlag hätte sich Schiele nicht erhoffen können. So wie Klimt interessieren sich auch andere »Altmeister« für Schiele. Dazu gehören namentlich der Architekt Josef Hoffmann sowie der vielseitige Maler und Grafiker Kolo Moser.[7] Unter all diesen »Künstlerfreunden« bleibt die Unterstützung durch Klimt jedoch die warmherzigste.

Schiele zieht Klimts Stellung als Leitstern der Wiener Kunst nie in Zweifel. Vielmehr emanzipiert er sich, orientiert sich aber in Fragen sozialer Kompetenz und gesellschaftlichen Auftretens weiterhin am Beispiel seines väterlichen Freundes. Ein Vorbild liefert Klimt auch in Fragen der künstlerischen Selbstinszenierung. In ihren Ateliers schaffen beide einen Ort, an dem der Künstler auch Sammler ist, eine Verquickung von Kunst und Sammelleidenschaft, die Schiele mit Klimt verbindet. Dabei steht der materielle Wert nie im Vordergrund, vielmehr

Gustav Klimt in seinem Ateliergarten, um 1910. Schiele trifft Klimt hier erstmals 1911. Foto: Moritz Mähr. Historisches Museum der Stadt Wien

Gustav Klimt bei der Zeitungslektüre im Garten der Meierei Tivoli, Wien. Foto: Österreichische Nationalbibliothek, Bildarchiv, Wien

Egon Schiele, Bildnis Gustav Klimt, um 1913. Klimt in seinem tunikaartigem Arbeitsmantel mit ornamentalen Schultereinsätzen. Bleistift und Gouache auf Papier. Privatbesitz

Egon Schiele, Zwei Männer mit Heiligenschein (Schiele und Klimt), 1909. Nicht ausgeführter Entwurf einer Postkarte für die Wiener Werkstätte. Tusche laviert und Bleistift auf Papier. Albertina, Wien

Egon Schiele, Eremiten, 1912. Der Künstler gemeinsam mit seinem väterlichen Freund Gustav Klimt. Öl auf Leinwand. Zu Schieles Lebzeiten Besitz des Künstlers, heute Leopold Museum – Privatstiftung, Wien

sind es exotische Souvenirs und Studienobjekte, vor allem Asiatika oder volkskundliche Dinge, aus denen beide Anregungen für ihre eigene Kunst beziehen. Ein Zeitzeuge berichtet: »Schiele war auch Sammler, aber er sammelte nichts wertvolles, sondern kleine Dinge, Nichtigkeiten, die durch Form und Farbe seinem künstlerischen Empfinden entsprachen: Kleines bemaltes Kinderspielzeug, kleine bäuerliche Holzplastiken und Hinterglasmalereien, bunte Stickereien und Kopftücher und ähnliches. Seine Vitrine sah aber interessanter aus, als die manches reichen Kunstfreundes.«[8] Weniger bekannt ist, dass sich umgekehrt auch Klimt von Schiele künstlerisch anregen lässt, vor allem nach dem Ende der so genannten »Goldenen Periode«, als Klimt um 1909/10 einen stilistischen Neuanfang sucht.[9]

Ein bleibendes Denkmal seiner Klimt-Verehrung setzt Schiele mit dem Bild *Die Eremiten*. Das sorgfältig vorbereitete Gemälde aus dem Jahr 1912 zeigt Egon Schiele und Gustav Klimt. Es ist sein bis dahin größtes Ölbild. Die Komposition, die den Betrachter in die Froschperspektive zwingt, verleiht der Darstellung monumentale Züge. Unter einem dunklen Mantel wachsen die beiden Männer wesensgleich zusammen. Der ältere, Gustav Klimt, hat den Kopf geneigt, die Augen sind geschlossen. Ein kleiner Ehrenkranz aus Herbstblumen

Das Atelier von Gustav Klimt in Wien-Hietzing, um 1918. Im unteren Teil des schwarzen Eichenschranks – Entwurf von Josef Hoffmann 1904/05 – Platz für Klimts Sammlung von asiatischen Seidengewändern. Foto: Österreichische Nationalbibliothek, Bildarchiv, Wien

schmückt sein Haupt. Ein Teil seines Antlitzes ist von Schieles Gesicht verdeckt. Auch Schiele, der anders als Klimt frei und ohne Überschneidung steht, ist bekränzt. Ihm obliegt es, den Betrachter mit hypnotischen Augen zu fixieren. Die unwirtliche Landschaft, aus der die beiden trotz kniender Haltung aufragen, besteht aus einem schmalen Erdstreifen. Dahinter liegt eine opake, undurchdringbare Farbfläche, die von wenigen Lichtstrahlen gegliedert wird.

Ganz gegen seine Gepflogenheiten formuliert Schiele einige Leitmotive des Bildes in schriftlicher Form. In einem Brief an seinen Sammler Carl Reininghaus spricht er von der bewussten Unbestimmtheit der Gestalten, nennt sie »Körper von Lebensüberdrüssigen, Selbstmördern, aber Körper von Empfindungsmenschen«. Ausdrücklich verweist Schiele auf den Tod des leiblichen

Egon Schiele in seinem Atelier, um 1915. Ähnlich wie bei Klimt im Schrank zahlreiche Asiatika, volkstümliches Kinderspielzeug, aber auch ein Exemplar des Blauen-Reiter-Almanachs. Aufnahme wahrscheinlich Johannes Fischer. Albertina – Egon-Schiele-Archiv, Wien

Vaters, denn das Bild sei über Jahre hinweg gewachsen und gehe zurück auf dessen (für Schiele traumatisches) Ableben.[10]

Schieles Komposition vereint die beiden Künstler im Bewusstsein des Außenseitertums: zwei Eremiten, inmitten und doch am Rande der Gesellschaft. Der Maler schreibt auch von einem grauen Himmel, der keiner sei, sondern eine »graue Welt«. »Diese ganze Welt soll samt den Figuren das ›Hinfällige‹ alles Wesentlichen darstellen.«[11] Über das Porträthafte hinaus entwickelt Schiele die Darstellung zu einem Sinnbild der beiden Künstler. Stolz und

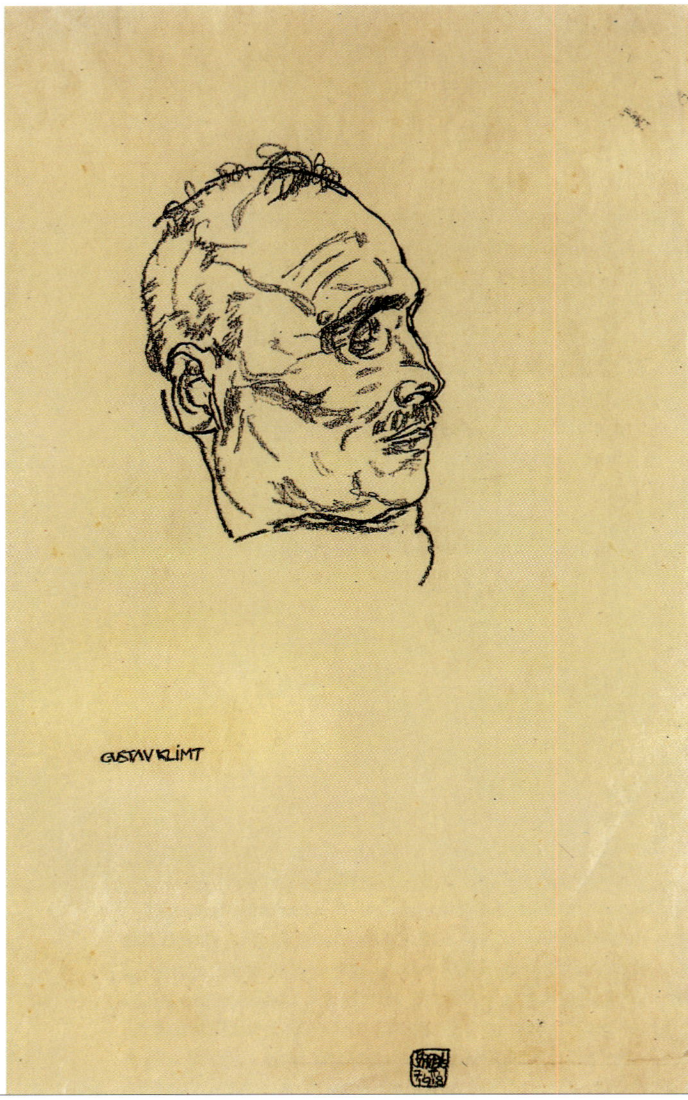

Egon Schiele, Gustav Klimt auf dem Totenbett, 7. Februar 1918. Schiele verabschiedet sich von dem Verstorbenen, indem er in der Totenkammer des Allgemeinen Krankenhauses mehrere Porträtzeichnungen anfertigt. Schwarze Kreide auf Papier. Privatbesitz

Beerdigung von Gustav Klimt auf dem Friedhof Wien-Hietzing, 9. Februar 1918

Melancholie halten sich darin die Waage. Vor dem Hintergrund ihrer realen Verflechtung mit Sammlern und Mäzenen ist umso interessanter, dass die beiden Künstler von jedem zwischenmenschlichen Kontext isoliert als Einzelkämpfer erscheinen. Stattdessen sieht sich Schiele Seite an Seite mit Gustav Klimt, ihm als Schicksalsgefährte wesensgleich, in priesterhafter Mission und sendungsbewusster Einsamkeit verbunden.

Klimt und Schiele verbindet aber nicht nur ein elitäres Künstlerbewusstsein, sondern auch das Interesse gemeinsamer Sammler. Wenn die Familie Lederer schon früh Werke des jungen Schiele erwirbt, ist das ein Verdienst Gustav Klimts, der Schiele die Tür zum Großbürgertum öffnet.

Egon Schiele, Plakat der 49. Ausstellung der Wiener Secession, 1918. Schiele mit Künstlerfreunden an einer gemeinsamen Tafel. Während er an der Stirnseite Platz nimmt, bleibt der Sessel für den kurz zuvor verstorbenen Gustav Klimt leer. Lithographie in Farbe. Historisches Museum der Stadt Wien

SECESSION
49. AUSSTELLUNG
9–6
1K–
STEINDRUCK ALB. BERGER WIEN VIII.

ERICH LEDERER

Die Familie Lederer lebt in einer Welt, die mit Schieles Herkunft nichts gemein hat. Das Oberhaupt der Familie ist der Großindustrielle August Lederer. Als einer der reichsten Männer Wiens ermöglicht er seiner Familie ein Leben in materieller Sorglosigkeit. Kultivierter Müßiggang und Luxus bestimmen den Rhythmus und Tagesablauf der Familienmitglieder. Vor allem Serena, die Dame des Hauses, ist dem Werk von Gustav Klimt vorbehaltlos zugetan. Zu solchen Kreisen Zugang zu finden ist für den jungen Schiele alles andere als selbstverständlich. Egon Schiele ist 22 Jahre alt, als er die Familie Lederer kennen lernt. Am Ende dieser Verbindung, die bis zu Schieles Tod 1918 andauert, steht als sichtbarster Ausdruck der gegenseitigen Wertschätzung »die wahrscheinlich der Anzahl und Qualität nach bedeutendste Sammlung von Zeichnungen und Gouachen Egon Schieles«.[12]

Schiele lernt die Familie im Jahr 1912 kennen. Es ist ein für den Künstler bedeutsames Jahr, geprägt von traumatischen Erlebnissen und voller Schrecken. Im Frühjahr 1912 wird Schiele in Neulengbach verhaftet. Er hat dort unweit von Wien sein Quartier aufgeschlagen, um ungestört arbeiten zu können. Doch der Maler und sein Modell Wally, die gleichzeitig seine Geliebte ist, fallen auf. Das freie Zusammenleben ist mit der Dorfmoral unvereinbar. Künstlerische Enklave und ländliche Lebenswelt prallen aufeinander. Ein Konflikt um Moralvorstellungen entlädt sich, vor dessen Sprengkraft Schiele immer wieder gewarnt worden war. Schiele kommt in Untersuchungshaft, seine Zeichnungen werden stapelweise konfisziert. Der Künstler sieht sich mit dem Vorwurf der Pornographie konfrontiert. Am schwersten aber wiegt die Beschuldigung des sexuellen Umgangs mit einem minderjährigen Modell. Doch dieser Vorwurf wird später zurückgezogen. Auch sonst endet die Affäre trotz einer mehrwöchigen Haft relativ glimpflich. Aber Schieles emotionale wie materielle Verfassung danach ist prekär.

Etliche Freunde stehen Schiele in den schweren Tagen bei. Auch Klimt wird involviert. Da Schiele den direkten Weg scheut, schickt er einen Vertrauten.[13] Klimt zögert nicht zu helfen. Am 12. Mai berichtet Schiele freudig, Klimt wolle was für ihn »machen«, vielleicht ein Staatsstipendium, doch das Projekt zerschlägt sich. Wenig später führt Klimt seinen Schützling im Haus von August und Serena Lederer ein.

Schiele hat allen Grund, dankbar zu sein. Kaum ein anderer Maler der europäischen Moderne findet schon in jugendlichem Alter derart potente Sammler. Doch Klimt kann zwar das Entree in eine faszinierende Welt vermitteln, sich in ihr zurecht finden, das muss Schiele selbst leisten. Dabei hilft ihm vor allem Erich Lederer, der älteste Sohn des Hauses. Erich Lederer hat Jahrzehnte später seine Erinnerungen an die Erstbegegnung mit Schiele festgehalten.

Egon Schiele, Bildnis Erich Lederer, 1912/13. Schiele ist von der Selbstsicherheit des 15-jährigen fasziniert. Öl und Gouache auf Leinwand. Ursprünglich Sammlung Lederer, heute Öffentliche Kunstsammlungen, Basel

Egon Schiele, Selbstbildnis, 1912. Ein Geschenk Schieles an den jungen Erich Lederer als Dank für die Einladung nach Györ. Deckfarben über Bleistift auf Papier. Ursprünglich Sammlung Lederer, heute Privatbesitz

Egon Schiele, Erich Lederer, Ende 1912. Im Hintergrund ein Fenster der Villa Lederer in Györ. Deckfarbe auf Papier. Ursprünglich Sammlung Lederer, heute Privatbesitz

Zwischen den Zeilen wird das Zusammentreffen zweier Menschen ablesbar, die durch Herkunft und soziale Position getrennt sind, aber durch die Liebe zur Kunst zusammenfinden.

Der junge Lederer ist sechs Jahre jünger als Schiele.[14] Von seiner Großmutter erhält er die beachtliche Geldsumme von fast tausend Kronen, die diese im Lotto gewonnen hat und ihrem Enkel überlässt. Er soll damit kaufen, was immer ihm in den Sinn kommt. Stolz berichtet Erich von seinem spontanen Wunsch, sich von Egon Schiele porträtieren zu lassen, obwohl er den Künstler damals nur aus den Klimt-Erzählungen kennt. Als Klimt von Lederers Wunsch erfährt, legt der ein Honorar von 600 Kronen fest. Und er sorgt dafür, dass Schiele zur Weihnachtszeit nach Györ fährt, wo die Familie Lederer den Jahreswechsel auf ihren ungarischen Besitzungen verbringt.

Erich erinnert sich an die Aufregung der ersten Stunden: »Und dann kam der Tag, als wir schon in Ungarn waren, und ich wusste, am heutigen Tag kommt der Schiele an. Also bin ich zum Mittagszug an die Bahn gefahren. Ich hatte natürlich in Wien noch Klimt gefragt, da ich Schiele ja nicht kannte, wie werde ich ihn erkennen? Darauf hat Klimt eine Weile nachgedacht, und dann sagte er plötzlich: ›Du wirst ihn erkennen!‹ So stand ich am Perron[15] mit einem Träger an meiner Seite, falls er Gepäck mitbringen würde.

Als der Zug da war und sich die Menschenmenge verflüchtigte, ist da ein junger Mann gestanden, sehr schlank mit einem runden Randelhut, und hat so von unten heraufgeschaut, und ich wusste, das müsste er sein, ging auf ihn zu, fragte: ›Bitte, sind Sie der Herr Schiele?‹ Er sagte nur: ›Ja, der bin ich.‹ Er verneigte sich höflich und ich bat ihn mitzukommen. Der Träger nahm das

Tascherl, das er mithatte, und wir gingen zum Wagen. Wir fuhren am Hotel Royal vorbei, in dem wir Schiele untergebracht hatten.

Dann fuhren wir hinaus in unsere Fabrik, wo Schiele das Porträt gemalt hat. Auf der Fahrt dorthin hat er sich alles riesig gut angesehen und war eher wortkarg. Zu Hause angekommen, begrüßte er meine Eltern, es wurde geplaudert, und dann ist man zum Essen gegangen. Man hat viel über Klimt gesprochen, und nach dem Essen sagte jemand, daß gezeichnet werden soll.

Wir gingen in unser Arbeitszimmer, in dem wir Kinder unsere Aufgaben gemacht haben. Schiele borgte sich mein Reißbrett, ging damit in eine Ecke, wo sich ein Waschtisch mit einem Spiegel befand, stellte sich davor und begann sich zu zeichnen.«[16]

Es war eine eigenartige Situation. Schiele war gekommen, um Erich Lederer zu porträtieren. Aber die fremde Umgebung verwirrt ihn. Die elegante Welt, die auf ihn einstürmt, ist so fremd wie der Luxus, der ihn irritiert. Schon nach dem ersten Abend fragt er in Wien brieflich nach, wie viel er dem Dienstboten im Hotel an Trinkgeld zu geben habe. Inmitten der Verwirrung greift er zum Zeichenstift. Wie so oft wird Schieles Selbstbildnis zu einem Akt der Selbstvergewisserung. Hier betritt Schiele wieder sicheres Terrain.

Erich Lederer berichtet weiter: »Ich hab' mir gedacht: Komisch, er kommt zu mir, um mein Porträt zu malen, stellt sich hin und malt sein Porträt. Er war jedoch um sechs Jahre älter als ich; damals war man sehr höflich zu dem, der älter war, und so sagte ich nichts. Nach kurzer Zeit kam er mit dem Blatt zu mir, schaute noch zweimal drauf und zeigte es mir. Ich hab' gestrahlt, weil mir dieses Porträt so gut gefallen hat. Er gab es mir und sagte: ›Darf ich Ihnen das übergeben, als Dank dafür, daß Ihre Wahl auf mich gefallen ist!‹, und verneigte sich dabei.«

Schiele war von seinem ersten Aufenthalt im Kreis der Familie Lederer begeistert.[17] Der junge Erich Lederer faszinierte ihn mit seinem bleichen, hageren Gesicht, der schlanken Erscheinung, dem frühreifen Auftreten. Weniger angetan war er von den Zeichenkünsten seines jugendlichen Vis-à-vis, die allzu offen die Nähe zum damals sehr in Mode stehenden englischen Jugendstilgrafiker Aubrey Beardsley verrieten. Schiele fertigt in Györ eine Reihe von Porträtzeichnungen an. Anfang 1913 folgen weitere in Wien. Nach diesen Studien entsteht das Ölbild des jungen Lederer.

Erich Lederer ist stehend, sehr selbstbewusst dargestellt, den Arm in die Hüfte gestemmt, die Finger gespreizt. Unter dem schwarzen Jackett ragt ein weißer Hemdkragen mit grüner Krawatte hervor. Im Gesicht kontrastiert die helle Haut mit dem schwarz schimmernden Haar. Ein buntes Teppichornament bereichert den karg gehaltenen Hintergrund. Das längliche Bildformat unterstreicht die schlanke Erscheinung, deren Frische und Lebendigkeit aus den Zeichnungen allerdings etwas auf der Strecke geblieben ist.

Egon Schiele, Erich Lederer mit rotem Kragen, 1913. Aquarell und Bleistift auf Papier. Ursprünglich Sammlung Lederer, heute Albertina, Wien

Egon Schiele, Studie zum Bildnis Erich Lederer mit Übertragungsraster, 1913. Deckfarben über Bleistift auf Papier. Ursprünglich Sammlung Lederer, heute Privatbesitz

Der Kontakt wird rasch enger. Erich Lederer entwickelt sich zu einem treuen Kameraden, und die Verbindung nimmt freundschaftliche Züge an. In den folgenden Jahren ersucht Schiele seinen jugendlichen Vertrauten wiederholt, für seine Zeichnungen zu werben, oft auch bei dessen Eltern. Der enge Kontakt schließt einen Zeichenunterricht mit ein. Viele Jahrzehnte später tauchen sogar Gerüchte auf, dass manche Lederer-Zeichnungen im Kunsthandel als Schiele-Grafik angeboten würden.

Die gemeinsamen Interessen von Lederer und Schiele haben aber nicht nur künstlerische Wurzeln. Ähnlich wie Schiele ist der pubertierende Lederer am anderen Geschlecht brennend interessiert und bleibt bis an sein Lebensende ein leidenschaftlicher »homme de femme«. Das Interesse für das Ewig-Weibliche schafft zwischen beiden eine starke Verbindung. Angeblich hat Lederer mit zahlreichen Modellen Schieles sogar ein Verhältnis, wie Erichs Mutter argwöhnt. Ihre Sorgen bleiben Schiele nicht verborgen. Er bittet den jungen Mann: »Ich bin ganz ungefährlich für Sie, sagen Sie (das Ihrer) Mama.«[18] Serena Lederer aber bleibt besorgt, auch später noch. Das Wiener Stadt- und

Egon Schiele, Bildnis Erich Lederer, um 1915. Kohle auf Papier. Ursprünglich Sammlung Lederer, heute Privatbesitz

Erich Lederer, um 1915. Foto: Privatbesitz

Landesarchiv verwahrt einen Brief, der mit dem 28. Dezember 1918 datiert ist. Darin antwortet sie dem Publizisten Arthur Roessler, dass sie ihre Schiele-Autographen unmöglich für eine Veröffentlichung bereitstellen könne, erlaube Roessler aber jederzeit uneingeschränkte Einsichtnahme und freue sich über dessen Besuch. Roessler werde ihre Absage verstehen, so schreibt Frau Lederer, sobald er die Briefe gelesen habe.[19] Leider bleibt unklar, welche Brisanz in den heute verschollenen Briefe enthalten war.

Zu Recht stellt Jane Kallir, die Verfasserin des aktuellen Schiele-Werkkatalogs, fest, dass Serena Lederer sich nie ganz an Schiele gewöhnen konnte, weder an die Person noch an seine Kunst.[20] Zwar erwerben August und Serena Lederer 1916 die Landschaft *Mödling*[21], doch sie wird noch im selben Jahr dem Kunsthändler Guido Arnot zum Kauf angeboten. Auch scheut sich Schiele offensichtlich, Serena Lederer seine Zeichnungen persönlich zu offerieren. Oft schickt er andere als Vermittler vor, manchmal sogar seine Modelle, die stets im Büro warten müssen und niemals in die Wohnung gebeten werden. Charakteristisch ist auch, dass die Schiele-Zeichnungen im Hause Lederer zwar sorgfältig in Mappen verwahrt, aber nicht aufgehängt werden. Allem Anschein nach ist das Ehepaar Lederer nicht bereit, »die ausgewogene Schönheit der Räume in der Bartensteingasse 8 durch allzu Modernes aus dem Gleichgewicht bringen zu lassen«.[22]

Egon Schiele, »Ich liebe Gegensätze« (Selbstbildnis), 1912. Entstanden während Schieles Gefängnishaft 1912. Aquarell und Bleistift auf Papier. Ursprünglich Sammlung Lederer, heute Privatsammlung New York

So tut sich im Umgang mit zeitgenössischer Kunst im Hause Lederer eine klare Generationsgrenze auf. Innerhalb der Familie ist es der Sohn Erich, der Schiele nahe steht. Da er als Jugendlicher zumindest anfänglich keineswegs über eigenes Geld verfügt, muss er stets Anweisungen an die Kasse des Herrn Papa geben. Ganz im Sinn der großbürgerlichen Erziehung wird der Wille des frühreifen Mannes respektiert. Letztlich besitzt Lederer jun. nach eigener Aussage so viele Zeichnungen und Gouachen von Schiele, »als das Jahr Tage hat«.[23] Vor allem während des Ersten Weltkriegs, als Schiele seinen Militärdienst ableistet, springt Erich Lederer immer wieder helfend ein. Auch Serenas Vorbehalte scheinen mehr und mehr zu schwinden. 1915 entstehen von ihr mehrere Bildniszeichnungen, und im selben Jahr darf Schiele auch ihre Tochter Elisabeth porträtieren. Sogar von einem Ölporträt ist die Rede, das aber nicht mehr realisiert wird.[24]

Egon Schiele, Bildnis Serena Lederer, 1917. Eine von insgesamt drei Bildniszeichnungen der Mutter Erich Lederers. Kohle und Deckfarbe auf Papier. Privatbesitz

Egon Schiele, Bildnis August Lederer, 1918. Erichs Vater. Kohle auf Papier. Privatbesitz

Egon Schiele, Bildnis von Erichs Schwester Elisabeth Lederer, 1913. Gouache über Bleistift auf Papier. Sammlung Serge Sabarsky, New York

Nach 1918 setzt Erich Lederer sein Leben als Bonvivant fort. 1937 heiratet er Marianne von Jacobs, die sich lange geweigert hat, den stadtbekannten Schwerenöter zu erhören. Von den geschäftlichen Verpflichtungen des Vaters aber hält sich Erich Lederer fern, darin mit seinem Bruder Fritz völlig eins. Auch in dieser Familie bricht ein Kultur- und Generationskonflikt auf. Vom fehlenden Engagement seiner Söhne enttäuscht sieht sich der Vater gezwungen, einen Neffen als Geschäftsführer heranzuziehen. Die familiären Diskrepanzen finden sogar Eingang in die Tagespresse.

Mehr noch als Erich führt Fritz ein dandyhaftes Leben, das die Klatschspalten der Wiener Gazetten füllt. Seine Auftritte und Affären sind legendär. Fritz gibt den Lebemann par excellence, der in einem Wiener Nobelhotel ein eigenes Appartement bewohnt, der beim (Karten-)Spiel astronomische Summen verliert und wiederholt mit der Halbwelt in Konflikt gerät. Als der Vater sich weigert, die immer neuen Wechsel seines Sohnes zu begleichen, wird vor der Wohnung von August Lederer eine Bombe gelegt, deren Entschärfung erst im letzten Moment gelingt.

So wenig Interesse Erich Lederer für das Geschäftsleben aufbringt, so sehr ignoriert er die politische Entwicklung. Lange weigert er sich, dem aufkommenden Terror der Nationalsozialisten ins Auge zu sehen. Nach dem »Anschluss« muss er mit seiner Gattin Hals über Kopf in die Schweiz fliehen. Vom enormen Familienbesitz kann er kaum mehr retten als zahllose Klimt- und

Erich Lederer und seine Gattin Marianne von Jacobs nach der Trauung vor der Kirche von Györ, 11. August 1937. Aufnahme Fotostudio Apollo, Györ. Privatbesitz

Schiele-Zeichnungen. Das Gros der Kunstsammlungen aber bleibt in Wien zurück, wo neben den materiellen Gütern der Familie Lederer auch die einzigartige Klimt-Sammlung von den Nationalsozialisten »sichergestellt« wird. Tragischerweise wird sie in den letzten Kriegstagen fast vollständig ein Raub der Flammen (s. S. 135).

Bis in die 1960er Jahre hinein lebt Erich Lederer in Genf in einem bescheidenen Hotel in der Rue de Montblanc, wo er sich mit zwei Räumen begnügen muss. Die Not verändert ihn. Erich Lederer profiliert sich als Marchand-Amateur und gewinnt als Kenner italienischer Renaissance-Bronzen internationales Renommee. Schon sein Vater war auf diesem Gebiet sammlerisch tätig. Nun etabliert sich der Sohn als international namhafter Experte. Nach Kriegsende betreibt er die Rückgabe des elterlichen Vermögens, wozu langwierige Verhandlungen mit den österreichischen Behörden nötig sind. 1973 verkauft Erich Lederer schließlich den Klimt'schen Beethovenfries – das wichtigste Klimt-Werk, das ihm geblieben ist – an den Österreichischen Staat.

Erich Lederer stirbt am 19. Januar 1985 in Genf. Aus Anlass seines Ablebens erscheint in der Wiener Tageszeitung *Die Presse* ein Nachruf, der das schicksalhafte Auf und Ab seines Lebens in knappen Worten resümiert: »Erich Lederer ist in einem mit den wertvollsten Kunstgegenständen gefüllten Heim aufgewachsen. Seine kleine, aber mit erlesenen Dingen angefüllte Genfer Wohnung spiegelte die verblichene Pracht des Elternhauses. (...) Was das Leben ihm auferlegt hat, hat er stoisch ertragen, seien es die großen Verluste des elterlichen Vermögens, sei es die erzwungene Emigration; sei es Krankheit, die ihn oft und oft niedergeworfen hat.«[25] Mit ihm verlor Österreich einen Menschen, der das Altösterreichische verkörperte, der Noblesse mit Witz verband und über eine außergewöhnliche Zeitzeugenschaft verfügte. Unverständlich bleibt, warum niemand daran dachte, seine Erinnerungen für die Nachwelt zu dokumentieren.

CARL REININGHAUS

Egon Schiele kann nicht nur auf die Familie Lederer, sondern auch auf weitere großbürgerliche Sammler zurückgreifen. Schon früh lernt er Carl Reininghaus kennen, einen der bedeutendsten Sammler moderner Kunst in Österreich. Reininghaus stammt aus Graz, wo er am 10. November 1857 als Sohn einer erfolgreichen Industriellenfamilie geboren wird.[26]

Ursprünglich gilt sein Interesse noch hauptsächlich den Malern der alten Schule. Sein Grazer Wohnhaus schmücken vier Deckengemälde des 1884 verstorbenen »Malerfürsten« Hans Makart. Erst die Gründung der Wiener Secession 1897 bringt Reininghaus massiv mit der zeitgenössischen Kunst in Kontakt. Seine Übersiedlung nach Wien 1898 folgt dem Wunsch nach einem engeren Kontakt mit der Moderne. Aber auch der Rosenkrieg und die von der Gattin eingereichte hochnotpeinliche Scheidung wegen Ehebruchs – ein gesellschaftliches Tabuthema – scheinen eine Rolle zu spielen. Eine mitfühlende Bekannte vertraut ihrem Tagebuch an: »Ein Mensch, der alles hätte, Geld, gesunde Kinder, Lebenslust, muss eine Frau haben, die ihn halb wahnsinnig macht.«[27]

Reininghaus verfügt über reichlich sprudelnde Geldquellen. Die Grundlage des Familienbesitzes geht auf den Vater zurück; der erwarb in jungen Jahren gemeinsam mit seinem Bruder eine Bierbrauerei, die zu einem der größten

Die 3. Ausstellung der Wiener Secession, 1899. Mit Skulpturen des belgischen Bildhauers Constantin Meunier, im Hintergrund das Monumentalbild »Christus im Olymp« von Max Klinger. Foto: Österreichische Nationalbibliothek, Bildarchiv, Wien

Besucher in der 3. Ausstellung der Wiener Secession, 1899. Zeitungsholzschnitt von Wilhelm Gause aus: Illustrirte Zeitung, Leipzig – Berlin, 1899

Brauereiunternehmen Österreichs avancierte. Nach dem Tod des Vaters werden die Erben ausbezahlt, und Carl erhält eine vom Vater ebenfalls gegründete »Farben-Fabrik und Schlemm-Werke« in Gösting bei Graz.

In Wien findet Reininghaus scheinbar mühelos Zugang zu den Secessionisten, in deren Ausstellungen er oft zu sehen ist. Die Nähe erklärt sich auch durch verwandtschaftliche Bande: Der Maler Josef Engelhart, Gründungsmitglied der Secession und im Vereinsjahr 1899/1900 ihr Präsident, ist ein Schwager von Reininghaus' Mutter. Erfolgreich integriert sich der eigenwillige Sammler als Teil der im Aufbruch befindlichen Kunstwelt. Er lässt die Öffentlichkeit nicht im Zweifel darüber, dass er sich durchaus als Experte versteht. Seine Ausstellungsbesuche fallen auf. Im Februar 1899 besichtigt er mit der jugendlichen Alma Mahler am Arm die 3. Secessionsausstellung. In deren Zentrum stehen Max Klingers Monumentalgemälde *Christus im Olymp* und etliche Skulpturen von Constantin Meunier. Alma Mahler notiert zwiespältig: »Mit Reininghaus in der Secession. Es war ungemein interessant, mit ihm die Sachen zu studieren. Er betrachtet sie mir nur zu genau. Dadurch kommt er zu gar keinem ruhigen Genießen. Beim Meunier war einmal der Kopf zu groß, dann wieder ein Arm zu kurz, und wenn man auch, von ihm aufmerksam gemacht, dasselbe findet, so kann man dieser Art, Bilder zu betrachten, nicht geneigt sein. Beim Klinger nahm er sich sogar einen Stuhl, stellte sich drauf und forschte mit der Lupe der Malweise nach.«[28]

Reininghaus begeistert sich augenscheinlich nicht allein für die Kunst. Er genießt es auch, mit seinen Kunstkäufen Aufsehen zu erregen, wie etwa beim

Der Beethovenfries von Gustav Klimt in der 14. Ausstellung der Wiener Secession, den Reininghaus nach Ausstellungsende 1902 erwirbt. Rechts die Beethovenskulptur von Max Klinger. Foto: Österreichische Nationalbibliothek Bildarchiv, Wien

Ankauf des Beethovenfrieses, den er in letzter Minute vor der Zerstörung rettet. Klimt hatte den Fries 1902 als Wanddekoration der 14. Secessionsausstellung geschaffen, der vielleicht bedeutendsten Präsentation der Secession überhaupt. Die Wiener Künstler waren damals unter Führung von Gustav Klimt, Josef Hoffmann und Gustav Mahler angetreten, dem musikalischen Genie von Ludwig van Beethoven ihre Hochachtung zu bekunden. Es war eine Hommage der besonderen Art: Künstler, die sich selbst feierten, zelebrierten den Geniekult. Die Veranstaltung wird ein überwältigender Erfolg. Doch als die Ausstellung am 15. Juni 1902 ihre Pforten schließt, scheint der mehr als dreißig Meter lange und über zwei Meter hohe Fries dem Untergang geweiht. Gerüchte kursieren, er solle abgeschlagen werden. Allein Carl Reininghaus stoppt das Vorhaben und erwirbt den Fries.[29] Gleichzeitig erhält er von Klimt ein Konvolut von Vorstudien und Zeichnungen. Noch heute sind diese Blätter leicht anhand der Initiale »R« zu identifizieren, die Reininghaus mit Bleistift anbringt. Der impulsive Ankauf scheint typisch für den eigenwilligen Kunstenthusiasten zu sein. Als Klimt-Sammler tritt Reininghaus danach nicht mehr in Erscheinung, immerhin aber verdanken wir ihm die Rettung des heute einzig erhaltenen Monumentalwerks von Gustav Klimt.

Schon wenig später, 1904 ist der Name Reininghaus neuerlich in aller Munde. Die bevorstehende Kollektivausstellung des Schweizer Malers Ferdinand Hodler in der Wiener Secession sorgt in Künstlerkreisen für Aufsehen. Tatsächlich bringt sie den von Hodler lange ersehnten Durchbruch, nicht zuletzt dank Reininghaus. Der erwirbt sieben Gemälde; vier davon, darunter das Hauptbild der Ausstellung, *Die Lebensmüden*, noch vor der Vernissage! Schiele wird diese Bilder Jahre später in Reinighaus' Sammlung sehen und aus ihnen manche Anregung beziehen.[30]

Carl Reininghaus ist der geborene Sammler und als solcher ein Besessener und Jäger. Himmelstürmend und wählerisch, gilt er im persönlichen Umgang als nicht einfach, in Sachen Kunst aber als vorurteilslos. Er ist einer jener unverzichtbaren Förderer und Mäzene, die sich mit dem Anspruch von Innovation und Internationalität der Wiener Secession völlig identifizieren. Län-

Die 19. Ausstellung der Wiener Secession, 1903. Der Hauptsaal mit Bildern des Schweizer Malers Ferdinand Hodler, von denen Reininghaus schon vor Ausstellungseröffnung vier erwirbt. Foto: Österreichische Nationalbibliothek, Bildarchiv, Wien

gere Aufenthalte in Paris machen ihn mit der zeitgenössischen Malerei Frankreichs bekannt. So erwirbt Reininghaus, der sich in Paris eine Zweitwohnung leistet, teils in Frankreich, teils im Wiener Handel eine Sammlung, die in Österreich ihresgleichen sucht. Sie umfasst Werke von den heute kaum mehr finanzierbaren Klassikern Edouard Manet, Paul Cézanne, Pierre Auguste Renoir, aber auch von Edvard Munch, George Minne, Paul Gauguin und Fernand Khnopff. Mit vier Bildern von Van Gogh besitzt Reininghaus den damals umfangreichsten Sammlungsbestand dieses Malers in Österreich. Neben dem Klassiker *Schlafzimmer in Arles*, der 1909 in der Wiener »Internationalen Kunstschau« ausgestellt ist, besteht das Van-Gogh-Konvolut aus dem Werk *Der Trinker*, einem Stillleben und einer Uferlandschaft der Oise.[31] Ungewöhnlich an Reinighaus' Sammlung ist zudem der hohe Anteil an außereuropäischem Kunsthandwerk, japanischen und chinesischen Erzeugnissen sowie afrikanischer und ozeanischer Stammeskunst, worin sich vor allem der französische Kunstgeschmack widerspiegelt.

In Schieles frühem Kundenkreis spielt Reininghaus eine besondere Rolle. Angeblich vermittelt der »Schiele-Entdecker« Arthur Roessler die Begegnung, die auf Anhieb wechselseitige Sympathien weckt.[32] Anfang 1910 erwirbt Reininghaus mehrere Zeichnungen. Schiele, am Beginn seiner Karriere stehend und noch keine zwanzig Jahre alt, ist auf den bar abgewickelten Verkauf enorm stolz. Einem Freund führt er vor, »wie damals sein Rock vom Körper abstand, weil er die dicke Brieftasche nicht fassen konnte«.[33] Im Gegensatz zu anderen Schiele-Sammlern bleibt Reininghaus ein großzügiger Käufer. 1910 investiert er für eine großformatige männliche Aktdarstellung (ein Schiele-Selbstbildnis, s. S. 173) und mehrere Zeichnungen 1200 Kronen, eine Summe, die weit über dem liegt, was der Zwanzigjährige eigentlich verlangen kann. Zum Vergleich: Von dieser Summe hätte eine Arbeiterfamilie aus fünf Personen ein halbes Jahr ihren Lebensunterhalt bestreiten müssen.[34] Auch Schiele hat seine tristen finanziellen Anfänge nicht vergessen: Als Schüler der Wiener Kunstakademie erhielt er von seinem Vormund jeden Montag fünf Kronen![35]

Der eigenwillige Reininghaus und Egon Schiele (»Der Künstler muß Mensch sein, mehr als jeder andere, und er muß den Tod lieben und das Leben«[36]) finden rasch zueinander. 1910 entstehen mehrere Porträtzeichnungen des Sammlers.[37] Darüber hinaus ist Schiele häufiger Gast bei den von Reininghaus wöchentlich gegebenen Abendgesellschaften, die angeblich gern »bacchanalische« Züge annehmen.[38] Wiederholt lernt er bei den Weingelagen neue Kunden kennen.[39] Die Zuneigung der beiden Männer wird durch ein gemeinsames Interesse an Erotischem gestärkt. So erwirbt Reininghaus nicht nur den bereits erwähnten großformatigen Akt aus dem Jahr 1910, sondern auch die zur Serie gehörigen vier weiteren großformatigen Aktdarstellungen.[40] Überraschenderweise aber verweigert sich Schiele dem Auftrag, in der Wiener

Vincent van Gogh, Das Schlafzimmer in Arles, 1888. Schiele sah das Gemälde in der Sammlung Reininghaus. Öl auf Leinwand. Heute The Art Institute of Chicago

Egon Schiele, Das Zimmer des Künstlers in Neulengbach, 1911. Schieles Antwort auf van Gogh. Öl auf Holz. Ursprünglich Sammlung Roessler, heute Historisches Museum der Stadt Wien

Wohnung des Sammlers monumentale Wandmalereien erotischen Inhalts zu schaffen, ohne dass die Gründe dafür bekannt sind.

Über die Standes- und Altersunterschiede hinweg bietet Reininghaus dem wesentlich jüngeren Schiele das Du an und ist ihm in der Neulengbach-Affäre 1912, als Schiele in Untersuchungshaft einsitzt, eine verlässliche Stütze. Er stellt ihm Geld für einen Strafverteidiger zur Verfügung und betätigt sich weiterhin als Käufer wichtiger Schiele-Arbeiten. Nach Ende der Affäre sieht sich Reininghaus auch als Wegweiser und künstlerischer Ideengeber. Auf seine Anregung hin malt Schiele zwei Ansichten der Wachau-Ortschaft Stein.[41] Im Sommer 1913 offeriert Schiele dem Sammler die beiden eben vollendeten Bilder. Wieder kauft Reininghaus. Umgekehrt versucht Schiele Reininghaus zu motivieren, sich als Zeichner zu erproben.[42] Er lädt den Industriellen sogar ein, an einem Bild mitzuarbeiten, das heute verschollen ist: »Doppelt aber würde ich mich freuen, wenn wir an der ›Bekehrung‹ zusammen weiter arbeiten.«[43]

Aufgrund dieser Nähe scheint Schiele der prädestinierte Sieger des künstlerischen Wettbewerbs zu sein, den Reininghaus im Juli 1913 ausschreibt. Das Preisgeld ist verlockend hoch: 3000 Kronen für den ersten Preis und 1000 Kronen für den zweiten. Dementsprechend ist das Interesse. Sogar Künstler aus Frankreich, wo Reininghaus immer wieder als Käufer auftritt, nehmen teil, darunter mit Raoul Dufy, Marie Laurencin und Moise Kissling profilierte Namen der französischen Kunstwelt.

EGON SCHIELE 1911
EGON SCHIELE 1911
EGON SCHIELE 1911

Egon Schiele, Bildnis Carl Reininghaus, 1910. Der Sammler in der Tracht seiner steirischen Heimat. Schwarze Kreide, Aquarell und Deckfarbe auf Papier. Sammlung Serge Sabarsky, New York

Egon Schiele, Sitzender männlicher Akt (Selbstbildnis), 1910. Reininghaus besitzt vier weitere, eng verwandte Aktdarstellungen. Öl und Gouache auf Leinwand, heute Leopold Museum – Privatstiftung, Wien

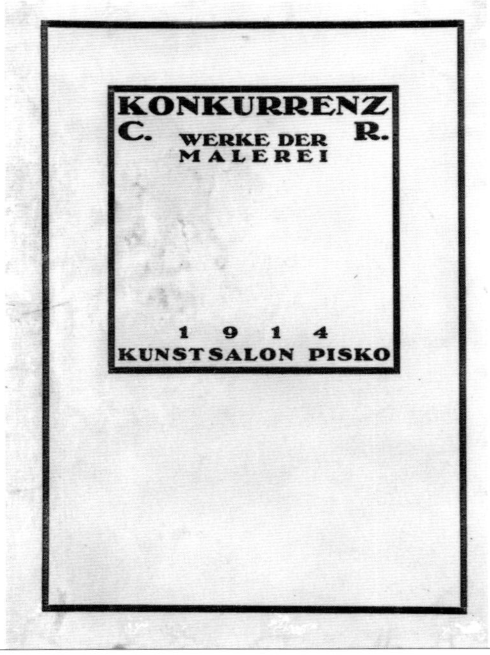

Carl Reininghaus, der ebenso eigenwillige wie internationale Sammler, um 1915. Foto: Privatbesitz

Egon Schiele, Bildnis Carl Reininghaus, auf einer Wiese schlafend, 1912. Bleistift auf Papier. Historisches Museum der Stadt Wien

Katalog der Ausstellung »Konkurrenz Carl Reininghaus« im Kunstsalon Pisko, 1914. Historisches Museum der Stadt Wien

Die eingesandten Arbeiten werden im Januar/Februar 1914 im Wiener Kunstsalon Pisko öffentlich ausgestellt. Neben die Wettbewerbsbilder hat Reininghaus quasi als »künstlerische Messlatte« Werke seiner eigenen Sammlung hängen lassen: Von Vincent van Gogh das *Schlafzimmer in Arles*, drei Werke von Auguste Renoir, darunter *La Confiance*, von Gustave Courbet *La femme aux cochons* und ein *Männliches Porträt* von Paul Cézanne. Für Schiele endet der Wettbewerb enttäuschend. Zum Sieger wird der Salzburger Maler Anton Faistauer gewählt, während der zweite Preis an den gleichermaßen literarisch wie bildnerisch begabten Albert Paris Gütersloh geht.[44]

Im Nachhinein wurde darüber spekuliert, ob Schiele an seinem enttäuschenden Abschneiden selbst Schuld trug. Denn gegen den Rat von Freunden beteiligte er sich mit dem unvollendeten, zwei mal zwei Meter großen Bild *Begegnung*.[45] Dass Reininghaus dieses Bild später erworben hat, mutet eher wie ein Trostpflaster an. Heute gilt das Bild als verschollen, es ist aber durch die hier reproduzierte Fotografie dokumentiert, auf der Schiele vor dem lebensgroßen Bild steht.

Vielleicht hat Schieles Misserfolg die Verbindung zwischen den beiden ungleichen Männern abkühlen lassen. Denn es fällt auf, dass Reininghaus zwar zahlreiche Ölbilder aus Schieles Anfangsjahren besitzt, spätere Gemälde nach 1913 in seiner Sammlung aber fehlen.[46] Insgesamt nennt Reininghaus fast 15 Schiele-Ölbilder sein Eigen, die in der Wohnung des Sammlers kaum Platz finden. Oftmals wechselt Reininghaus seine Adresse. Doch für alle seine Wohnungen gilt, dass an den Wänden schon bald keine Fläche mehr frei ist. Überall sind Bilder gestapelt, und stets haben Besucher beim Umhergehen darauf zu achten, keinen Schaden anzurichten.

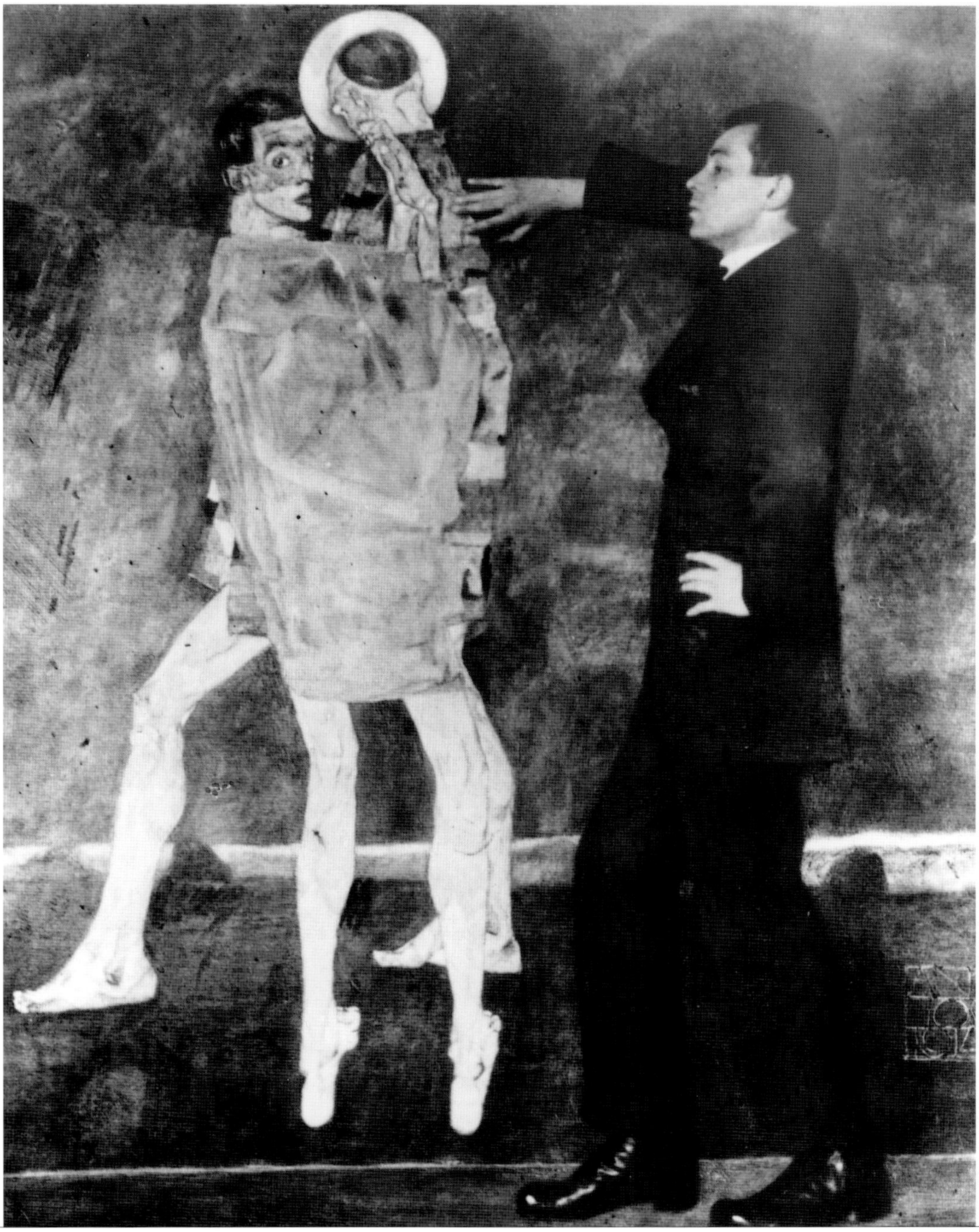

Egon Schiele vor seinem unvollendeten Bild »Begegnung« (Selbstbildnis mit der Figur eines Heiligen), 1914. Schiele beteiligt sich mit dem Bild erfolglos an der Reininghaus-Konkurrenz. Foto: Anton Josef Trčka. Historisches Museum der Stadt Wien

Als Reininghaus am 29. Oktober 1929 stirbt, verliert Wien einen seiner eigenwilligsten Zeitgenossen sowohl als Sammler wie auch als Mensch. In einem Nachruf wird er mit den Worten gewürdigt: »Die Eröffnung einer Secessionsausstellung konnte er nie erwarten, schon während des Hängens belagerte er das Haus, drehte jedes Bild um, störte die Arbeitenden, war gefürchtet und – geliebt. (...) Reininghaus lebte mit der Kunst, für die Kunst, und vielem kam dies zugute, viele haben ihm zu danken. (...) (Er) war ein Sonderling mit dem wärmsten überströmendsten Herzen und einem Gehirn, das, manchmal verwirrt, ihn misstrauenskrank und kampftoll machte. Misstrauen verbitterte sein Leben, machte ihn zum Schluss einsam, denn seinen Freunden machte er es schwer, sich in ihm zurechtzufinden. Hatte man sich aber von ihm räumlich entfernt, schwand leicht das Störende, man sah rein das Wertvolle, Seltene dieses Menschen, erkannte sein Herz, das sich oft auch vor den Freunden versteckte, der Kunst aber immer ganz und gar angehörte.«[47]

Reininghaus' Sammlung fiel nach seinem Tod der Auflösung anheim. Schon zu Lebzeiten hatte der Sammler selbst Bilder abgestoßen und durch Neuerwerbungen ersetzt. 1915 veräußert er etwa den Beethovenfries, den er seit seinem Erwerb nur in Kisten verwahrte, an den Klimt-Liebhaber August Lederer (s. S. 125f.). Egon Schiele scheint in den Verkauf involviert – angeblich hat er den Kontakt mit Lederer hergestellt – und erhält dafür von Reininghaus eine Provision.[48]

Im Jahr darauf trennt Reininghaus sich von dem Bild *Mitternachtssonne,* einem Hauptwerk von Edvard Munch. Neue Besitzerin wird Alma Mahler. Sie ist seit einem Jahr mit dem deutschen Architekten Walter Gropius verheiratet. Gropius will ihr mit dem Bild ein nobles Geschenk zur Geburt ihrer Tochter Manon machen. Alma erinnert sich: »So schrieb er an Karl Reininghaus, der hie und da aus seiner Bildersammlung eines von seinen Gemälden verkaufte, und bat ihn, ihm die ›Mitternachtssonne‹ von Edvard Munch käuflich zu überlassen.[49]

Doch scheinbar kam es anders. Alma ist selbst von der Wende überrascht: »Am selben Tag noch kamen zwei Diener mit dem Bild und einem rührenden Brief von Karl Reininghaus. Er schrieb darin, daß das Bild seit Jahren mir gehört habe, da ich es so liebe. Er habe nur bis jetzt keinen rechten Anlaß gefunden, es mir zu schicken. Ich hätte es mir erlächelt! – Nun konnte ich mich tagelang in dieses ölig ruhige und doch so bewegte Meer versenken.«[50]

Nur wenige Werke der Reininghaus-Sammlung sind heute in österreichischem Museumsbesitz öffentlich zugänglich. Die Österreichische Galerie Belvedere erwirbt 1918 Hodlers Sinnbild *Ergriffenheit* und ein Aquarell von Paul Cézanne.[51] Auch das Kunsthistorische Museum Wien verwahrt in der *Madonna mit Kind* ein italienisches Reinaissancegemälde aus der Reininghaus-Sammlung, einst ein Lieblingsbild des Sammlers, das in seiner Wohnung umgeben von modernen Bildern hing. Damals als Werk Sandro Botticellis ausgewiesen, schreibt die herrschende Meinung das Gemälde heute Botticellis Zeitgenossen Sebastiano Mainardi zu.[52]

Um das Schicksal der Sammlung entbrennt nach Reininghaus' Ableben ein heftiger Streit. Reininghaus, der mehrfach verheiratet war, hinterlässt zahlreiche Nachkommen aus seiner ersten Ehe mit Zoë von Karajan, aber auch zwei außereheliche Söhne, die er später adoptiert hatte. Ein letztes Mal wird die Sammlung Reininghaus 1932 im Wiener Hagenbund gezeigt. Vieles ist damals bereits in andere Hände gelangt, vor allem die Gemälde der französischen Meister und

Edvard Munch, Mitternachtssonne am Strand, um 1902. Öl auf Leinwand. Ursprünglich Sammlung Reininghaus, heute Österreichische Galerie Belvedere, Wien

Sebastiano Mainardi, Madonna mit Kind, drittes Viertel des 15. Jahrhunderts. Ein Lieblingsbild von Carl Reininghaus, das in seiner Wohnung inmitten moderner Bilder hängt. Öl auf Holz. Heute Kunsthistorisches Museum – Gemäldegalerie, Wien

Gründerväter des Impressionismus. Aber selbst das, was 1932 gezeigt wird, vermag noch zu fesseln. Letztmalig wird ein Überblick gegeben über Vielfalt und Charakteristik einer Sammlung, in der Objekte aus allen Ländern und Zeiten, von der Antike bis zur Gegenwart vereint waren: neben einem bedeutenden spätgotischen Flügelaltar italienische Renaissanceskulpturen und Bilder, Werke von österreichischen Barockmeistern, Skulpturen und Bilder des internationalen 19. Jahrhunderts, hellenistische Terrakotten, Altägyptisches, ein romanisches Kruzifix und zahlreiche Asiatika.

Aus der bunten Vielfalt ragen Schieles Werke eindrucksvoll hervor. Zwar ist er nur noch mit wenigen Ölbildern in der Sammlung vertreten, doch die große Zahl von Zeichnungen und Aquarellen beeindruckt noch immer.[53] Aber selbst jetzt finden sich Feuilletonisten, die mit diesen Bildern ihre Schwierigkeit haben und mit ihrer Kritik nicht hinter dem Berg halten: »Ungemein groß ist die Kollektion E. Schiele. Sie nimmt den ganzen Mittelsaal ein. Manche der Aktstudien sind von großer Schönheit, ebenso einige Landschaften, wie z. B. ›Kirche in Stein a. D.‹. Die meisten anderen Studien, Gemälde, Porträts sind von oft abstoßender Brutalität.«[54]

HEINRICH BÖHLER

Reininghaus ist nicht der einzige Schiele-Sammler aus dem Großbürgertum. Auch Heinrich Böhler, der am 1. August 1881 in Wien als Spross einer Unternehmerdynastie zur Welt kommt, begeistert sich für den jungen Expressionisten.[55]

Sein Vater, der schon 1882 stirbt, ist Miteigentümer der vom Großvater gegründeten Böhler-Werke. Das auf Eisen- und Stahlproduktion spezialisierte Unternehmen ist bis zum Ersten Weltkrieg ein reines Familienunternehmen. Die wichtigsten Produktionsstätten befinden sich in der Steiermark, das Zentralbüro am Wiener Schillerplatz. Um 1900 umspannt ein dichtes Netz von Vertretungen und Niederlassungen fast die ganze Welt. Geschäftsstellen existieren in Japan, Australien, Buenos Aires, Mexiko und Südafrika. Heinrich Böhler betreut vor dem Ersten Weltkrieg die japanische Niederlasssung. Als sein Onkel Friedrich Böhler, der eigentliche Firmenchef, 1914 stirbt, hinterlässt dieser ein Vermögen von rund 26 Millionen Kronen. Da er kinderlos ist, vermacht er es testamentarisch seinen Neffen. In der Hoffnung, das Interesse der Erben am Unternehmen wach zu halten, verfügt er aber, dass seine Geschäftsanteile zwanzig Jahre lang nicht verkauft werden dürfen.

Bis 1920 bleibt fast der gesamte Aktienbestand im Besitz der Familie. Durch unglückliche Transaktionen verliert sie während der Weltwirtschaftskrise jedoch einen Großteil ihres wirtschaftlichen Einflusses: 1924 wird das Unternehmen restrukturiert und der Firmensitz in die Schweiz verlegt. Nach der Machtübernahme des Nationalsozialismus erfolgt die Umwandlung der Schweizer Holding in eine deutsche Aktiengesellschaft. Nur noch 8,2 Prozent des Aktienkapitals verbleibt zu Beginn des Jahres 1939 in den Händen der

Das Atelier von Heinrich Böhler im Palais Schwarzenberg, Wien I, Aufnahme nach 1916/17. Entwurf Josef Hoffmann. Im Vordergrund ein Klavier und eine frei stehende, bis zur Decke reichende Vitrine. An der Stirnwand die Klimt-Landschaft »Schlossteich in Kammer am Attersee« (1909). Foto: Privatbesitz

Heinrich Böhler im Kreis von Klimt-Freunden, 1908. V.l.n.r.: Hannerl Grögl, unbekannt, Emilie Flöge, unbekannt, Emma Bacher, Helene Klimt, Heinrich Böhler und Gustav Klimt. Foto: Privatbesitz

Familie Böhler, während sich die Unternehmensziele an den Kriegsplänen von Adolf Hitler ausrichten.[56]

Lange vor dieser Zeit begegnen sich Heinrich Böhler und Egon Schiele im Herbst 1914. Böhler studiert nicht nur Bilanzen, sondern sucht auch seinen künstlerischen Neigungen zu frönen. Schon 1909 gehört er zu den Kunden der Wiener Kunstschau. Sein erstes Schiele-Gemälde erwirbt Heinrich Böhler fünf Jahre später. Für dieses Ölbild, *Häuser mit Wäsche*, bezahlt er im Juni 1914 die Summe von 500 Kronen.[57]

Böhlers Liebe zur Kunst geht so weit, dass er selbst Unterricht in Malerei nehmen möchte. Auf der Suche nach einem Lehrer vermittelt ihn der Architekt Josef Hoffmann an Egon Schiele. Dem jungen Künstler kommt der finanzkräftige Schüler gelegen. Seit langem von der Sorge um den Lebensunterhalt geplagt, überlegt Schiele zu dieser Zeit ernsthaft, ob er nicht als Lehrer an eine Kunstschule gehen oder zumindest Privatschüler nehmen soll.[58] So kommt Heinrich Böhlers Brief wohl zur rechten Zeit, als dieser am 16. September 1914 die Anfrage Hoffmanns bekräftigt: »Es war sehr lieb von Prof. Hoffmann, dass er Ihnen sagte, dass ich gerne bei Ihnen malen lernen möchte. Wollen Sie sich wirklich dieser grauenvollen Bemühung unterziehen? (…) Ich bin leider nur ein Anfänger, aber habe eine riesige Begeisterung für Malerei. Hans Böhler, Maler, mein Cousin, der sagt wohl, dass ich ein gewisses Talent habe, aber ich glaube es ihm nicht.«[59]

Egon Schiele, Inselstadt (Krumau Häuserbogen II), 1915–16. Eines von fünf Häuserbildern in der Sammlung Böhler. Öl auf Leinwand. Heute Leopold Museum – Privatstiftung, Wien

Lehrer und Schüler finden rasch eine Regelung, gemeinsam arbeiten beide ein oder zwei Mal pro Monat für je eine Woche in Böhlers Atelier. Schiele erscheint regelmäßig in Böhlers künstlerischem Refugium im Hinterhof des Wohnhauses in der noblen Belvederegasse Nr. 30 im IV. Wiener Gemeindebezirk. Während er dort an eigenen Bildern arbeitet, überwacht er Böhlers Fortschritt. Sehr zu Schieles Überraschung nimmt der Unternehmer den Unterricht ernster, als es Schiele erwartet hat.

Umgekehrt eröffnet sich für Schiele ein weiterer Zugang zur »besseren« Gesellschaft. Tatsächlich begreift Schiele diesen Umstand als Chance, die er seiner Mutter in einem Brief ausführlich erläutert: »Ich habe die feste Absicht, so weit als möglich allen Einladungen Folge zu leisten und sehe daraus, daß es mir auch Nutzen bringt, – darum wurde in den letzten Tagen eine Kette daraus, die sich immer weiter zu verzweigen scheint.«[60] Er glaubt sogar, dass ihn sein Gönner nach Indien einladen werde. Die Reise findet zwar niemals statt, der Umstand allein aber zeigt, welch großes menschliches und künstlerisches

Egon Schiele, Mutter mit zwei Kindern II, 1915. Öl auf Leinwand. Ursprünglich Sammlung Böhler, heute Leopold Museum – Privatstiftung, Wien

Wohlwollen beide Männer zu diesem Zeitpunkt verbunden haben muss. So erstaunt es nicht, dass Böhler im Jahr 1915 gleich vier neue Schiele-Landschaften kauft.[61] Zu seiner Kollektion gehören bereits eine Ansicht mit Fischerboot und eine Mutter-Kind-Darstellung.[62] Wie alle Schiele-Sammler besitzt Böhler zudem eine Fülle von grafischen Werken.

Doch dann trennt der Krieg die Lebenswege der beiden Männer. Als Schiele zum Militärdienst eingezogen wird, versucht Böhler ihm wirtschaftlich unter die Arme zu greifen. Großzügig lässt er Schiele eine monatliche Finanzhilfe von 200 Kronen anweisen. Er unterstützt zudem Schieles Wunsch um Versetzung vom Frontdienst in das »Kriegspressequartier«, ein Privileg, das Schiele nicht nur nach Wien zurückbringt, sondern auch sehr viel mehr Zeit zum Malen lässt. Doch schon im Sommer 1915 belasten gegenseitige Verstimmungen das Verhältnis. Schiele drängt ungeduldig auf die monatliche Unterstützung seines Mäzens, die anscheinend nicht pünktlich eintrifft. Josef Hoffmann, der in die Sache involviert wird, warnt Schiele, den Kontakt mit Böhler

Egon Schiele, Sitzende, die Füße mit den Händen fassend, 1915. Bleistift auf Papier. Rechts unten mit Sammlerstempel Heinrich Böhler, heute Leopold Museum – Privatstiftung, Wien

Egon Schiele, Liebespaar, 1914/15. Ein Selbstbildnis mit Wally Neuziel. Bleistift, Aquarell und Deckfarben auf Papier. Links unten mit Sammlerstempel Heinrich Böhler, heute Leopold Museum – Privatstiftung, Wien

SAMMLUNG
HEINRICH
•BÖHLER•
No. 32.
Schiele.

Egon Schiele, Bildnis Heinrich Böhler, 1915. Kreide auf Papier. Nationalmuseum, Stockholm

Egon Schiele (Mitte) mit zwei Armeekameraden, Aufnahme 1916. Schiele – obwohl Pazifist – ist seit Juni 1915 eingerückt. Foto: Albertina – Egon-Schiele-Archiv, Wien

Egon Schiele, Triestiner Fischerboot, 1912. Öl auf Leinwand. Ursprünglich Sammlung Böhler, heute Privatbesitz USA

nicht zu verscherzen, da dieser sich »ausgebeutet« fühlen könnte.[63] Als Böhler in die Schweiz übersiedelt, ist das für Schiele ein schwerer Schlag. Der Industrielle, den die Schweizer Doppelstaatsbürgerschaft vom Militärdienst befreit, meldet sich am 17. Oktober 1915 von Wien ab, kehrt noch einmal für kurze Zeit zurück und geht über München in die neutrale Schweiz. Mit Böhlers Weggang muss Schiele fürchten, sein letztes sicheres Einkommen zu verlieren.[64]

Heinrich Böhler kehrt erst im Herbst 1922 nach Österreich zurück. Er bezieht eine Wohnung in der Johannesgasse Nr. 22/11 in der Wiener Innenstadt. Seine künstlerische Ader, die Schiele früh beeinflusste, trägt mittlerweile Früchte. Heinrich Böhler hat sich ganz aus dem Wirtschaftsleben zurückgezogen und ist Maler geworden. Stolz setzt er in seinem Meldeschein die Berufsbezeichnung »Kunstmaler« ein. Seine künstlerische Spezialität sind Landschaftsdarstellungen, besonders Vedutenbilder. Auf der 47. Schau des Wiener Künstlerhauses zeigt er 1926 das Ölgemälde *Venedig*. Ein Durchbruch als Maler aber bleibt aus. Im selben Jahr übersiedelt Böhler endgültig nach St. Moritz, wo er 1940 stirbt.

Böhlers Kunstsammlung erbt seine um sechs Jahre ältere Gattin Mabel, geb. Forbes. Die Witwe erhält nicht nur die Schiele-Sammlung, sondern auch etliche Werke von Gustav Klimt. Bislang nicht eindeutig zu klären ist, wie viele dieser Klimt-Bilder Böhler vor 1918 erworben hatte und ob er Erstbesitzer war.[65] Ein »H. Böhler« war schon 1905/06 als Käufer dreier Klimt-Werke in der Wiener Galerie Miethke in der Dorotheergasse Nr. 11 aufgetreten.[66] Ob damit Heinrich Böhler oder sein Cousin Hans Böhler gemeint war, muss bis auf weiteres offen bleiben.

HANS BÖHLER

Heinrich Böhler und Hans Böhler sind Cousins. Als Erben der Böhlerwerke sind beide finanziell bestens situiert. Hans, der drei Jahre jünger als Heinrich ist, kommt am 11. September 1884 in Wien zur Welt.[67] Anders als seine drei Brüder nimmt er an den Geschäften der Böhler-Stahlwerke von vornherein keinen direkten Anteil. Stattdessen will er Maler werden, was bei seinem künstlerisch ambitionierten Vater Otto Böhler auf keinen Widerstand stößt.[68] Die klare Berufsentscheidung für die Kunst unterscheidet Hans Böhler von anderen Schiele-Sammlern, die ebenfalls bei dem Künstler Mal- und Zeichenunterricht nehmen. Böhler verkörpert damit einen Lebensentwurf, der – heute kaum mehr vorstellbar – damals häufig anzutreffen ist: Vermögende Herren der Gesellschaft, wie Erich Lederer oder der umtriebige Geschäftsmann Carl Reininghaus, üben sich in ihren Mußestunden im Zeichnen und Malen und nehmen Unterricht, ein Vorgehen, das auch von anderen Klimt-Sammlern überliefert wird, etwa von Serena Lederer und ihrer Tochter Elisabeth. Sie ist nicht nur Ausdruck des umfassenden Bildungsideals jener Zeit, sondern auch anschaulicher Beweis für die enge Durchdringung von Kunst und Alltag im Wiener Fin de Siècle.

Doch anders als Reininghaus möchte Hans Böhler mehr sein als nur ein ambitionierter Hobbymaler. Er will die Kunst zur Grundlage seines Berufslebens machen. 18-jährig erhält er den ersten Unterricht an einer privaten Malschule und bewirbt sich zwei Jahre später erfolgreich an der Wiener Akademie der bildenden Künste. Mit beiden Lehranstalten ist er unzufrieden. Finanziell

Das Speisezimmer im Palais Böhler, Schwindgasse Nr. 15, Wien IV, um 1910. Über dem Buffet ein Gemälde des Schweizer Symbolisten Arnold Böcklin, eines jener Bilder, mit denen Hans Böhler aufgewachsen ist. Foto: Privatbesitz

»Johannes Brahms im Himmel«, Scherenschnitt von Otto Böhler, der mit solchen Darstellungen erfolgreich dilettiert. Foto: Österreichische Nationalbibliothek, Bildarchiv, Wien

Hans Böhler, um 1910. Foto: Österreichische Nationalbibliothek, Bildarchiv, Wien

bestens versorgt, bildet sich Böhler autodidaktisch weiter. 1909 ist ein entscheidendes Jahr für ihn: Josef Hoffmann, der Innenarchitekt von Gustav Klimts Atelier- und Ausstellungsräumen, richtet ihm in der Wiener Gusshausstraße ein eigenes Atelier ein. Kurz darauf beteiligt er sich mit einem Ölbild an der »Internationalen Kunstschau« Wien 1909. Dabei lernt er Henri Matisse persönlich kennen und stellt Ende des Jahres in der ersten Ausstellung der »Neukunstgruppe« aus. Diese bunte Gruppe von jungen Rebellen war im Sommer von Egon Schiele und dessen Freunden gegründet worden. Allerdings existieren aus dieser Zeit keine Belege für eine nähere Verbindung zwischen Böhler und Schiele.

Vermögend und reich an Neugier ist Böhler ständig unterwegs. 1910 unternimmt er eine eineinhalbjährige Reise, die mit der Transsibirischen Eisenbahn ihren Anfang nimmt. Vom Vater hat er die Bitte mit auf den Weg bekommen, neben dem Studium von Land und Leuten auch die geschäftlichen Interessen der Stahlwerke nicht aus dem Auge zu verlieren. In Tokyo besucht er seinen Bruder, der gemeinsam mit Cousin Heinrich die Japan-Filiale der Firma leitet. Weitere Reiseetappen führen ihn nach Korea und China, wo Böhler-Stahl seit 1907 eine eigene Niederlassung in Shanghai unterhält. 1911 kehrt er über Indien nicht nur mit einer Fülle von Studien und Bildern zurück, sondern hat in den Überseekoffern auch eine respektable Asiatika-Sammlung verpackt. 1912 druckt die Wiener Werkstätte einige seiner Reisemotive als Postkarte.

Eine zweite Auslandsreise führt Böhler nach Brasilien, Bolivien und Puerto Rico. Wie viele deutsche Expressionisten sucht auch Böhler das Exotische,

Ursprüngliche und entdeckt für sich in Lateinamerika die Faszination der Farbe. Im selben Jahr stirbt der Vater, aber dank seines Erbes ist der Maler nie gezwungen, von seiner Kunst zu leben. Wieder in Wien, ist er bemüht, sich in der Kunstszene der Stadt zu etablieren. 1914 erwirbt er ein neues Atelier in der Linken Wienzeile Nr. 52. Zugleich intensiviert der Weltenbummler den Kontakt zu seinem Cousin Heinrich. Als er Heinrich in dessen Atelier besucht, erwirbt er zwei Schiele-Zeichnungen, die dort entstanden sind. Als er Schiele zu sich einlädt, ist dieser von Böhlers Reisebildern begeistert: »Ich sah außerordentlich schöne Bilder, die er von Australien und Südamerika mitbrachte.«[69]

Böhlers Absicht, ein Ölporträt von sich anfertigen zu lassen, bleibt Idee. Stattdessen vermittelt er Schiele 1914 an seine Freundin, die ihr Porträt in Auftrag gibt.[70] Friederike Beer, später amerikanisiert zu Federica, wurde am 27. Januar 1891 in Wien geboren.[71] Seit 1907 ist sie die Freundin von Hans Böhler, der sie großzügig unterstützt. In ihren Erinnerungen beschreibt sie sich selbst als »lebende Werbung« für die Wiener Werkstätte: »In jenen Tagen war ich so begeistert von der Wiener Werkstätte, dass jedes einzelne Stück meiner Kleidung, das ich besaß, von ihr entworfen war. Als ich eine eigene Wohnung bekam, wurden alle Möbel, sogar die Teppiche, von ihnen gemacht.«[72]

Schiele stellt sie in einem Zick-Zack-gemusterten Wiener-Werkstätte-Kleid dar. Als Friederike Beer eines Tages eine kleine bolivianische Wollpuppe mitbringt, arrangiert Schiele das Spielzeug auf ihrem Kleid. Von den Porträtsitzungen berichtet die Dargestellte: »Die Sitzungen begannen im Mai, und während der Sommermonate fuhr ich jeden Morgen in sein Atelier in die Hietzinger Hauptstraße 101. Wir beide, Schiele und ich, waren ziemlich verlegen und still. Ich wollte nach all dem nicht, dass er dachte, ich sei ›eine Dame‹. Ich trug ein schwarz-grün-weißes Kleid der Wiener Werkstätte, das ich später als ein Geschenk für Wally[73] hinterließ, die ich aber nie getroffen habe, aber von der mir Schiele erzählte, dass sie es vom Bild her so gerne mochte. Während der Sitzungen wagte ich es nicht aufzustehen und nachzuschauen, was Schiele machte, so dass ich das Bild erst sah, als es fertig war. Schiele war sehr höflich und begleitete mich jedes Mal zurück zur Straßenbahnstation.«[74]

Wenig später lässt sich die verwöhnte junge Frau auch von Klimt porträtieren. Diesmal übernimmt Hans Böhler die Rechnung. Generös wie immer hat er die Freundin vor die Wahl gestellt, ihr zu Weihnachten eine Perlenkette zu schenken oder sich von Klimt porträtieren zu lassen. Im Februar 1916 scheint ihr das Bild fertig. Auf Anraten ihrer Freunde wird es dem zögernden Klimt schlichtweg entrissen. Der Preisunterschied zwischen dem Porträt Schieles und Klimts ist enorm. Hatte Beer-Monti für das Schiele-Porträt 600 Kronen bezahlt, greift Böhler – laut Eigendefinition ein »gutmütiger Teddybär« – tief in die Tasche. Er wendet für den Auftrag an Altmeister Klimt 20.000 Kronen auf – eine allerdings auch durch die Kriegsinflation aufgeblähte Summe.[75]

Egon Schiele, Bildnis Friederike Maria Beer, 1914. Entsetzt berichtet Beers Dienstmädchen überall: »Meine Herrin wurde porträtiert, und sie schaut aus, als läge sie im Grab.« Öl auf Leinwand. Ursprünglich Sammlung Beer-Monti, heute Privatbesitz

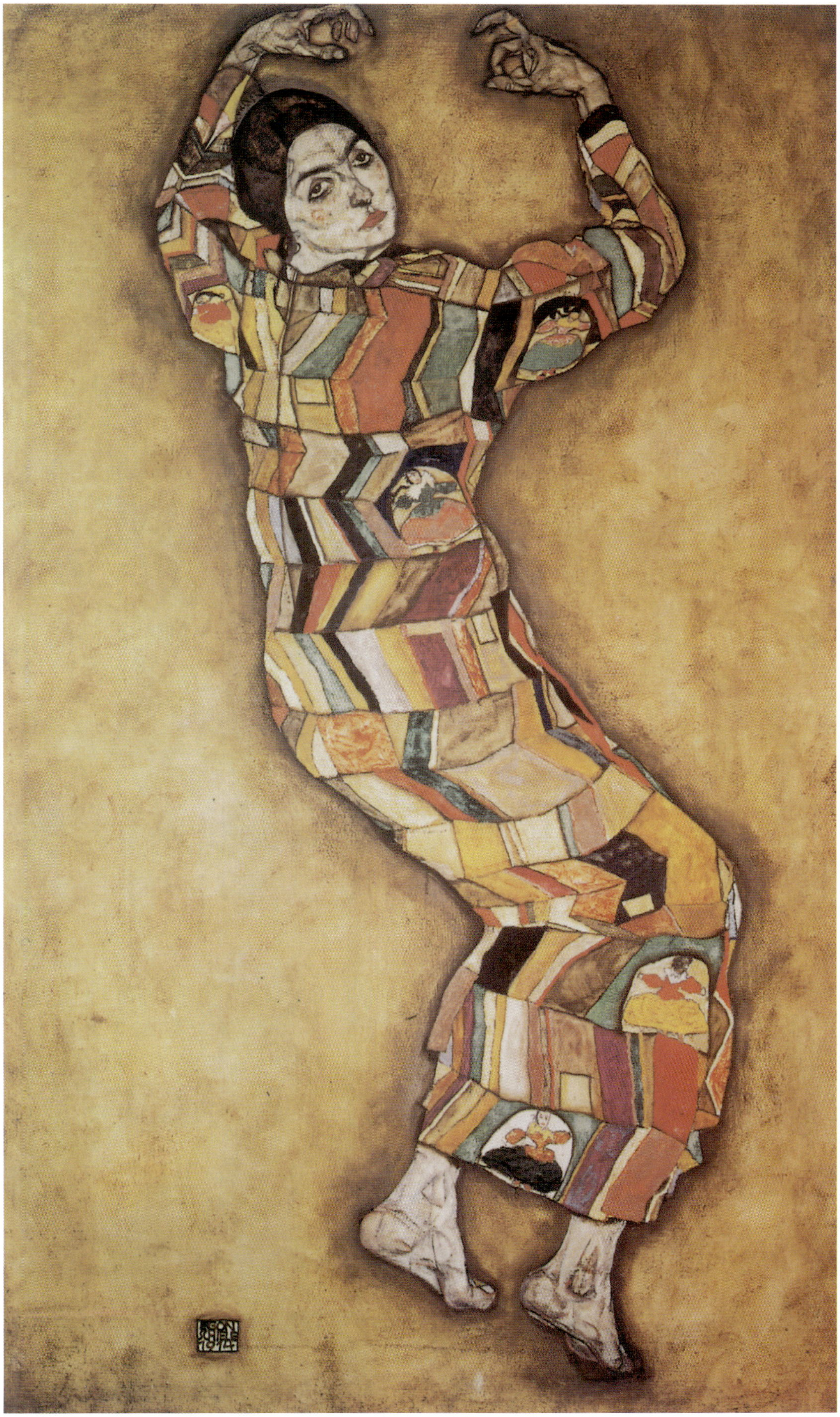

Friederike Maria Beer in ihrer Wiener Wohnung, um 1913. Laut Selbsteinschätzung damals eine »lebende Werbung« für die Wiener Werkstätte. Foto: Privatbesitz

Gustav Klimt, Bildnis Friederike Maria Beer, 1916. Hans Böhler stellt die Dargestellte vor die Wahl: eine Perlenkette oder das Klimt-Porträt. Sie entscheidet sich für das Ölgemälde. Heute Museum of Art, Tel Aviv, Mizne-Blumenthal Collection

Wiederholt zeigen Schiele und Hans Böhler gleichzeitig ihre Bilder, wie zum Beispiel 1916 in der Ausstellung österreichischer Kunst der Berliner Secession. Im Jahr darauf schmiedet Schiele Pläne für eine Kunsthalle: sie soll frei von institutionellen wie auch von konventionellen Zwängen sein. Auch Böhler wird in die Arbeit eingebunden, und gemeinsam entwickeln sie neue Ausstellungskonzepte, die jedoch durch Schieles plötzlichen Tod nicht mehr realisiert werden können. Als letzten Gruß schickt Hans Böhler einen Kranz zur Beerdigung. Im Nachhinein zeigt sich, dass Schiele für Hans Böhler künstlerisch kaum ein Vorbild war, wenngleich er mit Schiele thematisch eine Vorliebe für den Frauenakt teilte. Anregungen suchte Böhler vielmehr bei den französischen Postimpressionisten, namentlich bei Paul Gauguin, von dem er auch einige Werke in eigenem Besitz hatte.

FRIEDERICKE
MARIA BEER
GUSTAV
KLIMT
1916

Egon Schiele, Die Familie (Kauerndes Menschenpaar), 1918. Ein faszinierendes Spätwerk aus Böhlers Sammlung. Öl auf Leinwand. Heute Österreichische Galerie Belvedere, Wien

Egon Schiele, Hauswand, 1914. Eines der ungewöhnlichsten Beispiele aus Schieles Serie von Häuserbildern. Öl auf Leinwand. Ursprünglich Sammlung Böhler, heute Österreichische Galerie Belvedere, Wien

Erst nach Schieles Tod erwirbt Böhler ein Reihe von Ölbildern des Verstorbenen. Dazu zählen das Bild *Hauswand* und *Die Familie (Kauerndes Menschenpaar)* aus dem Jahr 1918. Mit der *Hauswand* ersteht Böhler eine der ungewöhnlichsten Kompositionen aus dem Kontext der Stadt- und Häuserbilder. Die Komposition gibt kaum mehr als einen eng gefassten Ausschnitt einer Hauswand in Tschechisch-Krumau wieder. Vielleicht spielte bei der Kaufentscheidung auch eine Rolle, dass Hans Böhlers Mutter aus Tschechisch-Krumau stammte, wohin die beiden Böhler-Cousins gemeinsam mit Schiele schon 1910 eine Reise unternommen hatten.

Nach dem Ersten Weltkrieg lebt Hans Böhler vorübergehend in der Schweiz, wo er seine intensive Reisetätigkeit wieder aufnimmt. Es entstehen farbstarke Bilder, in denen flächige Farbfelder mosaikhaft ineinander greifen.

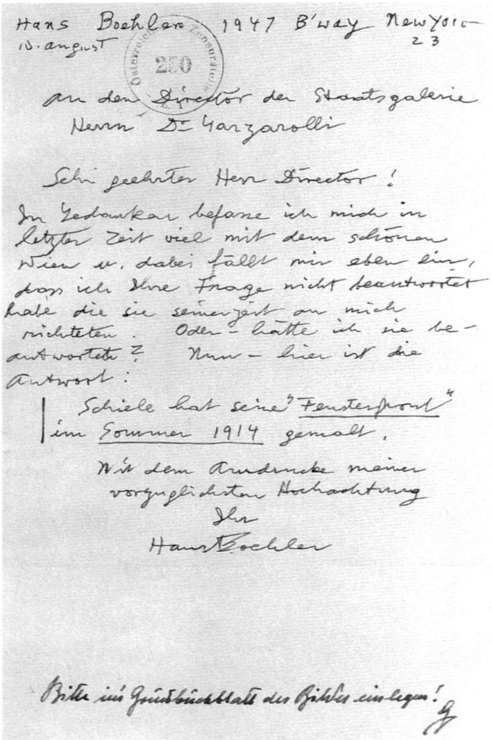

Hans Boehler 1947 B'way New York 23
10. august

an den Director der Staatsgalerie
Herrn Dr. Garzarolli

Sehr geehrter Herr Director!
In Gedanken befasse ich mich in letzter Zeit viel mit dem schönen Wien u. dabei fällt mir eben ein, dass ich Ihre Frage nicht beantwortet habe die Sie seinerzeit an mich richteten. Oder – hätte ich sie beantwortet? Nun – hier ist die Antwort:

Schiele hat seine "Fensterfront" im Sommer 1914 gemalt.

Mit dem Ausdrucke meiner vorzüglichsten Hochachtung
Ihr
Hans Boehler

Bitte ins Grundbuchblatt des Bildes einlegen!

Brief von Hans Böhler an den Direktor der Österreichischen Galerie Belvedere, 1947. Mit Informationen zu Schieles Bild »Hauswand«. Archiv der Österreichischen Galerie Belvedere, Wien

Der Maler und Frauenverehrer Hans Böhler mit einem Modell, Aufnahme 1934. Foto: Privatbesitz

Mehr noch als von der Naturvorlage sind diese Bilder vom sinnlichen Erlebnis der Farbe inspiriert. Zentrales Thema seiner expressiven Zeichnungen ist der Frauenakt. Mitunter sind darin Anklänge an Schiele zu entdecken, vor allem aber findet Hans Böhler in Oskar Kokoschka ein richtungsweisendes Vorbild.

1936 wandert Böhler, ohne dass ihn politische oder wirtschaftliche Verfolgung dazu gezwungen hätten, in die USA aus, wo sein »Lebensmensch« Friederike Beer-Monti schon seit 1931 lebt. Trotz der Emigration reißen die Kontakte nach Österreich nicht ab. 1937 erhält er sogar den österreichischen Staatspreis für Grafik. Auch in den USA schlägt Böhler, der sich schon in Österreich nicht heimisch fühlte, keine Wurzeln. Trotzdem bemüht er sich um die amerikanische Staatsbürgerschaft, die er im November 1947 erhält. Im Jahr darauf verkauft er seine beiden Schiele-Gemälde an den österreichischen Staat. 1952 kehrt Böhler nach Wien zurück, wo er am 17. September 1961 stirbt. Den Großteil seines künstlerischen Nachlasses und die Reste seiner Kunstsammlung, vorwiegend Werke von Klimt und Schiele, vermacht er Friederike Beer-Monti.[76]

Auch nach seinem Tod bleibt Hans Böhler die internationale Anerkennung verwehrt. Selbst in seiner Heimat wird lange Zeit übersehen, dass Böhler sich im Kontext der österreichischen Zwischenkriegskunst durchaus behaupten kann. Dass das Wissen um den Maler nie ganz erlahmte, ist vor allem der Monographie zu verdanken, die 1929 von Schieles »Entdecker« Arthur Roessler geschrieben worden ist.

ARTHUR ROESSLER

Arthur Roessler, der nur wenige Jahre älter als Egon Schiele ist, setzt sich zielstrebig für den Künstler ein. Als einer der ersten erkennt er dessen künstlerisches Potenzial im vollen Umfang. Roessler organisiert Ankäufe und Porträtaufträge, vermittelt Sammler und Händler, führt Verhandlungen und betreut Ausstellungen. Gleichzeitig lenkt er als Journalist geschickt das publizistische Interesse auf den noch wenig bekannten Schiele. Parallel zu diesen Aktivitäten trägt er in seinem Heim eine der wichtigsten Schiele-Kollektionen zusammen. Ihre Existenz verdankt sie nur teilweise Roesslers (relativ bescheidener) Finanzkraft, eher ist sie Ausdruck des kollegialen Austauschs zweier Seelenverwandter: Auf der einen Seite der Newcomer, auf der anderen Seite Roessler mit seiner nicht uneigennützigen Tatkraft.

Arthur Roessler wird am 20. Februar 1877 in Wien geboren.[77] An der Universität Wien studiert er Philosophie, Literatur und Kunstgeschichte. Der Student unternimmt ausgedehnte Reisen durch Deutschland, Frankreich, England und Italien. Schon damals erwirbt er jene Sachkenntnis und weltmännische Sicherheit, die ihm später beruflich zugute kommt. 1899 wird er in Bayern Redakteur der *Münchner Zeitung*. Seine Bekanntschaft mit einer Reihe von Künstlern eröffnet ihm dort den Zugang zur modernen Kunst. Einen ersten publizistischen Niederschlag findet dieses Engagement in der 1904 veröffentlichten Darstellung über die moderne Dachauer Malschule. Wenig später folgt

Egon Schiele und Arthur Roessler, 1913. Während eines gemeinsamen Aufenthalts im Salzkammergut, im Hintergrund Schloss Orth am Traunsee. Foto: Historisches Museum der Stadt Wien

Der »Schiele-Entdecker« Arthur Roessler, 1900. Foto: Historisches Museum der Stadt Wien

Arthur Roessler, um 1915. Fotografie von Pauline Hamilton. Foto: Historisches Museum der Stadt Wien

das Buch *Die Stimmung der Gotik*, das in mehreren Auflagen herauskommt. Mühelos scheint Roessler zwischen alter und neuer Kunst hin und her zu pendeln: Diesen beiden Polen bleibt er sein Leben lang verbunden.

1905 kehrt Roessler in seine Geburtsstadt zurück. In Wiens führender Kunsthandlung H. O. Miethke wird er zum »geschäftlichen Leiter« der Galerie ernannt.[78] Aber schon im März 1906 kündigt er wegen Provisionsstreitigkeiten. Roessler etabliert sich daraufhin am freien Markt. Er profiliert sich als Autor zahlreicher Bücher, die vor allem Themen der österreichischen Kunst des 19. Jahrhunderts behandeln. Gemeinsam mit dem Kunsthändler Gustav Pisko erscheint 1907 seine maßgebende Monographie über den Wiener Landschaftsmaler und Kunstreformator Ferdinand Georg Waldmüller. Weitere Veröffentlichungen über den Aquarellisten Rudolf von Alt (1909) und den Biedermeiermaler Josef Danhauser (1911) schließen sich in rascher Folge an. Sie sind allesamt typische Produkte seiner leichten Feder, die in einer Vielzahl von kunst-, und kulturwissenschaftlichen Arbeiten zum Ausdruck kommt. Seine Darstellungen bestechen durch Anschaulichkeit, unverfälschten Blick und Genauigkeit. Ein zweites Standbein gewinnt Roessler als Kunstrezensent der sozialistischen *Arbeiter-Zeitung*, Wien. Vor allem in diesem Forum engagiert er sich für die zeitgenössische Kunst. In späteren Jahren wechselt Roessler zu den *Wiener Neuesten Nachrichten*.

Roessler, der beruflich vielseitig interessiert ist, besetzt verschiedene Tätigkeitsfelder. Als Universitätsabgänger, reger Publizist, Organisator und Marchand-Amateur ist er innerhalb des aufblühenden Kunstmarktszenariums der Wiener Jahrhundertwende eine Ausnahmeerscheinung. Die erste persönliche Begegnung mit Egon Schiele findet Ende 1909 statt. Beide treffen sich anlässlich der Ausstellung der »Neukunstgruppe«. Schiele und Studien-

EGON SCHIELE LADET
ZUR ERÖFFNUNG SEI-
NER AUSSTELLUNG IM
SALON MIETHKE
I DOROTHEERGASSE 11
AM ~~18.~~ APRIL, 11 UHR
24.

Einladungskarte zur ersten Schiele-Einzelausstellung in der Wiener Galerie H. O. Miethke, 1911. Schiele bessert das Eröffnungsdatum eigenhändig auf 24. April aus. Albertina – Egon-Schiele-Archiv, Wien

freunde waren in einer Sturm-und-Drang-Aktion aus der Kunstakademie ausgetreten und hatten sich zur »Neukunstgruppe« zusammengeschlossen, die nun erstmals im Kunstsalon Pisko ausstellt. Roessler bespricht die Ausstellung in der *Arbeiter-Zeitung*. Er hebt den »ungewöhnlich begabten« Schiele hervor und bringt dessen »Aufrichtigkeit« mit dem »Geist gotischer Kunst« in Verbindung.[79]

Roessler anerkennt in Schiele das Jahrhunderttalent. Er unterstützt ihn mit aller Kraft und aus Überzeugung. Schon wenig später vermittelt er Schiele den folgenreichen Kontakt zu den Sammlern Carl Reininghaus und Oskar Reichel. Als Roessler 1911 die Zeitschrift *Bildende Künstler. Monatsschrift für Künstler und Kunstfreunde* herausgibt, publiziert er darin den ersten größeren Artikel über Egon Schiele. Fast gleichzeitig findet von April bis Mai 1911 Schieles erste Einzelausstellung in der Galerie Miethke statt. Roessler, der seit seinem Zerwürfnis mit der Galerieleitung 1906 deren Veranstaltungsprogramm kritisch distanziert verfolgt, kündigt die Ausstellung in der *Arbeiter-Zeitung* relativ zurückhaltend an. Er weiß, dass die Öffentlichkeit Schieles künstlerischem Weg nicht folgen wird. Ironisch schreibt er, die Leiter der Galerie hätten sich endlich wieder zu einer »Tat aufgerafft, indem sie es unternahmen, eine größere Anzahl von Arbeiten eines Künstlers zu zeigen, von welchen jede einzelne auf den Kunstphilister wie das rote Tuch auf den Bullen wirken muß.« Roessler prophezeit aber auch zutreffend: »(…) weder das Bürgertum noch die Aristokratie findet ihre Herzen durch Schieles Bilder bewegt, ihren Geist natürlich erst recht nicht, kaum die Sinne. Egon Schiele steht außerhalb der ›Gesellschaft‹, ein Einsamer, ein Eigener.«[80]

In der Ausstellung ist Roessler indirekt durch sein Porträt vertreten, das Schiele von ihm gemalt hat. Das Bild war Mitte September des Jahres 1910 ent-

S·10·

Das Studierzimmer von Arthur Roessler in der Billrothstraße Nr. 6, Wien XIX, nach 1913. An der Wand die Schiele-Gemälde »Tote Mutter I«, »Krumau« und »Selbstbildnis mit gespreizten Fingern«. Foto: Historisches Museum der Stadt Wien

Egon Schiele, Bildnis Arthur Roessler, 1910. Öl auf Leinwand. Ursprünglich Sammlung Roessler, heute Historisches Museum der Stadt Wien

standen, nach der Fertigstellung von Schiele aber nochmals überarbeitet worden. Es zeigt Roessler bis zur Hüfte, den Kopf zur Seite gedreht, die Augen geschlossen. Die übergroßen Hände sind – zwei optischen Schranken gleich – vor die Brust gelegt. Das rechte Bein ist anatomisch verzerrt, um es in eine bildparallele Anordnung zu zwingen. Während Gesicht und Anzug dominierende Rot-Brauntöne aufweisen, ist der Hintergrund als weiße Fläche gestaltet. Sie wird allein durch den Pinselduktus belebt. Das minimalistische Prinzip äußerst sich auch im Verzicht auf Requisiten. Um so mehr gelingt Schiele der Ausdruck einer psychischen Befindlichkeit des Porträtierten, der von einer Aureole umfangen wird.

Mit dem Gedeihen der Freundschaft entwickelt sich auch Roesslers Sammlung. Sein Porträt erhält er von Schiele als Geschenk. Umgekehrt versucht Roessler, sich mit allerlei Ratschlägen unentbehrlich zu machen. Beispielsweise motiviert er Schiele, Druckgrafiken herzustellen, da solche am Kunstmarkt, vor

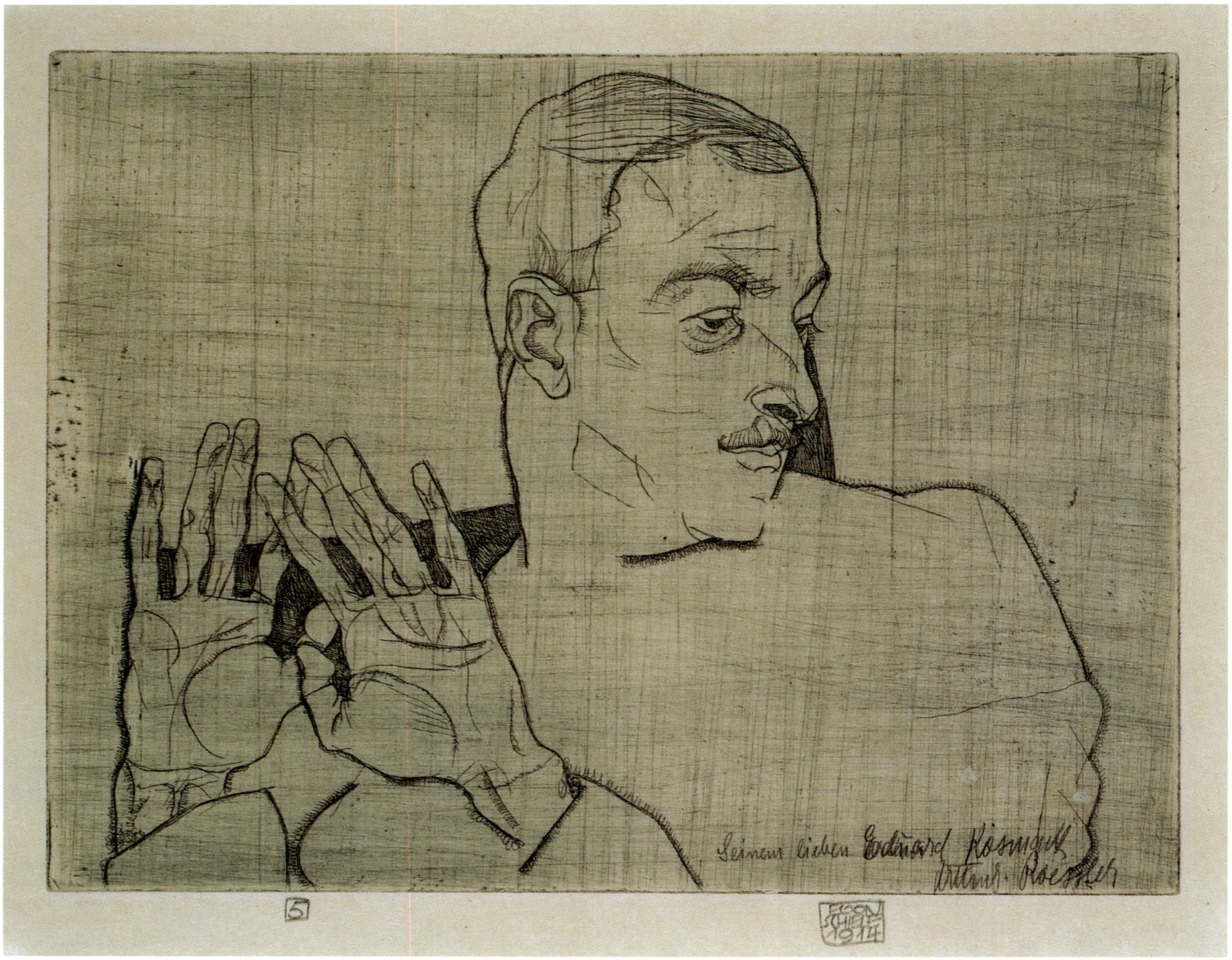

Egon Schiele, Bildnis Arthur Roessler, 1914. Roessler regt Schiele an, sich druckgrafisch zu versuchen. Kaltnadelradierung in Braun. Ursprünglich Sammlung Roessler, heute Historisches Museum der Stadt Wien

allem in Deutschland, gut abzusetzen seien. Als Schiele darauf einsteigt, ist es natürlich Roessler, der das Werkzeug und die Kupferplatten besorgt. Für seine Bemühungen erhält Roessler wiederholt Bilder und Blätter von Schiele, stets zu niedrigen Vorzugspreisen.

Von dem besonderen Näheverhältnis zwischen den beiden Männern zeugt auch Roesslers Wohnung in der Billrothstraße Nr. 6, Wien XIX, von der sich zwei großartige Raumaufnahmen aus dem Arbeitszimmer und dem Studierzimmer erhalten haben. Beide Räume sind vorherrschend mit hübschen Biedermeiermöbeln ausgestattet. Im Arbeitszimmer hängen an der Wand javanische Schattenspielfiguren. Schiele konnte damit stundenlang und mit erstaunlicher Geschicklichkeit spielen. Eine der Figuren, deren eindringliche Umrisslinie und Beweglichkeit ihn besonders faszinierten, schenkte ihm Roessler. Über dem Schreibtisch an der Wand hängt Schieles Darstellung *Versinkende Sonne*, 1913, und das *Porträt Ida Roessler*, geborene Lange, Tochter eines deutsch-amerikanischen Farmers und Ehefrau von Arthur Roessler. Literarisch engagiert, übersetzt sie gemeinsam mit ihrem Mann die *Intentiones* von Oscar

Egon Schiele, Bildnis Ida Roessler, 1912. Die Gattin von Arthur Roessler. Öl auf Holz. Ursprünglich Sammlung Roessler, heute Historisches Museum der Stadt Wien

Wilde, die sie 1905 herausgeben. Wiederholt versucht Ida Roessler, Schieles literarischen Horizont zu erweitern, allerdings mit geringem Erfolg.

Die Aufnahme aus dem Studierzimmer zeigt einen barocken, reich intarsierten so genannten Tabernakelschrank und verschiedene alte Heiligenfiguren. An der Wand hängen drei Schiele-Bilder, alle aus dem Jahr 1911: *Tote Mutter I*, eine Krumau-Ansicht (*Tote Stadt II*) und ein *Selbstbildnis mit gespreizten Fingern*. Roessler nennt insgesamt fast zwei Dutzend Schiele-Bilder sein Eigen, bei denen er Erstbesitzer ist.[81] Ihm gehören neben den beiden Porträts von sich und seiner Gattin etliche Allegorien und zahlreiche Landschaften. Bei einigen hat Roessler aktiv an der Entstehung und Gestaltung mitgewirkt. Roessler regt Schiele beispielsweise an, sich aus Gründen der leichteren Verkäuflichkeit auf kleine Formate zu beschränken. So entsteht etwa das Bild *Das Zimmer des Künstlers in Neulengbach* (s. S. 171).

Allerdings geben er und seine Gattin die Werke stets an Schiele zurück, wenn dieser bessere Verkaufsmöglichkeiten hat. Manche Bilder veräußert Roessler auch selber. Dennoch schleichen sich im Laufe der Zeit massive Missverständnisse

Das Arbeitszimmer von Arthur Roessler in der Billrothstraße, nach 1913. Über dem Schreibtisch an der Wand zwei Schiele-Gemälde: »Versinkende Sonne« und das Porträt von Roesslers Gattin. Foto: Historisches Museum der Stadt Wien

Egon Schiele, Tote Mutter I, 1910. Bleistift und Öl auf Holz. Ursprünglich Sammlung Roessler, heute Leopold Museum – Privatstiftung, Wien

Egon Schiele, Männlicher Akt, 1912. Aquarell über Bleistift. Mit Widmung an Arthur Roessler, heute Historisches Museum der Stadt Wien

Egon Schiele, Weiblicher Rückenakt, 1911. Deckfarben über Bleistift auf Papier. Ursprünglich Sammlung Roessler, heute Historisches Museum der Stadt Wien

Egon Schiele, Selbstbildnis mit schwarzem Tongefäß und gespreizten Fingern, 1911. Öl auf Holz. Ursprünglich Sammlung Roessler, heute Historisches Museum der Stadt Wien

ein: Weihnachten 1910 bringt Schiele das Bild *Tote Mutter* vorbei, das er angeblich kurz zuvor innerhalb weniger Stunden gemalt hat. Es ist noch feucht und Roessler hält es für ein Weihnachtsgeschenk. Seinerseits schenkt er Schiele ein kunsttheoretisches Buch, *Abstraktion und Einfühlung* von Wilhelm Worringer. Tatsächlich aber geht aus einem Brief Schieles vom 10. Januar 1910 hervor, dass Schiele für das Bild eine Bezahlung erwartet hätte.[82]

Mitte 1913 entladen sich die Spannungen in einem heftigen Konflikt. Schiele beklagt sich über Versäumnisse der Bezahlung. Roessler ist sich keiner Schuld bewusst. Er antwortet zynisch: »Ob Sie mir bei der Erwerbung von Bildern und Blättern Ihrer hand mehr ›entgegengekommen‹ sind als andere, will ich unerörtert lassen, zumal Sie ja selbst betonen, dass Sie mir ›Dank schuldig‹

sind; bemerken will ich nur, dass ich an ›geschenkten‹ Blättern von Ihnen nur drei besitze, Bilder gar keines, und dass ich für die übrigen Blätter und Bilder nicht weniger bezahlte als irgend ein Ihnen ferne stehender fremder Mensch.«[83]

Die Auseinandersetzung wurde zwar bereinigt, aber es war nicht mehr so wie früher. Auffallenderweise erfährt Roesslers Sammlung nach 1912 keine Zuwächse mehr. Eine zweite Erklärung dafür könnten die gestiegenen Preise für Schieles Bilder sein. War Roessler anfänglich einer seiner wichtigsten Käufer, so ist Schiele nach 1912 bereits so anerkannt, dass Roessler sich die Preise nicht mehr leisten kann.[84]

Nach Schieles Tod betreut Roessler dessen Werk vor allem publizistisch und gibt innerhalb kurzer Zeit vier Schiele-Bücher heraus.[85] Lange Zeit halten seine Publikationen als einzige Veröffentlichungen die Erinnerung an Leben und Werk des Verstorbenen wach. Gleichzeitig aber kann nachgewiesen werden, dass Roessler bei der Darstellung seiner eigenen Bedeutung mitunter von der Wahrheit abkommt. Manchmal gerät er in Gefahr, seine Rolle zu glorifizieren. Auch glaubt er, Schiele vor sich selbst beschützen zu müssen. Besonders in dem Kapitel Schiele und die Erotik hinterlässt er mehr eigene Spuren, als angebracht gewesen wäre. Ansonsten leitet Roessler nach 1918 das kurzlebige »Haus der jungen Künstlerschaft«, gründet den angesehenen Avalun-Verlag und wird geschäftsführendes Vorstandsmitglied des Österreichischen Werkbunds. Weiterhin entstehen etliche Künstlermonographien. 1929 erscheint eine von seiner Gattin herausgegebene Aufsatzsammlung, in der sich Roessler anlässlich seines 50. Geburtstags als »Kunstkritiker von europäischer Geltung« feiern lässt.[86]

Einen bislang kaum ausgewerteten Einblick in Roesslers reges (Berufs-)Leben geben die mehr als 5000 Briefe in seinem Nachlass.[87] Arthur Roessler stirbt am 20. Juli 1955 in Wien. Seine ausstehende Biographie ist ein Desideratum der österreichischen Kulturgeschichte. Sie könnte ein erhellendes Licht auf einen der tatkräftigsten Förderer der Moderne in Österreich werfen, der im Milieu des Wiener Fin de Siècle aufwächst, in seinen späteren Schriften aber von antifeministischen und antisemitischen Urteilen nicht frei ist.[88] Dieses Grunddilemma der österreichischen Kunst mit ihrem Abstieg vom glänzenden »Wien um 1900« zum Elend des Nationalsozialismus erlebte auch der Schiele-Sammler Heinrich Benesch aus nächster Nähe.

HEINRICH BENESCH

»Helfer in vielen kleinen Nöten«

Heinrich Benesch ist einer der selbstlosesten unter Schieles Sammlern. Sein zentrales Problem: er hat nur wenig Geld, wie Schiele mehrmals mit Bedauern feststellt.[89] Als österreichischer Staatsbeamter bekleidet Benesch zunächst den Posten eines Sekretärs, dann eines Zentralinspektors der k. k. Südbahn. Seine Einkommensverhältnisse sind dementsprechend bescheiden. Trotzdem besitzt er 1917 eine exquisite Sammlung von mehr als siebzig Schiele-Blättern, die man kaum als Resultat finanzieller Unterstützung von Benesch gegenüber Schiele bezeichnen kann. So tritt Benesch in seiner Beziehung zu Schiele auch weniger als Käufer und Geldgeber denn als Vertrauter und Wegbegleiter in Erscheinung, ist bewährter Krisenmanager und guter Geist. Wann immer Schiele, der dem Leben oft unbekümmert und naiv gegenübersteht, in Schwierigkeiten gerät – familiär, finanziell, gesellschaftlich –, ist Benesch zur Stelle, um zu helfen oder Hilfe zu organisieren. Kenner rühmen ihn als den »vermutlich selbstlosesten, uneigennützigsten Freund und Helfer in vielen kleinen Nöten«[90], der sich für Schiele »geradezu verausgabt« habe.

Benesch ist fast dreißig Jahre älter als Schiele. Halb ironisch, halb respektvoll spricht ihn Schiele mit dem Anfangsbuchstaben seines Namens nur als »Herr B.« an. Benesch wird am 7. Juni 1862 in Bazias, Banat (heute Rumänien) geboren.[91] Schon um 1900 beginnt er eine kleine Kunstsammlung anzulegen, vor allem von österreichischen, heute kaum mehr bekannten Malern. Mehrheitlich repräsentieren sie eine spätimpressionistische Richtung. Doch dann wird Benesch auf Schiele aufmerksam; erstaunlicherweise ganz aus eigenem Antrieb.

1908 nimmt Schiele im niederösterreichischen Klosterneuburg an einer Gruppenausstellung teil. In Klosterneuburg vor den Toren Wiens besuchte Schiele das Gymnasium. Es ist seine erste, wenngleich wenig bedeutende Ausstellung. Benesch betritt sie ohne spezielles Interesse. In Erinnerung bleiben ihm Schieles kleine Ölstudien; Landschaftsdarstellungen, flott und sicher gemalt, nicht ohne Eigenart. Im folgenden Jahre fallen Benesch auf der Kunstschau 1909 zwei Ölbilder auf, die stark an Klimt erinnern. Abermals liest er Schieles Signatur. Im Herbst 1910 schließlich steht Benesch vor einem Ölbild, im Katalog als »Dekoratives Panneau« bezeichnet, etwa dreißig Zentimeter breit und über einen Meter hoch. Benesch erinnert sich an diese entscheidende Begegnung: »Es stellte nichts dar, als eine vollerblühte Sonnenblume, aber die war gemalt, daß ich sofort in flammende Begeisterung geriet. (...) Und das war nun auch der gleich einem aufsteigenden Gestirne in Erscheinung tretende Egon Schiele.«[92]

Noch unter dem Eindruck des Gesehenen sucht Benesch den persönlichen Kontakt zu Schiele. Er schreibt dem Zwanzigjährigen, dass er sich in die

Betrachtung seiner Arbeiten vertieft habe und immer mehr zur Erkenntnis seiner künstlerischen Eigenart komme, »die anfänglich abstößt, um später umso mehr gefangenzunehmen«.[93]

Benesch entwickelt sich zu einem der treuesten Wegbegleiter Schieles. Mit schöner Regelmäßigkeit kommt der Sammler fast wöchentlich zu Besuch. In Schieles Atelier wird er Zeuge des künstlerischen Arbeitsprozesses, erlebt aber auch den Menschen Egon Schiele. In seinen Schiele-Erinnerungen, die 1965 erschienen sind, wird zwischen den Zeilen immer wieder spürbar, wie wenig der katholische Staatsbeamte Schieles unbekümmerte Lebensart und erotische Freizügigkeit gutheißt. Doch die Wertschätzung für den Künstler lässt Benesch über seine Bedenken hinwegsehen.

Auch Schieles – oft selbst verschuldete – finanzielle Engpässe ändern daran nichts. Zwar klagt Schiele einmal, »Wie schade, Herr B., daß Sie so wenig Geld haben«[94], doch er weiß um die Qualitäten seines treuen Sammlers. Als Kenner von Werken, die er zu seinem großen Bedauern nicht bezahlen kann, schlägt Benesch andere, unkonventionelle Wege ein. Oft wird er Zeuge, wie Schieles Zeichnungen rasant entstehen, mitunter innerhalb weniger Minuten. Koloriert werden sie nachträglich. Vieles davon legt Schiele achtlos zur Seite, manches wird umgehend zerstört.

Egon Schiele, Sonnenblume II, 1909. Der Ausgangspunkt von Beneschs Schiele-Begeisterung. Öl auf Leinwand. Ursprünglich im Besitz von Schieles Zeichenlehrer Max Kahrer, heute Historisches Museum der Stadt Wien

Benesch macht einen Vorschlag: »Um Eines bitte ich Sie noch, lieber Herr Schiele, stecken Sie von Ihren Skizzen, was immer es sein möge, auch von den kleinsten unscheinbarsten Sachen, nichts in den Ofen. Bitte schreiben Sie auf Ihren Ofen mit Kreide folgende Gleichung: ›Ofen = Benesch‹ und wenn Sie ausmustern und für die ausgemusterten Sachen absolut keine andere Bestimmung haben, als den Ofen, so lesen Sie vor dem Autodafé obige Inschrift und schreiben Sie mir auf einer Karte nichts anderes als: ›Du oder der Ofen‹ und wenn ich nicht just in China bin, komme ich noch am selben Tage, den Kehraus abzuholen.«[95]

Wieder betont Benesch, wie sehr ihm selbst diese aussortierten Blätter helfen, Schieles Kunst und seine Eigenart besser zu verstehen: »Dieser Abfall Ihrer Künstlerwerkstatt ist für mich insofern von grossem Werte, als er mir die Möglichkeit bieten würde, mich in Ruhe in Ihre künstlerische Eigenart, die mich, wie ich Ihnen ja wohl nicht zu versichern brauche, in hohem Maße interessiert, zu vertiefen und sie ganz verstehen zu lernen; denn, künstlerische Persönlichkeiten, wie die Ihre, begreift man nicht am ersten Tage.«[96]

Von seiner Schwiegertochter wird der Sammler als ein Bewunderer zeitgenössischer österreichischer Kunst charakterisiert, der erwirbt, was ihm gefällt – soweit die finanziellen Mittel es erlauben. Die Wände seiner Wohnung, ja sogar die Türen sind von oben bis unten mit Bildern bedeckt. Manches hat er in seinem Büro hängen, in dem ein kleines Landschaftsaquarell mit einem Bauerngehöft bei Waldegg von Rudolf von Alt – eine seiner frühesten Erwerbun-

gen – den Mittelpunkt des Raumes bildet. Doch als Schiele keinen Hehl daraus macht, dass ihm die Sammlung nicht gefällt, verändert sie Benesch – ihm zuliebe.

Das schönste Zeugnis dieser Verbindung, die auf ehrlicher Bewunderung fußt, entsteht 1913, als Schiele den Vater gemeinsam mit seinem Sohn darstellt. Benesch wünschte sich sehr, von Schiele gemalt zu werden, nicht aus eigener Eitelkeit, sondern als Zeichen ihrer Verbindung. So mahnt er den Künstler im Jahr 1913: »(...) Sie haben mir zwar schon zweimal versprochen, mich zu zeichnen, aber Ihr Versprechen bisher (...) nicht eingelöst. Allen ihren Kunstfreunden haben Sie diesen Liebesdienst erwiesen, nur mir nicht. Womit habe ich es verdient, daß Sie gerade mich ausschließen? Bin ich Ihnen diese Aufmerksamkeit nicht wert? Es ist mir dabei doch nur darum zu tun, ein sichtbares Zeichen Ihrer Sympathie zu besitzen und nicht etwa darum, ein Portrait von mir zu haben. Freilich haben Sie mir die Freude daran zum Teile schon dadurch verdorben, daß ich Sie an Ihr Versprechen erinnern muß. Es ist bitter, von einem Freunde als quantité negligeable behandelt zu werden (...).[97]

Egon Schiele, Doppelbildnis Heinrich und Otto Benesch, 1913. Öl auf Leinwand. Weil der Verkaufspreis von 600 Kronen zu hoch ist, gelangt das Bild in die Sammlung Carl Reininghaus. Heute Lentos – Kunstmuseum Linz

Schiele widerspricht umgehend: »Sie wissen doch, dass ich mit Ihnen von allen meinen andern Kunstfreunden am wahrsten rede«[98], und er beginnt sogleich mit den Vorarbeiten. In zahlreichen Studien fixiert er motivische und kompositorische Details. Vor allem die Gesamtanlage beschäftigt ihn. Dann entsteht ein großartiges Ölbild, das Ende Juni fertig wird. Aber wieder muss Benesch innere Größe zeigen, denn nicht er, sondern der Großindustrielle Carl Reininghaus wird Besitzer des Bildes, der Schiele dafür 600 Kronen bezahlt.[99]

In den ersten Skizzen denkt Schiele daran, den Vater auf einem Stuhl im Sitzen darzustellen. Dahinter steht der Sohn, der, obwohl erst 17 Jahre alt, hochgeschossen den Vater überragt. In der endgültigen Komposition stehen dann doch beide. Sie sind einander zugewandt, aber ihre Blicke treffen sich nicht. Während der Junior en-face wiedergegeben ist und die Hände vor dem Schoß zusammenlegt, ist der Vater aus der Rückenansicht dargestellt. Seinen Kopf wendet er über die Schultern dem Betrachter zu. Die Figuren bleiben seltsam unverbunden. Dunkle Brauntöne dominieren in ihrer Wiedergabe, während der Hintergrund durch facettierende Linien gegliedert wird. Eine psychologisierende Bildinterpretation schlägt Eva Benesch, die Schwiegertochter des Sammlers, vor, die einen Vater-Sohn-Konflikt bemüht: »Heinrich Benesch dominierte gerne. Der Gedankenflug des Sohnes begann ihm zuweilen unheimlich zu werden. Der Blick in die Geisteswelt über alle äußeren Schranken hinweg wurde von Schiele bereits an dem damals Siebzehnjährigen erkannt und in dem Porträt zum Ausdruck gebracht – eine Geisteswelt, in der Otto Benesch ganz selbstverständlich dominierte.«[100]

Benesch jun. ist das einzige Kind seiner Eltern, geboren am 29. Mai 1896 in Wien. Otto ist 18 Jahre alt, als er frühreif das Vorwort zu Schieles Kollektiv-

Egon Schiele, Bildnis Max Oppenheimer, 1910. Gouache, Aquarell, Tusche und schwarze Kreide auf Papier. Sammlung Benesch, heute Sammlung Serge Sabarsky, New York

Egon Schiele, Selbstbildnis mit Pfauenweste, 1911. Ein Schlüsselbild der Selbstdarstellung bei Schiele. Goauche, Wasserfarbe und schwarze Kreide auf Papier. Ursprünglich Sammlung Benesch, heute Privatbesitz

Egon Schiele, Studie zum Bildnis Heinrich und Otto Benesch, 1913. Bleistift auf Papier. Historisches Museum der Stadt Wien

Otto Benesch führt den österreichischen Bundespräsidenten Wilhelm Miklas durch die Honoré-Daumier-Ausstellung der Albertina, Wien, 21. November 1936. Foto: Ernst Gersdorff. Österreichische Nationalbibliothek, Bildarchiv, Wien

Egon Schiele, Umarmung, 1912. Bleistift, Aquarell und Deckfarben auf Papier. Ursprünglich Sammlung Benesch, heute Leopold Museum – Privatstiftung, Wien

ausstellung in der Wiener Galerie Arnot 1915 schreibt. Doch der Text sorgt auf beiden Seiten für kurzfristige Verstimmungen. Schiele hatte sich mehr Lob und weniger Vergleiche erwartet. Wenig später beginnt Otto Benesch an der Universität Wien ein Studium der Kunstgeschichte, das er im Dezember 1921 abschließt. Schon vor dem Universitätsabschluss tritt er 1920 in den Dienst des Kunsthistorischen Museums, wo der italienische Barockmaler Bellotto mit einer umfangreichen Sammlung von Wien-Ansichten vertreten ist. In Anspielung auf den Barockmaler nannte Schiele den Sohn seines Sammlers freundschaftlich-scherzend »Benotto«. 1923 wechselt Benesch in die Graphische Sammlung Albertina. 1938 muss er mit seiner Gattin, die als Jüdin Opfer der NS-Rassegesetze wird, Wien verlassen. Das Ehepaar emigriert über Frankreich und England in die USA, wo Otto an verschiedenen Eliteuniversitäten Lehraufträge erhält. 1947 kehren die Emigranten nach Wien zurück. Noch vor der Ankunft müssen sie in Paris von der schweren Erkrankung des Vaters erfahren.

Benesch sen. ließ sich auch vom Nationalsozialismus nicht aus Wien vertreiben, wo er 1943 seine Erinnerungen an Egon Schiele als Manuskript niederlegt. Er stirbt am 3. März 1947. Im selben Jahr wird der Sohn zum Direktor der Graphischen Sammlung Albertina bestellt, deren Geschicke er bis 1962 leitet. Als Rembrandt-Experte genießt er internationale Anerkennung und stirbt 1966.

Ihm und seinem Vater ist es zu verdanken, dass »die zu Schieles Lebzeiten geschlossenste Sammlung von Aquarellen und Zeichnungen«[101] nicht über alle Welt verstreut in Privatbesitz gelangte, sondern großteils als Schenkung an die Albertina der Öffentlichkeit zugänglich ist. Einen völlig anderen Verlauf dagegen nimmt das Schicksal der Sammlungen von Dr. Heinrich Rieger und Dr. Alfred Spitzer.

DR. HEINRICH RIEGER

Während die Förderer von Gustav Klimt über geradezu unbegrenzte Finanzen verfügen, sind die Ressourcen vieler Schiele-Sammler beschränkt. Damit gestaltet sich Schieles Leben weitaus mühsamer als jenes von Klimt, der von seinen Mäzenen auf Händen getragen wird. Um 1910 kann Klimt für seine Ölbilder durchschnittlich 8000 bis 10.000 Kronen verlangen. Schiele hingegen lebt überwiegend vom Verkauf seiner Zeichnungen. Oft ist er gezwungen, mit seinen Grafiken regelrecht hausieren zu gehen.

Klimts Arbeiten auf Papier erzielen mühelos Durchschnittspreise zwischen 250 und 350 Kronen. Davon kann Schiele nur träumen, erhält er doch oft nur ein Honorar von 20 bis 25 Kronen.[102] Einer seiner »Großkunden«, Oskar Reichel, zahlt meistens sogar nur zehn Kronen. Zum Vergleich: Oskar Kokoschka übernimmt im Schuljahr 1912/13 eine Lehrverpflichtung als Assistent an der Wiener Kunstgewerbeschule. Er erhält dafür ein Jahresgehalt von 1800 Kronen.

Immer wieder in finanzieller Bedrängnis, ist Schiele dankbar, seine Kunstwerke in Zahlung geben zu können. Mit zweien seiner Sammler steht Schiele auf diese Weise in »beruflichem« Austausch: Dr. Heinrich Rieger ist sein Zahnarzt, und Dr. Alfred Spitzer berät ihn in juristischen Belangen. Bei beiden Sammlern genießt Schiele einen hohen Stellenwert. Doch keiner der beiden konzentriert sich auf Schiele allein. Ihr breit gefächertes Interesse ist generell auf junge, zeitgenössische Kunst ausgerichtet. In Erinnerung aber bleibt vor allem das frühe Engagement beider Sammler für Schiele, das auch ihr Leben prägt.

Dr. Heinrich Rieger wird am 24. Dezember 1868 in Szered an der Waag (Ungarn) geboren.[103] Zielstrebig schafft er den Aufstieg vom mittellosen Studenten zum angesehenen Mediziner. Er studiert an der Wiener Universität Heilkunde mit Fachausbildung Zahnmedizin und eröffnet eine eigene Praxis in der Mariahilferstraße Nr. 124, Wien VII. Im selben Haus liegt auch seine Privatwohnung. Später kommt ein Landhaus in Gablitz bei Purkersdorf hinzu. Um 1900 beginnt Rieger Kunst zu sammeln. Aus finanziellen Gründen konzentriert er sich anfänglich auf Arbeiten auf Papier. Angeblich ist Rieger selbst zeichnerisch talentiert. Weil er in dieser Hinsicht keine Entwicklungsmöglichkeit sieht, fokussiert er seine Liebe zur Kunst im Aufbau einer rasch wachsenden Sammlung. In Künstlerkreisen spricht sich bald herum, dass der Zahnarzt Bilder als Zahlungsmittel akzeptiert. Rasch zieren immer mehr Kunstwerke die Wände seiner Praxis.

Ein persönlicher Kontakt zu Egon Schiele setzt erst Anfang 1916 ein. Am 25. Januar 1916 lässt der Arzt den Künstler wissen, er sei bereit, dessen Gattin Edith zu behandeln, wenn er dafür »einen schönen Schiele« bekäme. Doch praktiziere er nur von 17 bis 19 Uhr, weil er eingerückt sei.[104] Auf ein ähnli-

Egon Schiele, Umarmung (Liebespaar II), 1917. Ein Selbstbildnis zwischen Tagtraum und Wirklichkeit. Öl auf Leinwand. Ursprünglich Sammlung Rieger, heute Österreichische Galerie Belvedere, Wien

ches Geschäft war Schiele schon Jahre zuvor bei Riegers Berufskollegen Hermann Engel eingegangen. Damals beglich er eine Zahnbehandlung bei Dr. Engel mit einem Ölbildnis von dessen Tochter Trude.[105]

Rieger baut eine umfangreiche Schiele-Sammlung auf. Offensichtlich erwirbt er allerdings einen Großteil seiner Kollektion erst nach Schieles Tod 1918. Mit Ende des Ersten Weltkriegs strömen aus allen Teilen und ehemaligen Kronländern der untergegangenen Donaumonarchie »Altösterreicher« nach Wien zurück. Die schon vor dem Krieg bedrohliche Wohnungsnot wird dadurch noch verschärft. Die öffentliche Hand versucht mit Zwangseinquartierungen der Lage Herr zu werden. Auch Rieger drohen ungebetene Gäste. So lässt er 1921 seine Sammlung inventarisieren. Denn mit einer Bestätigung des Bundesdenkmalamtes lassen sich unfreiwillige Untermieter verhindern, sofern Umfang und Qualität der Sammlung staatlicherseits Anerkennung finden. Das geschieht bei Rieger, der sich im Gegenzug notariell verpflichtet, die in seiner Wohnung befindliche Sammlung für maximal zwölf Sonntage im Jahr zur Besichtigung zugänglich zu machen.[106]

Die damals erstellte Inventarliste ist von rarem Quellenwert, da Archivalien zur Sammlung Rieger sonst fehlen. Der Liste lässt sich entnehmen, dass Rieger allein von 1914 bis 1921 über 250 Werke erworben hat. In einem Zeitungsartikel aus den 1930er Jahren wird der Umfang der Sammlung zuletzt auf mehr als 500 Bilder und 200 Grafiken geschätzt.[107]

So großzügig die Quantität ist, so zwiespältig mutet die qualitative Vielfalt an. Schiele ist der absolute Höhepunkt der Sammlung. Er ist mit einigen Ölbildern, vor allem Landschaften aus seiner letzten Schaffenszeit und mit mehr als fünfzig Zeichnungen vertreten.[108] Neben ihm ragt besonders Oskar Kokoschka hervor. Von ihm besitzt Rieger etliche Zeichnungen, Aquarelle und Lithographien. Die Kunst der Expressionisten ist eindrucksvoll vertreten. Die wichtigen Maler des »Nötscher Kreises«, Franz Wiegele und Anton Kolig, sind hier ebenso anzutreffen wie der Salzburger Anton Faistauer oder die Wiener Robin Christian Andersen, Josef Dobrowsky und Sergius Pauser. Auch so grundverschiedene Maler wie Oskar Laske und der ins Monumentale zielende Karl Sterrer fanden Eingang in Riegers Sammlung. Mehrheitlich repräsentierten sie die gemäßigte Moderne, die für die österreichische Kunst der Zwischenkriegszeit typisch war. Neben ihnen bleiben ein Klimt-Pastell oder Werke der Secessionisten Kolo Moser und Wilhelm List die Ausnahme. Abgesehen von den genannten Namen hat jedoch ein beträchtlicher Teil der aufgelisteten Künstler heute nur noch regionale Bedeutung. Einzelne sind zu Recht sogar völlig in Vergessenheit geraten.

Egon Schiele, Kardinal und Nonne, 1912. Ein provokantes Hauptwerk der Sammlung Rieger. Öl auf Leinwand. Heute Leopold Museum – Privatstiftung, Wien

Vor diesem Hintergrund fällt die Intensität um so mehr auf, mit der Rieger »seinen« Schiele sammelt. Die Wiener Schiele-Ausstellung, die 1928 im Wiener Hagenbund und in der Neuen Galerie gleichzeitig gezeigt wird, liefert hierfür einen eindrucksvollen Beleg. Rieger ist an der Gedächtnisausstellung aus Anlass von Schieles zehntem Todestag beteiligt. Zwar steuert er nur die beiden Ölbilder *Kardinal und Nonne* und *Umarmung* bei. Doch mit letztgenanntem Bild besitzt er ein brillantes Hauptwerk. Schiele hat sich auf diesem Gemälde selbst porträtiert, nackt, in enger Umarmung mit einer gleichfalls unbekleideten Frau, auf einem wild zerwühlten Tuch.[109] Voll auftrumpfen kann Rieger in der Grafiksektion. Alle 120 Aquarelle und Zeichnungen, die Teil der Ausstellung sind, stammen ausschließlich aus seiner Sammlung; in Qualität und Umfang eine hinreißende Kollektion! Im Vergleich zur Inventurliste von 1921, die rund fünfzig Zeichnungen nennt, sind die mehr als hundert Zeichnungen 1928 ein deutlicher Beleg dafür, dass Rieger seine Schiele-Kollektion auch nach dem Tod des Künstlers weiter ausbaut. Einige wenige dieser Blätter werden im selben Jahr von Wolfgang Born publiziert.[110]

Doch Riegers Sammelleidenschaft erntet nicht nur Ruhm. Neider kritisieren seine Ankaufspolitik und werfen ihm vor, persönliche Notlagen für seine Geschäfte auszunutzen. Einige, wie Emil Szittya, halten ihn sogar für einen

EGON
SCHIELE

Egon Schiele, Bildnis Heinrich Rieger, 1917. Schwarze Kreide, Deck- und Aquarellfarbe auf Papier. Privatbesitz

Egon Schiele, Mädchenbildnis, 1914. Bleistift auf Papier

Egon Schiele, Sich kämmendes Mädchen, 1915. Schwarze Kreide auf Papier

Egon Schiele, Kauernder weiblicher Akt, 1917. Schwarze Kreide auf Papier.

Egon Schiele, Schreitender Akt, 1918. Schwarze Kreide auf Papier

Alle vier Blätter wurden 1928 vom Kunstkritiker Wolfgang Born publiziert. Damals Sammlung Rieger. Verbleib unbekannt

Die Sammlung Rieger im Wiener Künstlerhaus, 1935. Das Grafikkabinett mit Werken von Egon Schiele. Foto: Privatbesitz

Spekulanten. Szittya ist Schriftsteller, ein fahrender Geselle der Kunst, der an den Künstlerstammtischen in ganz Europa verkehrt, ein leidenschaftlicher Freidenker und scharfzüngiger Geist. 1923 veröffentlicht er eine witzig-polemische Aufsatzsammlung mit dem Titel *Das Kuriositäten-Kabinett*. Darin behauptet er in seinem Streifzug durch die Wiener Kunstszene: »Manchmal taucht im Café der Zahnarzt Dr. Rieger auf. Das ist eine feine Nummer, vor dem alle Wiener Künstler einen Schreck haben. Er ist seit vielen Jahren ein moderner Kunstmäcen. Er ist seit zwanzig Jahren Zahnarzt der Künstler und hat sich durch dieses Gewerbe und mit Schundgeld (für zehn bis fünfzig Kronen) die schönste und eine der größten Kunstsammlungen in Wien erworben. Er besitzt Klimts (die er, wenn der Künstler kein Geld hatte, fast gratis kaufte). Er hat Kokoschkas (die er noch in einer sehr günstigen Konjunktur erwarb). Er besitzt die besten Schieles (die er in der Zeit kaufte, als der Maler und seine Frau im Sterben lagen). Er kann es von allen Wiener Mäcenen am besten ablauern, ob die Künstler Geld brauchen. Heute ist der ungarische Jude, der ganz arm nach Wien kam, mehrfacher Milliardär.«[111]

Szittyas Kritik, der wie Rieger aus Ungarn stammt und selbst jüdische Wurzeln hat (»Viele nennen mich auch einen Juden, was mir manchmal sogar unangenehm ist.«)[112], zeugt nicht nur von antisemitischen Vorurteilen, sondern ist auch in vielen Punkten zu widerlegen. Oft sind seine Angaben überzogen. So war beispielsweise Klimt nie in der misslichen Lage, auf schlechte Kaufangebote eingehen zu müssen. Auch der frühe Erwerb von Werken Kokoschkas, als deren Preise (relativ) gering waren, kann Rieger kaum zum Vorwurf gemacht werden.

Die Sammlung Rieger im Wiener Künstlerhaus, 1935. Saal mit Werken der österreichischen Maler Josef Dobrowsky, Ferdinand Kitt, Sergius Pauser, Ernst Huber, Egge Sturm-Skrla, Anton Kolig und Hugo Darnaut. Foto: Privatbesitz

Eine andere, wohl angemessenere Würdigung Riegers stammt aus dem Jahr 1935. Damals wird die Sammlung Rieger im Wiener Künstlerhaus gezeigt.[113] Der Kritiker der damals führenden österreichischen Kunstzeitschrift urteilt: »Ober-Medizinalrat Dr. Heinrich Rieger, der verdiente Kunstfreund, der seit Jahrzehnten junge Talente förderte, stellt den liebenswerten Typ des ›Amateur passioné‹ in voller Reinheit dar. (...) Wie oft war er der Helfer junger Künstler zu Freiheit und Entwicklung!«[114]

Mit dem »Anschluss« Österreichs an Hitlerdeutschland findet Riegers Engagement für die Kunst ein abruptes Ende. Nach 1938 wird er wie seine jüdischen Leidensgenossen zunächst seiner Bürgerrechte, dann seines Vermögens beraubt. Die neuen Machthaber schieben ihn und seine Frau Berta, geboren 1870, in ein Altersheim der Israelitischen Kultusgemeinde ab. Am 22. September 1942 folgt die Deportation des Ehepaars nach Theresienstadt, wo Heinrich Rieger am 21. Oktober 1942 stirbt. Auch Berta Rieger überlebt das Regime nicht. Sie wird zwei Jahre später 1944 in Auschwitz ermordet.

Einen kleinen Teil der Sammlung kann Sohn Robert Rieger in die Emigration in die USA mitnehmen. Der Großteil aber muss unter widrigsten Umständen »verkauft« werden. Nach dem Krieg werden elf Gemälde – vor allem Werke von Anton Kolig, Gerhart Frankl, Josef Floch und Anton Faistauer – von Dr. Robert Rieger und seiner Schwester Tana Berger »In Erinnerung an Dr. Heinrich Rieger« an den Österreichischen Staat verkauft. Darunter befinden sich auch die beiden Schiele-Bilder *Kardinal und Nonne* und *Umarmung*.[115] Dem Wunsch der Verkäufer gemäß sollen so wenigstens die Provenienzangaben an den Bilderrahmen das Gedächtnis an Dr. Heinrich Rieger lebendig halten.

DR. ALFRED SPITZER

Dr. Alfred Spitzer vertritt Schiele als Rechtsanwalt in verschiedenen juristischen Fragen. Nach Schieles Tod ist er mit der Abwicklung des Nachlasses betraut. Der Kunstkritiker Fritz Karpfen würdigt den Juristen 1921 in seinem Schiele-Buch mit den Worten: »Pflicht ist es, an dieser Stelle des Anwalts Schieles zu gedenken. Dr. Alfred Spitzer, der feinsinnige Kunstsammler und Kunstkenner, der seit Jahrzehnten jedes junge Talent, das er erblickte, förderte, war einer der ersten, der die Kunst Schieles erkannte und dem Alleinstehenden Hilfe bot.«[116]

Leidenschaftlich der Kunst seiner Zeit zugetan, sammelt Alfred Spitzer in großem Ausmaß beinahe ausschließlich Werke österreichischer Künstler. Das Motto der Wiener Secession: »Der Zeit ihre Kunst, der Kunst ihre Freiheit«, verinnerlicht er als Handlungsmaxime. Auf der einen Seite ersteht er Werke der österreichischen Landschaftsmaler aus der zweiten Hälfte des 19. Jahrhunderts. So sind vor allem der »Stimmungsimpressionist« Emil Jakob Schindler, Rudolf Ribarz und Wilhelm Bernatzik in seiner Kollektion vertreten. Mit Vorliebe aber stöbert Spitzer andererseits Nachwuchstalente auf, deren Werdegang noch ungewiss ist.

Von Schiele, zu dessen frühesten Sammlern er gehört, besitzt er neben zahlreichen Grafiken fast ein Dutzend Ölbilder. Auffallenderweise ist keines später als 1913 entstanden.[117] Angeblich existiert eine Schiele-Porträtzeichnung des Sammlers schon aus dem Jahr 1911. In den archivalischen Unterlagen taucht sein Name allerdings erst ab 1912 auf.[118]

Für sein eigenes Ölporträt setzt Spitzer auf andere Künstler. Vor allem auf den expressionistischen Maler Max Oppenheimer, von dem er sich 1910 porträtieren lässt. Oppenheimer verankert die beträchtliche Leibesfülle Spitzers. Auf dem schweren Oberkörper sitzt ein kleiner ovaler Kopf mit fleischigen Wangen, zarter Brille, kurzem, schon schütterem Haar und mächtigem Bart mit ausladendem Schnauzer. Die eine Hand, die zur Faust geballt ist, unterstreicht die Tatkraft und Agilität des flinken Geistes, während die Linke die Offenheit betont. Im Vordergrund bereichern zwei flott skizzierte Bücher die tonige Farbigkeit.

Oppenheimer erfasst vor allem die Vitalität und innere Beweglichkeit seines Modells. Ein lebendiges Bild dieser Eigenschaften vermitteln auch die Erinnerungen der Tochter über das tägliche Leben im Hause Spitzer: »At home, life was rather sedate until the father came home; then there were interesting news and discussions, occasional disagreements, especially when he somewhat worridly announced that he would bring home another large picture and somewhere on the rather crowded walls there had to be a place found. There were, of course, pictures everywhere, not only on the walls, but under

Max Oppenheimer, Bildnis Dr. Alfred Spitzer, 1910. Öl auf Leinwand. Ursprünglich Sammlung Spitzer, heute Sammlung Serge Sabarsky, New York

and behind the furniture and in his office. His clients had to sit in winter in the unheated room because pictures were standing on the floor around the stove. Wherever he was, there was life.«[119]

Alfred Spitzer wird am 3. Dezember 1861 in Friedeck in Österreichisch-Schlesien geboren. Sein Vater ist Bäcker und besitzt ein eigenes Geschäft. Als Erstgeborener von fünf Kindern erhält der junge Alfred die Chance einer höheren Schulbildung. Da es in Friedeck kein Gymnasium gibt, wird er im Alter von neun Jahren in die nächstgelegene Stadt nach Teschen geschickt, wo er das von Mönchen geführte »Akademische Gymnasium« besucht. Er ist das einzige Kind jüdischer Eltern seiner Klasse. Zur Matura[120] erhält er von seinem Vater das zweibändige Werk *Die Kultur der Renaissance* von Jacob Burckhardt. Nach dem Wunsch der Familie soll Spitzer wie sein Onkel Arzt werden, aber schon nach dem ersten Semester wechselt er zur Jurisprudenz.

Als der angehende Student 1879 nach Wien kommt, ist die Ringstraße fast vollendet. Doch Spitzer vermisst in ihr den neuen schöpferischen Geist. Schon bald kann er seine eigenen Vorstellungen einbringen, denn er beginnt seine berufliche Laufbahn nach dem Studium als Praktikant bei dem damaligen Bürgermeister von Wien-Döbling, einem Vorort, der wenig später eingemeindet wird. Als Jurist nimmt Spitzer an der Schaffung dieses »Groß-Wiens« Anteil. Im Haus des Bürgermeisters trifft er zudem auf Zeitgenossen wie Johannes

Egon Schiele, Mauer und Haus, 1911. Öl auf Leinwand. Ursprünglich Sammlung Rieger, heute Leopold Museum – Privatstiftung, Wien

Egon Schiele, Tote Stadt III (Stadt am blauen Fluss III), 1911. Öl und Gouache auf Holz. Erstbesitz Arthur Roessler, von dem Spitzer das Bild erwirbt. Heute Leopold Museum – Privatstiftung, Wien

Dr. Alfred Spitzer mit Gattin und seinen beiden Töchtern Hanna (»Hansi«) und Edith, Aufnahme um 1905. Foto: Privatbesitz, New York

Brahms und Anton Bruckner und kultiviert eine für Wiener typische Musikleidenschaft. Wie so viele entwickelt er sich zum leidenschaftlichen Wagnerianer und versäumt bis an sein Lebensende keine Parsifal-Aufführung an der Wiener Oper.

Seine wahre Passion aber gilt den bildenden Künsten. Gemeinsam mit einem Freund beginnt er mit wenig Geld eine Sammlung von Radierungen und alten Stichen aufzubauen. Dann eröffnet Spitzer eine eigene Kanzlei unweit der Wiener Votivkirche und überlässt seine Grafiksammlung dem Miteigentümer. Sein Interesse verlagert sich immer mehr zur zeitgenössischen Kunst, ohne die Liebe zu den alten Meistern auszulöschen.

Seine Tochter erinnert sich: »My father studied also Renaissance and Barock art intensively and visited every possible museum, old church, and exhibitions around – years later, he even attended lectures on Barock art at the University of Vienna together with his younger daugther –. Yet it was painting

Die Sammlung Spitzer im Wiener Künstlerhaus, 1935. Links das Spitzer-Porträt von Max Oppenheimer. Foto: Privatbesitz, New York

and the art of his time which fascinated him most. He lived in his time and felt especially for the artists who tried to express themselves in their time. He mostly bought works of art form artists who were young at that time and often not yet known for their art, at times even struggling to keep alive. The collection which he left shows this. From Impressionism to Expressionism he never got tired of. The collection of about 800 paintings and innumerable drawings and etchings, and a few sculptures, were nearly exclusively Austrian Impressionism and Expressionism. He mostly bought from the artists directly, many of them when they were young. He recognized talent in the young and struggling ones and said once: ›One has to help the contemporary artists, the old ones have already starved to death‹.«[121]

1935 wird die Sammlung Spitzer gemeinsam mit jener von Dr. Rieger im Wiener Künstlerhaus ausgestellt. Damals erscheint eine Würdigung des Sammlers in der Kunstzeitschrift *Österreichische Kunst*.[122] Die Besprechung geht besonders auf die Breite der Sammlung und das vielfältige Interesse des Sammlers ein. Das insgesamt geringe Echo der Ausstellung zeigt aber auch, wie sehr das Interesse an Schiele zu diesem Zeitpunkt zurückgegangen ist.

In der Ausstellung wird Schieles Werk in einem Atemzug mit anderen Künstlern genannt, die heute in der internationalen Kunst vollkommen an Bedeutung verloren haben. Die Ausstellung selber erlebt Spitzer nicht mehr. Er

Neujahrswünsche von Egon Schiele an Dr. Alfred Spitzer auf einer Glückwunschkarte der Wiener Werkstätte, Privatbesitz, New York

starb bereits am 26. April 1923. Er hinterlässt zwei Töchter. Hanna Spitzer, geboren am 11. September 1897, und Edith Spitzer, verheiratete Neumann, geboren am 26. Mai 1902.

Es gelingt seinen Töchtern, einen Großteil der Sammlung vor den Nationalsozialisten zu retten, indem sie einige Bilder in die USA versenden, wo sie als Emigrantinnen Zuflucht finden. Rund 200 Bilder bleiben in Wien zurück, dort werden sie zwar in einer Spedition eingelagert, verschwinden aber später auf mysteriöse Weise. Da Hanna Schiele nicht besonders schätzt, sind unter den verschollenen Kunstwerken auch zahlreiche Schiele-Blätter. Nach 1945 zwingen wirtschaftliche Gründe die beiden Schwestern zum Verkauf einiger Bilder, die so vor allem in den amerikanischen Kunsthandel gelangen.

Hanna Spitzer stirbt 1981, ihre Schwester Edith am 29. Juni 2002, einen Monat nach ihrem hundertsten Geburtstag. Den größten Teil der väterlichen Sammlung, die sie in ihrer Wohnung in Manhattan an dicht gefüllten Wänden hängen hatte, vermacht Edith Neumann-Spitzer aus Dank ihrer neuen Heimat, wo sie im Bard College in Annandale, NY, öffentlich zugänglich sein wird. Zwei Zeichnungen aber – ein Porträt ihres Vaters von Schiele und eine Kokoschka-Darstellung – vermacht sie testamentarisch der Wiener Albertina mit der Widmung: »Aus der Sammlung Dr. Alfred Spitzer (1861–1923), Geschenk seiner Töchter Hanna Spitzer (1897–1981) und Dr. Edith Neumann (1902–2002), New York.«[123]

[1] Zitiert nach Nebehay, 1979, S. 100, Anm. 2.

[2] Zitat Rudolf Leopold, in: *Parnass*, Wien, Jg. 14, Sonderheft »Sammlung Leopold«, Nr. 10/94, S. 46.

[3] Aus einem Brief von Broncia Koller-Pinell an ihren Mann vom 22. Februar 1912, Wien, Privatbesitz. Zu Koller-Pinell siehe Ausst. Kat. »Broncia Koller-Pinell. Eine Malerin im Glanz der Wiener Jahrhundertwende«, Jüdisches Museum der Stadt Wien, 1993.

[4] Zum engen Verhältnis, das sich 1918 zwischen der Familie Koller und Schiele entwickelt, siehe Tobias G. Natter, Das Tagebuch der Silvia Koller. Anmerkungen zu seiner Bedeutung für die Egon Schiele-Forschung, in: Ausst. Kat. »Broncia Koller-Pinell«, wie Anm. 3, S. 95–110.

[5] Vom Schiele-Biograph Arthur Roessler wurde die Begegnung literarisch ausgeschmückt. Siehe seine »Erinnerungen an Schiele«, in: Fritz Karpfen (Hg.): Das Egon Schiele Buch, Wien 1921, S. 85f.

[6] Karte von Egon Schiele an Arthur Roessler vom 4. Januar 1911, in: Nebehay, 1979, Nr. 170.

[7] Am 5. Juni 1910 berichtet Egon Schiele seinem Gymnasiallehrer Ludwig Karl Strauch, dass er Zeichnungen an die Künstler-«Kollegen« Otto Wagner, Josef Hoffmann, Otto Schönthal, Kolo Moser und Eduard Wimmer-Wisgrill verkauft habe. Siehe Nebehay, 1979, Nr. 104. Moser besitzt schließlich eine umfangreiche Sammlung von aquarellierten Schiele-Blättern, die er in dicken Mappen verwahrt. Sie werden 1919 bei Nebehay versteigert. Hoffmann hingegen vermittelt Schiele wichtige Sammler und achtet darauf, dass in den Verkaufsräumen der »Wiener Werkstätte« stets Schiele-Grafiken zum Verkauf liegen.

[8] Heinrich Benesch, Mein Weg mit Egon Schiele, New York 1965, S. 27.

[9] Siehe etwa Gustav Klimt, *Arme Familie*, um 1909/10 (Novotny / Dobai Nr. 163).

[10] Egon Schiele in einem Brief an Carl Reininghaus (nach dem 27. Februar 1912); zitiert nach Nebehay, 1979, Nr. 320.

[11] Ebd.

[12] Christian M. Nebehay, Das Glück auf dieser Welt. Erinnerungen, Wien 1996, S. 187.

[13] Siehe dazu Benesch, wie Anm. 8, S. 19f.

[14] Geboren am 13. September 1896 in Wien; siehe Geburts-Buch der Israelitischen Kultusgemeinde Wien, Zl. 2172/1896.

[15] Österreichische Bezeichnung für Bahnsteig.

[16] Zitiert nach einer Niederschrift von Erich Lederers Enkel Ottokar von Jacobs, publiziert in: Christian M. Nebehay, Gustav Klimt. Egon Schiele und die Familie Lederer, Bern 1987, S. 7–9.

[17] Vgl. den Brief von Egon Schiele an Arthur Roessler, 22. Dezember 1912; Nebehay, 1979, Nr. 428.

[18] Egon Schiele an Erich Lederer, Brief vom 12. Januar 1915, zit. nach Nebehay, 1897, wie Anm. 16, S. 94.

[19] Wiener Stadt- und Landesarchiv, Handschriftensammlung, Inv.Nr. 152.538.

[20] Jane Kallir, Egon Schiele. The Complete Works, New York 1990, S. 144.

[21] Kallir Paintings Nr. 299.

[22] Nebehay, 1987, wie Anm. 16, S. 29.

[23] Ebd., S. 31.

[24] Alessandra Comini macht zudem auf die Absicht Schieles aufmerksam, für die Wohnung der Lederers in Györ über dem Kamin des Speisezimmers ein großformatiges Bild zu malen. Zeichenstudien in seinem Skizzenbuch aus dem Jahr 1912/13 belegen das Projekt, das aus unbekannten Gründen nicht zustande kam. Siehe Alessandra Comini, Egon Schiele's Portraits, Berkeley – Los Angeles – London 1974, S. 222, Anm. 55 und Tafel 86.

[25] Ch.(ristian) M. N.(ebehay), Erich Lederer+, in: *Die Presse*, Wien, vom 2./3. Februar 1985. Beerdigt wurde Erich Lederer in Wien auf dem Friedhof Hietzing, Gruppe 14, Gruft Nr. 49. Zu Lederer siehe auch Wolfgang G. Fischer, Egon Schiele's Rise to Posthumous Fame, in: Kallir, 1998, bes. S. 252.

[26] Zu Biographie und Sammlung von Carl Reininghaus siehe Ulrike Tropper, Das Kreative Milieu von Graz um 1900. Ein Beitrag zum Kulturleben der Jahrhundertwende, Graz 1994, unpubl. phil. Dissertation. Dankenswerterweise hat sie dem Autor ein Exemplar zur Verfügung gestellt.

[27] Alma Mahler-Werfel, Tagebuch-Suiten 1898–1902, hg. von Antony Beaumont und Susanne Rode-Breymann, 2. Auflage, Frankfurt a. M. 1997, S. 254 (Eintragung vom 7. Mai 1899).

[28] Ebd., S. 184 (Eintragung vom 4. Februar 1899).

[29] Angeblich hat der Architekt Otto Wagner den Wert des Frieses schon im April 1902 mit 100.000 Kronen bewertet. Siehe Hermann Bahr, Gegen Klimt, Wien – Leipzig 1903, S. 71.

[30] Siehe Harald Jurkovic, Ferdinand Hodler und die österreichische Malerei. Versuch einer Wirkungsgeschichte, in: Ausst.Kat. »Ferdinand Hodler und Wien«, Katalog der 165. Wechselausstellung der Österreichischen Galerie Belvedere, Wien, Wien 1992, S. 67–96.

[31] Vincent van Gogh, *Schlafzimmer in Arles* (Feilchenfeldt Nr. 98), *Der Trinker* (Feilchenfeldt Nr. 106), ein Stillleben (Feilchenfeldt Nr. 111) und *Ufer der Oise* (Feilchenfeldt Nr. 121). Vgl. Almut Krapf-Weiler, The Response of Early Viennese Expressionism to Vincent van Gogh, in: Patrick Werkner (Ed.), Egon Schiele. Art, Sexuality, and Modernism, Washington 1994, S. 31–50.

[32] Siehe Arthur Roessler, Erinnerungen an Egon Schiele, Wien 1948, S. 27.

[33] Benesch, wie Anm. 8, S. 13f.

[34] Zitiert nach Werner J. Schweiger, Der junge Kokoschka. Leben und Werk. 1904–1914, Wien – München 1983, S. 143.

[35] Roessler, wie Anm. 32, S. 26.

[36] Egon Schiele, in: *Die Aktion*, Berlin, 1914, Jg. 4, Nr. 20, S. 428.

[37] Siehe Roessler, wie Anm. 32, Kapitel »Der reiche Mann«, S. 45f.

[38] Comini, wie Anm. 24, S. 205, Anm. 3.

[39] Namentlich den Mediziner Dr. Erwin Graff.

[40] Kallir Paintings Nrn. 168–172.

[41] Kallir Paintings, Nrn. 266, 267.

[42] Siehe Nebehay, 1979, Nr. 338.

[43] Egon Schiele in einem Brief an Carl Reininghaus vom 28. Juni 1913, in: Nebehay, 1979, Nr. 529.

[44] Angeblich soll Serena Lederer dem Architekten Josef Hoffmann vor dem Zusammentritt der Jury geradezu imperativ erklärt haben: »Den Preis muß doch der Schiele kriegen«, womit sie die Jury zu Schieles Ungunsten düpiert habe. Das berichtet jedenfalls Leopold, 1972, S. 667.

[45] Kallir Paintings Nr. 259.

[46] Reininghaus besitzt von Egon Schiele *Bildnis Anton Peschka*, 1909 (Kallir Paintings Nr. 150); *Herbstbaum mit Fuchsien*, 1909 (Kallir Paintings Nr. 158); *Bildnis Karl Zakovsek*, 1910 (Kallir Paintings Nr. 160); *Knieender männlicher Akt mit erhobenen Händen*, 1910 (Kallir Paintings Nr. 168); *Stehender weiblicher Akt mit verschränkten Armen*, 1910 (Kallir Paintings Nr. 169); *Sitzender weiblicher Akt mit einem abgespreizten Arm*, 1910 (Kallir Paintings Nr. 170); *Stehender männlicher Akt, die Händen in die Hüften*

gestemmt, 1910 (Kallir Paintings Nr. 171); *Sitzender männlicher Akt (Selbstbildnis)*, 1910 (Kallir Paintings Nr. 172); *Begegnung (Selbstbildnis mit der Figur eines Heiligen)*, 1913 (Kallir Paintings Nr. 259); *Stein an der Donau, vom Süden gesehen (klein)*, 1913 (Kallir Paintings Nr. 266); *Stein an der Donau, vom Kreuzberg aus gesehen (klein)* 1913 (Kallir Paintings Nr. 267) und *Bildnis Heinrich Benesch und sein Sohn Otto*, 1913 (Kallir Paintings Nr. 250).

47 Carl Moll, in: *Neue Freie Presse* vom 17. November 1929.

48 Vgl. Nebehay, 1979, Nr. 824.

49 Alma Mahler-Werfel, Mein Leben, Frankfurt a. M. 1963, S. 82f.

50 Ebd., S. 48.

51 Österreichische Galerie Belvedere, Inv. Nr. 1942 und Inv. Nr. 1941.

52 Kunsthistorisches Museum, Wien, Gemäldegalerie, Inv. Nr. 9501; vgl. Die Gemälde des Kunsthistorischen Museums in Wien. Verzeichnis der Gemälde, Wien 1991, S. 79.

53 An Ölbildern vor allem *Herbstbaum mit* Fuchsien (Kallir Paintings Nr. 158), *Doppelbildnis Heinrich und Otto Benesch* (Kallir Paintings Nr. 250) und eine Ansicht von Stein an der Donau (Kallir Paintings Nr. 266), ferner ein Bild *Der Literat*, vielleicht identisch mit Kallir-Paintings Nr. 160.

54 Eduard Bergmann, Die Sammlung Reininghaus im Hagenbund, in: *Der Erzähler*, Wien, 29. Januar 1932.

55 Die biographischen Daten im Folgenden laut Mitteilung des Wiener Stadt- und Landesarchivs, Meldeamt. Freundliche Mitteilung von Herr Herbert Koch vom 7. August 2002.

56 Zur Firmengeschichte siehe Otto Böhler, Geschichte der Gebr. Böhler & Co. AG. 1870–1940, Berlin 1941; Josef Reinitzhuber, Die historische Entwicklung des Böhler-Konzerns, Wien 1974, unpubl. Diplomarbeit an der Hochschule für Welthandel Wien und Festschrift »100 Jahre Böhler Edelstahl. 1870–1970«, Wien 1970.

57 Kallir Paintings Nr. 283 bzw. Nebehay, 1979, Nr. 686.

58 Brief von Egon Schiele an Hubert Jung vom Juli 1914; siehe Nebehay, 1979, Nr. 698.

59 Brief von Heinrich Böhler an Egon Schiele vom 16. September 1914; zitiert nach Nebehay, 1979, Nr. 703.

60 Brief von Egon Schiele an seine Mutter vom 2. Oktober 1914, in: Nebehay, 1979, Nr. 706.

61 Siehe Nebehay, 1979, Nrn. 786, 822, 835, 841 und 844.

62 Egon Schiele, *Triestiner Fischerboot*, 1912 (Kallir Paintings Nr. 247) und *Häuser mit Wäsche (Vorstadt II)*, 1914 (Kallir Paintings Nr. 283); *Gelbe Stadt*, 1914 (Kallir Paintings Nr. 286); *Mutter mit zwei Kindern II*, 1915 (Kallir Paintings Nr. 287); *Inselstadt (Krumau Häuserbogen II)*, 1915 (Kallir Paintings Nr. 293); *Hauswand am Fluss (Altes Haus I)*, 1915 (Kallir Paintings Nr. 294); *Haus mit Schindeldach (Altes Haus II)*, 1915 (Kallir Paintings Nr. 295).

63 Nebehay, 1979, Nr. 823.

64 Siehe Brief von Egon Schiele an Erich Lederer vom 12. Januar 1915; zitiert nach Nebehay, wie Anm. 16, S. 92.

65 Heinrich Böhler ist wohl Erstbesitzer von *Schlossteich in Kammer am Attersee*, vor 1910 (Novotny / Dobai Nr. 167). Entgegen den Angaben im Klimt-Werkverzeichnis von Novotny / Dobai, 1975 sind die beiden Klimt-Spätwerke *Dame mit Fächer*, 1917/18 (Novotny / Dobai Nr. 203) sowie *Presshaus am Attersee*, 1917 (Novotny / Dobai Nr. 217) zunächst aber im Besitz seines Bruders Erwin Böhler. Eine alte Fotografie in Wiener Privatbesitz aus dem 1917 von Josef Hoffmann umgebauten Palais Erwin Böhler zeigt die Bilder im Salon des Palais. Herzlichen Dank an Christian Witt-Dörring für den bislang unbekannten Hinweis.

66 Siehe die entsprechenden Unterlagen in Salzburger Privatbesitz.

67 Zu Werk und Biographie siehe zuletzt Martin Suppan, Hans Böhler. Leben und Werk, Wien 1990, und »Emigrants and Exiles. A Lost Generation of Austrian Artists in America. 1920–1950«, Ausst. Kat. der Mary and Leigh Block Gallery, Northwestern University und der Österreichischen Galerie Belvedere, 1996, S. 263–265 passim.

68 Der Vater Otto Böhler bringt es als Silhouettenschneider zu einiger Berühmtheit.

69 Aus einem Brief von Egon Schiele an seine Mutter vom 2. Oktober 1914, in: Nebehay, 1979, Nr. 706.

70 Siehe Nebehay, 1979, Nr. 706.

71 Zu ihrer Biographie siehe Tobias G. Natter, in: Natter / Frodl, 2000, S. 136–139.

72 Zitiert nach Comini, wie Anm. 24, S. 127. Übersetzung des englischen Originalzitats vom Autor.

73 Walerie Neuziel (1894–1917), Schieles Modell und Geliebte bis zu seiner Heirat mit Edith Schiele 1915.

74 Zit. nach Comini, wie Anm. 24, S. 128. Übersetzung des englischen Originalzitats vom Autor.

75 Strobl, Bd. 3, S. 99; Nebehay 1979, S. 284, Anm. 11, siehe auch Comini, wie Anm. 24, S. 234, Anm. 53.

76 Hans Böhler besitzt mehrere Klimt-Ölgemälde, darunter das Hauptwerk *Tod und Leben*. Mehrheitlich erwirbt er diese Bilder aber erst nach Klimts Tod. Ferner ist er zeitweiliger Eigentümer des Klimt-Bildes *Tod und Leben*, vor 1911, später umgearbeitet (Novotny / Dobai Nr. 183), von einem Frauenbild, um 1910 (Novotny / Dobai Nr. 169) und den beiden Landschaftsdarstellungen *Italienische Gartenlandschaft*, 1917 (Novotny /Dobai Nr. 214) und *Schloss Kammer am Attersee II*, vor 1910 (Novotny / Dobai Nr. 166), dessen Erstbesitzer nachweislich Hermann Eissler, Wien, war. Alice Strobl machte darauf aufmerksam, dass nach Böhlers Tod etliche seiner Aktzeichnungen mit einer gefälschten Signatur als Klimt-Werke angeboten wurden. Siehe Strobl, Bd. 4, 1989, S. 229.

77 Die biographischen Angaben basieren auf Felix Czeike, Historisches Lexikon Wien, Wien 1995, Bd. 5, S. 685 mit weiterführenden Literaturangaben.

78 Vgl. Tobias G. Natter, Carl Moll und die Galerie Miethke. Konturen einer europäischen Avantgarde-Galerie, in: Tobias G. Natter / Gerbert Frodl: Carl Moll. 1861–1945, Ausst. Kat. zur 220. Wechselausstellung der Österreichischen Galerie Belvedere Wien, Salzburg 1998, S. 129ff.

79 *Arbeiter-Zeitung*, Wien, 7. Dezember 1909.

80 A.(rthur) R-r(oessler), in: *Arbeiter-Zeitung*, Wien, 28. April 1911.

81 Erstbesitz Roessler: *Haus mit blühenden Malven*, Bregenz, 1907 (Kallir Paintings Nr. 56); *Winterlandschaft*, 1907 (Kallir Paintings Nr. 88); *Bildnis Arthur Roessler*, 1910 (Kallir Paintings Nr. 163); *Bildnis Otto Wagner*, 1910 (Kallir Paintings Nr. 164); *Mutter mit zwei Säuglingen*, 1910 (Kallir Paintings Nr. 176); *Tote Mutter I*, 1910 (Kallir Paintings Nr. 177); *Stadt am blauen Fluss I (Tote Stadt I)*, 1910 (Kallir Paintings Nr. 183); *Liegende Frau mit zurückgeschlagenem Rock*, 1911, (Kallir Paintings Nr. 196); *Selbstbildnis mit schwarzem Tongefäß und gespreizten Fingern*, 1911 (Kallir Paintings Nr. 204); *Das Krumauer Rathaus II*, 1911 (Kallir Paintings Nr. 210); *Stadt am*

blauen Fluss II, 1911 (Kallir Paintings Nr. 212); *Tote Stadt III (Stadt am blauen Fluss III)*, 1911 (Kallir Paintings Nr. 213); *Nachtbild (Das Krumauer Rathaus III)*, 1911 (Kallir Paintings Nr. 214); *Das Zimmer des Künstlers in Neulengbach*, 1911 (Kallir Paintings 220); *Ein Baum im Spätherbst*, 1911 (Kallir Paintings Nr. 222); *Bildnis Ida Roessler*, 1912 (Kallir Paintings Nr. 223); *Herbstbäume auf Hügeln*, 1912 (Kallir Paintings Nr. 237); *Winterbäume*, 1912 (Kallir Paintings Nr. 241); *Versinkende Sonne*, 1913 (Kallir, Paintings Nr. 265); *Ruinen*, 1911 (Kallir Paintings Nr. XXIII); *Gigant*, 1912 (Kallir Paintings Nr. XXIX) und als Zweitbesitzer *Sonnenblume*, 1909 (Kallir Paintings Nr. 159).

82 Vgl. Roessler, wie Anm. 32, S. 63, und Nebehay, 1979, Nr. 172.

83 Brief von Arthur Roessler an Egon Schiele vom 10. Mai 1913, in: Nebehay, 1979, Nr. 494.

84 Nebehay, 1979, S. 85.

85 1921 erscheinen »Briefe und Prosa von Egon Schiele« und »In memoriam Egon Schiele«. 1922 folgen »Erinnerungen an Egon Schiele« und »Egon Schiele im Gefängnis«.

86 Eine ähnlich panegyrische Darstellung erschien schon früher. Siehe Erich Felder, Arthur Roessler. Eine literarische Porträtskizze, Wien 1917.

87 Wiener Stadt- und Landesarchiv, Handschriftensammlung.

88 Vgl. etwa Tobias G. Natter, »Wenn Sie noch unverändert an meine Tante denken«. Tina Blau und der Nationalsozialismus, in: Tobias G. Natter, Plein Air. Die Landschaftsmalerin Tina Blau. 1845–1916, Ausst. Kat. des Jüdischen Museums Wien, Wien 1996, S. 63–68, bes. S. 68.

89 Benesch, wie Anm. 8, S. 18.

90 Nebehay, 1979, S. 512.

91 Freundliche Mitteilung von Herbert Koch, Wiener Stadt- und Landesarchiv, 7. August 2002.

92 Benesch, wie Anm. 8, S. 9f.

93 Brief von Heinrich Benesch an Egon Schiele vom 16. November 1910, in: Nebehay, 1979, Nr. 138.

94 Benesch, wie Anm. 8, S. 18.

95 Brief Benesch, wie Anm. 93.

96 Ebd.

97 Brief von Heinrich Benesch an Egon Schiele vom 18. März 1913, in: Nebehay, 1979, Nr. 475.

98 Brief von Egon Schiele an Heinrich Benesch vom 19. März 1913, in: Nebehay, 1979, Nr. 476.

99 Siehe Brief von Egon Schiele an Carl Reininghaus vom 28. Juni 1913, in: Nebehay, 1979, Nr. 529.

100 Eva Benesch, im Vorwort zu Benesch, wie Anm. 8, S. 7.

101 Leopold, 1972, S. 668.

102 Die meisten um 1910 verkauften Klimt-Zeichnungen, die durch die Hände der Wiener Galerie Miethke gingen, kosteten 160 Kronen. Die entsprechenden Daten laut Unterlagen der Galerie Miethke in Privatbesitz, Salzburg.

103 Sämtliche biographischen Angaben stammen aus Werner J. Schweiger, »Ihre Verliebtheit in meine Bilder«. Oskar Kokoschka und seine frühen Wiener Sammler, in: Natter, 2002, bes. S. 63–65.

104 Brief von Heinrich Rieger an Egon Schiele vom 25. Januar 1916, in: Nebehay, 1979, Nr. 877.

105 Kallir Paintings Nr. 201.

106 Rieger öffnete seine Sammlung aber auch schon zuvor der Öffentlichkeit. Im April 1918 bittet er Schiele, das Bild *Umarmung* zu retournieren. Es befand sich im Atelier Schieles, der es nachträglich signieren wollte. Nun bittet Rieger um Zustellung des Bildes, da sich zwei »ärztliche Korporationen« für eine »Kunstwanderung« bei ihm angemeldet hätten. Siehe Nebehay, 1979, Nr. 1486.

107 Herzlicher Dank an Sophie Lillie, Wien, die eine Fotokopie der Inventarliste zur Verfügung stellte.

108 Rieger besitzt laut Inventarliste an Ölbildern von Egon Schiele die Werke *Kardinal und Nonne*, ein *Bildnis Frau Roessler*, eine *Kreuzigung*, ein *Blumenstillleben*, ein Porträt von Schieles Schwester, drei weiter nicht bezeichnete Landschaftsbilder und zwei Darstellungen aus Klosterneuburg, alle angeblich 1918.

109 Kallir Paintings Nr. 304. Das Bild entstand 1917. Rieger erwarb es zu Beginn des folgenden Jahres.

110 Wolfgang Born, Egon Schieles Zeichnungen. Zur zehnten Wiederkehr seines Todestages, in: *Deutsche Kunst und Dekoration*, Darmstadt, Jg. 32, 1928, Heft November, S. 114–120.

111 Emil Szittya, Das Kuriositäten-Kabinett. Begegnungen mit seltsamen Begebenheiten, (...), Konstanz 1923, S. 286.

112 Ebd., S. 7.

113 Es erscheint kein Katalog, so dass eine genaue Dokumentation fehlt.

114 N. N.: Sammlungen des Ober-Medizinalrates Dr. Heinrich Rieger und Dr. Alfred Spitzer. Aus der Ausstellung im Künstlerhaus, Wien, in: *Österreichische Kunst*, Wien, 1935, Jg. 6, Heft 12, S. 12. Siehe auch Heft 11, S. 23.

115 Archiv der Österreichischen Galerie, Akt Zl. 585/1950. Vgl. Theodor Brückler (Hg.), Kunstraub, Kunstbergung und Restitution in Österreich 1938 bis heute. Wien – Köln – Weimar 1999, S. 139–141.

116 Fritz Karpfen, Das Egon Schiele Buch, Wien 1921, Vorwort, o. S.

117 Egon Schiele, *Malende Frau*, 1907 (Kallir, Paintings Nr. 49); *Vorstadthäuser*, 1907 (Kallir, Paintings Nr. 62); *Teich im Schwarzenberggarten*, Wien, 1907 (Kallir, Paintings Nr. 79); *Eichelhofgasse, Wien*, 1907 (Kallir, Paintings Nr. 81); *Kahnfahrt*, 1907 (Kallir, Paintings Nr. 89); *Sitzender Bub*, 1908 (Kallir, Paintings Nr. 104); *Trocknende Wäsche*, 1908 (Kallir, Paintings Nr. 141); *Berg am Fluss*, 1910 (Kallir, Paintings Nr. 187); *Haus und Mauer vor hügeligem Gelände*, 1911 (Kallir, Paintings Nr. 208); *Tote Stadt III (Stadt am blauen Fluss III)*, 1911 (Kallir, Paintings Nr. 213); *Sonnenlose Landschaft*, 1913 (Kallir, Paintings Nr. XLVII).

118 Vgl. Nebehay, 1979, Nr. 406.

119 Aus den Erinnerungen von Dr. Edith Neumann an ihren Vater. Abschrift im Archiv des Autors. Durch einen Zufall traf der Autor vor wenigen Jahren Frau Edith Neumann, Spitzers Tochter, die nach der NS-Vertreibung aus Österreich zunächst nach Palästina geflüchtet war. Später übersiedelte sie nach New York, wo sie auch verstorben ist. Sie hatte 1921 bis 1927 in Wien Chemie und Physik studiert – als einzige Frau ihres Jahrgangs. Ihren Vater bewunderte sie bis an ihr Lebensende. Sie stellte eine von ihr verfasste biographische Skizze ihres Vaters zur Verfügung, die hier erstmals auszugsweise publiziert wird.

120 Österr. Bezeichnung für Abitur.

121 Aus den Erinnerungen von Dr. Edith Neumann, wie Anm. 119.

122 N. N., Sammlungen des Ober-Medizinalrates Dr. Heinrich Rieger und Dr. Alfred Spitzer. Aus der Ausstellung im Künstlerhaus Wien, in: *Österreichische Kunst*, Wien, 1935, Jg. 6, Heft 12, S. 13.

123 Freundliche Mitteilung von George Hauser, Harvard, vom 8. August 2002.

OSKAR KOKOSCHKA

Als Gustav Klimt am 6. Februar 1918 stirbt, befindet sich Europa im vierten Jahr des Ersten Weltkriegs. Das für Österreich schreckliche Ende ist absehbar. Auch wenn drei Tage nach Klimts Tod im Vertrag von Brest-Litowsk ein Sonderfrieden mit der Ukraine abgeschlossen wird, der Österreich sogar einen Gebietszuwachs in Aussicht stellt. Ostgalizien soll der österreich-ungarischen Monarchie als eigenes Kronland zugeschlagen werden. Doch ein halbes Jahr später ist der Krieg für das Habsburger Reich unwiderruflich verloren.

Vorhergehende Seite: Oskar Kokoschka, um 1908. Foto: Privatbesitz

Hinter diesen weltpolitischen Umwälzungen treten Klimt und der Secessionismus zurück. Deren Ästhetik verwandelt sich immer mehr zum Dokument einer selbstverliebten Epoche, an die niemand mehr glauben will. Wie in ganz Europa ist auch die österreichische Kunstsszene im Umbruch. Dies spiegelt der Streit um das verwaiste Klimt-Atelier wider.

Wer ist würdig genug, als neuer Mieter das Atelier zu übernehmen? Vordergründig kreist die Frage um das Atelier, tatsächlich aber geht es um die Bestellung des Thronfolgers und Klimt-«Erben«. Die Debatte spitzt sich bald auf zwei Künstler zu: Egon Schiele und Oskar Kokoschka. Beide fühlen sich berufen. Kokoschka verkündet unmittelbar nach der Nachricht vom Tode Klimts: »Jetzt bin ich der Nachfolger«, auch wenn er seiner Mutter gesteht, dass er innerlich noch gar nicht so weit sei, die »verwahrloste Herde« zu führen.[1]
Gegenstimmen favorisieren Schiele. Doch der Wettstreit gelangt zu keinem Abschluss. Noch bevor der Konflikt entschieden wird, stirbt Schiele wenige Monate nach Klimt am 31. Oktober 1918 an jener verheerenden Grippe, der auch seine Frau und tausende Menschen im kriegsgeschwächten Wien zum Opfer fallen. Die emotionale und materielle Verfassung der Menschen hat einen

Das verwaiste Atelier von Gustav Klimt nach dem Tod des Künstlers. Foto: Österreichische Nationalbibliothek, Bildarchiv, Wien

Tiefpunkt erreicht. Die Donaumonarchie ist in Auflösung begriffen, der Krieg verloren, die Versorgungslage katastrophal. Drei Tage nach Schieles Tod unterzeichnet Österreich-Ungarn den Waffenstillstand. Wenige Tage später dankt Kaiser Karl am 11. November 1918 in Schloss Schönbrunn ab. Wien, eben noch glanzvoller Mittelpunkt einer europäischen Großmacht, tritt den steinigen Weg in eine neue Zeit an.

Unter diesen Bedingungen spielt die Diskussion um die Klimt-Nachfolge keine Rolle mehr. Sofern sie je wieder aufgenommen wird, kreist sie ausschließlich um stilistische Betrachtungen. Es herrscht Einigkeit darüber, dass Schiele bei aller Unverwechselbarkeit und Eigenart dem Jugendstil enger verbunden bleibt als Oskar Kokoschka, der seine Wurzeln in der Kunst der Wiener Jahrhundertwende weitaus radikaler überwindet.

Oskar Kokoschka wird am 1. März 1886 in Pöchlarn, Niederösterreich, geboren. Wie Gustav Klimt und Egon Schiele stammt er aus einfachen Verhältnissen. Ein Jahr nach seiner Geburt übersiedelt die Familie nach Wien, wo Kokoschka die Staatsrealschule besucht. Nach deren Abschluss studiert er ab dem Wintersemester 1904 an der Wiener Kunstgewerbeschule, die schon Klimts Ausbildungsstätte war. Rasch gelingt es dem Studenten, auf sich aufmerksam zu machen. Ab 1907 arbeitet er für die Wiener Werkstätte, im Jahr darauf übernimmt er an seiner Schule die Leitung eines Abendkurses.

Im Rahmen der Wiener Kunstschau 1908 stellt er erstmals öffentlich aus. Seine Teilnahme ist nicht unumstritten. Der 22-jährige verdankt sie der Fürsprache von Gustav Klimt, der erklärt: »Kokoschka ist das größte Talent der jungen Generation. Und selbst wenn wir Gefahr liefen, dass unsere Kunstschau demoliert würde, nun, geht man eben zugrunde. Aber man hat seine Pflicht getan.«[2] Wie befürchtet reagiert die Öffentlichkeit verständnislos. Zu kompromisslos sind Kokoschkas farblich wie formal verzerrte Darstellungen. Nur fortschrittliche Geister wie der liberale Kunstkritiker Ludwig Hevesi urteilen ironisch-skeptisch: »Auch an einem wilden Kabinett fehlt es nicht. Der Oberwildling heißt Kokoschka (...) für seine drei wandgroßen Skizzen zu Gobelins für ein Tanzzimmer wird er in der Luft zerrissen werden, aber das wird ihm und der Luft gut tun.«[3]

Kokoschka wird in eine Außenseiterrolle gedrängt, gleichzeitig stilisiert er sie, indem er sich – wie ein Verbrecher – das Haupthaar scheren lässt. In der Internationalen Kunstschau Wien 1909 zeigt der Outlaw weitere Proben seiner Kunst. Dabei macht er die Bekanntschaft mit dem Architekten Adolf Loos, der zu seinem wichtigsten Förderer wird. Einen ähnlich bedeutenden Promotor findet Kokoschka 1910, als er für ein halbes Jahr nach Berlin übersiedelt und dort den Galeristen Herwarth Walden kennen lernt. Walden wie Loos werden unfreiwillig zu Kokoschkas wichtigsten Sammlern, ohne dass der Aufbau einer Sammlung in ihrer Absicht liegt. Kokoschka sorgt zwar für Furore, Käufer aber

Die Eröffnung der Wiener Kunstschau 1908. Vier Fotos von Emma Teschner. Die Aufnahme oben rechts zeigt Gustav Klimt in der Bildmitte – ohne Zylinder. Österreichische Nationalbibliothek, Bildarchiv, Wien

finden sich kaum. Dafür erregt er bald das Interesse von Alma Mahler, der jungen Witwe von Gustav Mahler. Zwischen Alma und Oskar entspannt sich eine leidenschaftliche Liebesbeziehung.

Das angestaute Maß an Ablehnung entlädt sich, als Kokoschka 1911 im Rahmen einer Ausstellung junger Künstler im Wiener Hagenbund ausstellt. Die Kritik geifert, und selbst Thronfolger Franz Ferdinand will angeblich »dem Kerl alle Knochen im Leib brechen«.[4] Die Aggressionen, die Kokoschka allenthalben weckt, sind enorm. Das *Deutsche Volksblatt* ruft sogar zur Gegenwehr auf: »Wenn sie uns künstlerische Keulenschläge versetzen, müssen wir endlich einmal kräftig zurückhauen, und zwar unnachsichtlich. In erster Linie sollen die Schläge auf Kokoschka niederprasseln, denn er ist der Entsetzlichste von allen. Er macht ›Porträts‹, darunter solche stadtbekannter Persönlichkeiten. Wie aus Tollhäusern oder aus mephistischen Grüften emporgestiegen, erscheinen diese grauenvollen Bildnisse, deren Antlitze entweder die Entstellungen zerstörender Krankheiten oder eines zersetzenden Verwesungsprozesses zu tragen scheinen. Und wie grausig sind nur die durchwegs verkrüppelten Hände, teils angeschwollen, teils halb verfault, als hätte die Lepra ihre entsetzlichen Verwüstungen begonnen.«[5] Vor dem Hintergrund solcher Pressestimmen wird deutlich, dass auch Unbeirrbarkeit und Courage dazu gehörten, den jungen Künstler zu fördern oder gar zu sammeln.

ADOLF LOOS

Adolf Loos ist ein selbstloser Förderer des jungen Kokoschka. Einen effizienteren Propagandisten hat Kokoschka später nicht mehr gefunden. Nach Kokoschkas Selbsteinschätzung gelangt Loos wie ein »Geisterkönig« in sein Leben. Wann genau die erste Begegnung stattfindet, wissen wir nicht. Vielleicht geschah es 1908, spätestens aber während der Internationalen Kunstschau im Sommer 1909. Ganz Wien steht damals im Bann jener Großausstellung, der es gelingt, zeitgenössische Kunst aus ganz Europa nach Österreich zu bringen. Auch heimische Künstler sind vertreten, unter ihnen Oskar Kokoschka. Er zeigt unter anderem ein in Ton ausgeführtes Selbstbildnis. Dieses Porträt, eine der wenigen plastischen Arbeiten Kokoschkas, trägt den kämpferischen Titel *Der Krieger*.

Loos erwirbt die Büste. Die schicksalhafte Begegnung verläuft lapidar: Was kostet die Büste? »Eine Zigarette. Gemacht, ich handle nie. Aber schließlich einigten wir uns auf 50 Kronen.«[6]

Während Kokoschka als »Oberwildling« verschrien ist und bestenfalls als Geheimtipp gilt, nimmt Loos in der Kulturszene bereits einen festen Platz ein. Geboren am 10. Dezember 1870 in Brünn (Brno) Mähren, hatte er Architektur studiert. Prägend wurden für ihn zwei Jahre, die er in den USA verbrachte. Nach seiner Rückkehr wird Loos zum Stachel im Fleisch der kaiserlich-königlichen Residenzstadt. Kritische Aufsätze in Zeitungen und Zeitschriften machen ihn ab 1897 bekannt. Auch mit eigenen Bauten propagiert Loos eine neue Bauweise, in deren Mittelpunkt Klarheit und Funktionalität stehen.

Immer brisanter wird das Verhältnis zu den Secessionisten. Kämpfte Loos zunächst mit den fortschrittlichen Kräften gegen den Historismus und die Potemkin'sche »Lügenhaftigkeit« der Bauten an der Wiener Ringstraße, wendet er sich in der Folge auch gegen die Secessionsästhetik. Sein theoretisches Hauptwerk *Ornament und Verbrechen* erscheint 1907. Im Gegensatz zum Klimt-Kreis glaubt der Reformer im vermeintlichen »Gesamtkunstwerk« eine Illusion zu erkennen und ist weit davon entfernt, das Interior Design zur Kunst zu erheben.

Dem Wiener Kulturbetrieb der Jahrhundertwende abschätzig gegenüberstehend, erkennt Loos in Kokoschka einen Weggefährten. Der 23-jährige studiert damals noch an der Wiener Kunstgewerbeschule, erprobt aber schon die ersten Schritte als selbstständiger Künstler. Sein Haupteinkommen bestreitet der unbemittelte Maler aus seiner lukrativen Tätigkeit für die Wiener Werkstätte. Sie kauft manche seiner Werke an und gibt regelmäßig Entwürfe für Postkarten und Fächer in Auftrag.

Aber gerade die Wiener Werkstätte war Loos' Lieblingsfeind. Deren Verquickung von Kunst und Kunsthandwerk bekämpft Loos aufs leidenschaft-

Der Architekt Adolf Loos, dessen Streitschrift »Ornament und Verbrechen« in zahlreichen Sprachen erscheint, 1912. Foto: Historisches Museum der Stadt Wien

lichste. Seiner Meinung nach treibt die Wiener Werkstätte mit Kokoschkas Talent Schindluder. Ihre Verbindung mit Kokoschka sei ein »Verbrechen«, und Loos behauptet: »Kokoschka wurde, als ich ihn kennen lernte, dazu missbraucht, Spielkarten und Fächer zu bemalen. Das war nichts anderes, als wenn man ein Rennpferd als Ackergaul gebrauchen wollte.«[7]

In Loos findet Kokoschka jene Autorität, die das »Rennpferd« auf die richtige Bahn stellt. Der Mentor und väterliche Freund wird zum wichtigsten Sammler Kokoschkas, ohne dass er sich selbst als solcher gesehen hätte. Schon wenige Monate nach dem Ankauf der Büste porträtiert Kokoschka seinen Förderer. Das Bild entsteht Mitte Oktober 1909 in der Loos'schen Wohnung. Loos

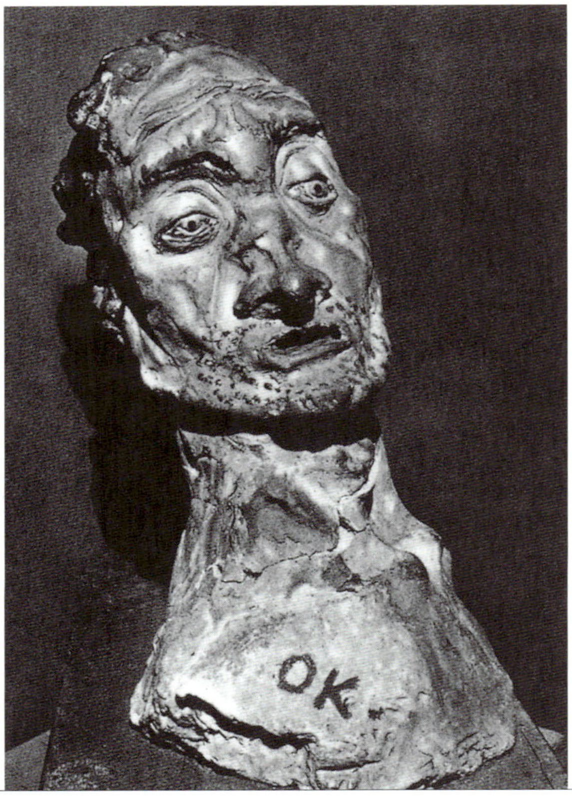

Oskar Kokoschka, Selbstbildnis (Der Krieger), 1909. Ein früher bildhauerischer Versuch des jungen Malers. Terrakotta. Ursprünglich Sammlung Loos, heute Museum of Fine Arts, Boston

Oskar Kokoschka, Postkarte für die Wiener Werkstätte, 1907/08. Privatbesitz

ist sitzend dargestellt, die Hände im Schoß verschränkt. Sie sind von Kokoschka mit größter Sorgfalt wiedergegeben. Im Gegensatz zu den meisten seiner Porträts dieser Zeit ist das Bild gleichmäßig durchgearbeitet. Während die Farbe in anderen Bildnissen oft sparsam auftaucht, ist sie hier breit eingesetzt. Ihr koloristischer Reichtum und die Vielfalt der Oberflächenspannung finden in der Loos-Darstellung zu einem Höhepunkt. Obwohl Kokoschka hier repräsentative Ansprüche mehr zu berücksichtigen scheint als sonst, gelingt ihm ein Prototyp seiner psychologisierenden Bildnisauffassung.

Die ungewöhnlich großen Hände sind fest verklammert. Nahtlos greifen gelbe Pinselschwünge, Rot, Blau und Deckweißbeimengungen ineinander. Leuchtendes Blau kommt vor allem im Hintergrund zum Einsatz. Die beredten Hände werden zum Inbegriff des Handwerklichen. Sie sind Abbild und Sinnbild für einen Intellektuellen, der neben Klarheit und Scharfsinn mit Nachdruck Wert auf Solidität und bürgerliches Selbstbewusstsein legt. Diese polaren Grundzüge im Wesen von Loos greift Kokoschka auf: Hier der anglophile Gentleman, dort der Rebell, der die kompromisslose Logik des Funktionalen vertritt. Vor allem die Wiedergabe von Kopf und Gesicht ist dem zweiten Bereich zugeordnet. Auch die Spuren der Kämpfe, die Loos ausficht, sind Kokoschka nicht entgangen. So scheinen Loos' Augen matt und nach innen gerichtet. Trotzdem sind Gesicht und Hände über die geschlossene Arm-Schulter-Silhouette fest verklammert, Tatkraft und Intellekt im Gleichklang.

Oskar Kokoschka, Fächer mit drei Grazien, 1908/09. Entstanden für die von Loos heftig bekämpfte Wiener Werkstätte. Mischtechnik auf ungegerbtem Ziegenleder, auf Ebenholz montiert. Badisches Landesmuseum, Karlsruhe

Der frühe Kokoschka-Publizist Paul Westheim betont in seiner Bildbesprechung die Ingenieurgesinnung des Architekten: »Das Eiserne, Schneidende dieses Typus zu individualisieren, war hier die Gelegenheit. Und wenn man aus der Malfläche das Scharfkantige dieses Profils heraustreten sieht, dieses Kinn, diese Backen, die die gedrungene Kraft eines Maschinenteils in sich zu haben scheinen, ist es so, als ob über den Wogen plötzlich ein Schiffsbug sich aufreckte. Wie weiter die Hände ineinander verzahnt und verschraubt sind. Ein Räderwerk aus Fleisch und Knochen, an dem Glied in Glied greift.«[8]

Mit dem Loos-Bildnis liefert Kokoschka den Beweis, wie sehr das Porträt nach wie vor ein aktuelles Thema der Malerei sein kann. Zeitgenössische Kunsttheoretiker hatten zwar angesichts der aufkommenden Fotografie schon vom Ende der Porträtmalerei gesprochen, und die Unkenrufe im Zeichen der mechanisch-apparativen Abbildung waren in der Tat nicht aus der Luft gegriffen. Doch Kokoschka gelingt die Aktualisierung. Er ist einer der wenigen, der das Porträt auch als Gattung der modernen Kunst pflegt und vor der Bedeutungslosigkeit rettet.

Die beiden Freunde Adolf Loos und Peter Altenberg, um 1918. Foto: Österreichische Nationalbibliothek, Bildarchiv, Wien

Oskar Kokoschka, Bildnis Karl Kraus I, 1909. Die Begegnung mit dem Literaten vermittelt Adolf Loos. Feder und Pinsel in Tusche auf Papier. Sammlung Walter Feilchenfeldt, Zürich

Oskar Kokoschka, Bildnis Adolf Loos, 1909. Die Hände wie ein Räderwerk, »an dem Glied in Glied greift«. Öl auf Leinwand. Ursprünglich Sammlung Loos, heute Staatliche Museen Preußischer Kulturbesitz – Neue Nationalgalerie, Berlin

Loos baut dafür den äußeren Rahmen und bindet Kokoschka in ein komplexes Fördersystem ein. Über Loos findet Kokoschka Zutritt zu Karl Kraus, den er ebenso porträtiert wie den Literaten Peter Altenberg und andere Berühmtheiten. Damals schuf Kokoschka eine Galerie der Wiener Geistesgrößen. Loos vermittelt Kokoschka aber nicht nur an seine Freunde, sondern auch an seine Auftraggeber und Kunden.

Selbst mitten im Streit um den Loos'schen Neubau der Herrenschneiderei »Goldman & Salatsch« am Wiener Michaelerplatz bleibt Loos ein fürsorglicher Förderer seines Protegés. Heute gilt das Loos-Gebäude als Meilenstein der frühen Architektur des 20. Jahrhunderts. Doch damals wirkte das Gebäude auf die Wiener schockierend. Der kompromisslose Bau vis-à-vis der kaiserlichen Hofburg wurde als »Haus ohne Augenbrauen«, ja sogar als »Kanalgitter« bezeichnet. Kritiker sahen in dem schmucklosen Gebäude ein neuartiges Haus am falschen Platz, von hässlicher Simplizität und dabei noch selbstbewusst. Loos zieht sich damals ein Magengeschwür zu, an dem er lebenslang leiden wird. Doch er vergisst nicht, Kokoschka seinem Bauherrn Leopold Goldman vorzustellen, der das *Bildnis Fred Goldman* in Auftrag gibt. Dieses Kinderbild ist eines der wenigen Porträts, die von ihren Auftraggebern angenommen werden. Denn meist lehnen die Modelle die Annahme ab. Doch Kokoschka ist in solchen Fällen abgesichert. In einer Art Ausfallshaftung übernimmt Loos die Bilder und garantiert damit Kokoschkas Einkommen.

Heute ist die vehemente Ablehnung der Bilder nur noch schwer vorstellbar. Damals aber stoßen sie in ungewohnte Bereiche vor. Martha Hirsch, Gattin eines tschechischen Bauherrn von Loos, lässt sich 1909 auf dessen Vermitt-

OK
1909

OK

Die Familie Goldman: Leopold Goldman mit seiner Gattin Lilly und den Kindern Kitty und Fred, um 1919. Foto: Privatbesitz Santiago de Chile

Oskar Kokoschka, Kind mit den Händen der Eltern (Bildnis Fred Goldman), 1909. Der erstgeborene Sohn von Leopold und Lilly Goldman als Säugling mit den Händen der Eltern. Öl auf Leinwand. Ursprünglich Sammlung Goldman, heute Österreichische Galerie Belvedere, Wien

lung von Kokoschka porträtieren. Doch dass sie das fertige Bild zurückweist, ist nicht erstaunlich. Dass die Dargestellte seinerzeit nur 22 Jahre alt ist, davon ist im Bild nichts zu sehen. Die verkrüppelten Hände, das spärliche Aufhuschen der Farbe, das dünne Gelb und Grün, die kaum die Leinwand decken, all das trägt nicht zur Akzeptanz des Bildes bei. Und als es erstmals ausgestellt wird, heißt es selbst in der (wohlmeinenden) Ausstellungsbesprechung: »(...) eine unglückliche Frau, bleich, nervious, abgehärmt, mit dämonischen Kuhaugen von depressiver Geschlitztheit.«[9]

Ist schon die Ablehnung der Modelle groß, so ist die der Öffentlichkeit noch heftiger. Die Ausstellungskritiken ergehen sich in aggressivem Spott und Missverständnissen. Kokoschkas Gegner vermeinen »Abgründe geheimerLaster« zu sehen, sprechen von »Menschenkarikaturen«, »Hypergrotesken«, nennen die Porträts »grässlich«, erfüllt von »wüster Erotik«, »Wahngebilde einer krankhaften Jugend«.[10]

Gerade vor dem Hintergrund solcher Reaktionen wird die Bedeutung von Loos und seiner Sammeltätigkeit erst voll bewusst. Denn bezeichnenderweise tritt zur Diffamierung von Kokoschka und seiner Kunst auch die Diffamierung potenzieller Sammler. Wer so etwas sammle, sei selber krank, mit derartigen Worten warnt etwa das *Deutsche Volksblatt* nachdrücklich vor den katastrophalen Folgen einer Begegnung mit Kokoschkas Bildern und vor den Sammlern, die den Besitz dieser Bilder nicht scheuen: »Möglich ist allerdings, daß die ›glücklichen‹ Besitzer eines Kokoschka schon so tief in den Kunstsumpf hinabgestiegen sind und sich dort wohlbefinden wie Kaulquappen in einer Schmutzlache, dann gibt es für die derartig Geschulten, gleichviel ob Mann oder Weib, keine Schrecken mehr.«[11]

In diesem ablehnenden Umfeld wird die Loos'sche Ausfallshaftung für Kokoschka zum Glücksfall einer materiellen Grundsicherung. Genau so wichtig aber ist, dass Loos damit den traditionellen Zwang des Auftragsporträts

OK

Oskar Kokoschka, Bildnis Bessie Bruce, 1910. Lebensgefährtin von Adolf Loos. Öl auf Leinwand. Ursprünglich Sammlung Loos, heute Staatliche Museen Preußischer Kulturbesitz – Neue Nationalgalerie, Berlin

Adolf Loos mit Bessie Bruce in Italien, 1911. Foto: Albertina, Wien

Oskar Kokoschka, Bildnis Martha Hirsch, 1909. Eine Bauherrin von Adolf Loos, der den Porträtauftrag vermittelt. Öl auf Leinwand. Ursprünglich Sammlung Loos, heute Sammlung Serge Sabarsky, New York

durchbricht, sich nach den Darstellungswünschen des Auftraggebers zu richten. So resümiert Loos im Rückblick: »Ich habe ihm die ersten Aufträge verschafft, immer unter der Garantie, sie selbst zu übernehmen, wenn der Besteller anderen Sinnes wird.« Schließlich nennt Loos mehr als zwanzig Kokoschka-Porträts sein Eigen, von denen zwei Drittel innerhalb eines halben Jahres zwischen Sommer 1909 und Januar 1910 entstanden sind! Viele besitzt Loos allerdings nur vorübergehend und auch nicht alle Bilder auf einmal. Oft fungiert er als Zwischenbesitzer, der die Werke an Sammler, Händler oder Museen weitervermittelt. Sich selbst sieht er nicht als Sammler herkömmlicher Prägung. Er nimmt die Bilder lediglich in eine Art von Verwahrung und versucht sie unter günstigeren Umständen zu platzieren.

So wird Loos bestenfalls zum »Sammler« wider Willen, ist aber auch väterlicher Mentor, selbstloser Förderer und umtriebiger Propagandist, der jederzeit bereitwillig die Bilder seiner Sammlung für Ausstellungen verleiht.[12] Weitaus zurückhaltender ist in dieser Hinsicht Kokoschkas »frühester« Sammler im klassischen Sinn, der Wiener Arzt Dr. Oskar Reichel.

DR. OSKAR REICHEL

Dr. Oskar Reichel ist Mediziner und als Internist eine Wiener Kapazität. Der Nachwelt bleibt sein Name als Sammler vor allem des frühen Kokoschka erhalten. Doch in Reichels Sammlung sind auch Egon Schiele, Max Oppenheimer und zahlreiche andere Vertreter der jungen österreichischen Szene zu finden. Reichel gebührt das Verdienst, unbeeindruckt von den Vorurteilen seiner Zeit die früheste österreichische Expressionismus-Sammlung aufgebaut zu haben.

Der Sammler agiert zielstrebig, ist geschäftstüchtig bis zur Skrupellosigkeit, gebildet und in der Verfolgung seiner Interessen äußerst konsequent. Seine Sammlung entsteht zu einem Zeitpunkt, als die von ihm favorisierten Maler noch kaum Beachtung finden. Die aktivsten Jahre seines sammlerischen Engagements fallen in die Zeit zwischen 1910 und 1916. Dass Dr. Reichel in hohem Alter die Zersplitterung seines Lebenswerks mit ansehen muss, gehört zum tragischen Schlusskapitel seines Lebens.

Oskar Reichel wird am 21. April 1869 in Wien geboren. Seine Vorfahren sind Händler und Bauunternehmer, Reichel aber entscheidet sich für die Medizin. Nach dem Studium an der Universität Wien sammelt er erste Berufserfahrungen als Assistent einer Privatklinik. Gegen 1899 macht er sich selbständig und eröffnet eine eigene Praxis in der Wiener Innenstadt, Börsegasse Nr. 12.[13]

Seine ersten sammlerischen Schritte sind nicht ungewöhnlich. Anfänglich sympathisiert Reichel mit der Kunst seiner Vatergeneration. Aber schon damals fällt auf, dass er sich auf seine Urteilssicherheit verlassen kann. So hat Reichel entscheidenden Anteil an der »Wiederentdeckung« des 1889 verstorbenen Wiener Malers Anton Romako. Einst galt Romako als Gegenspieler des Wiener Ringstraßenhelden Hans Makart. Wie dieser eilte er von Triumph zu Triumph. Kein Geringerer als der berühmte Musiker Franz Liszt war sein Brautführer. Doch die Wege des Künstlers verliefen zu eigenwillig. Schließlich starb er verarmt und völlig vergessen.

Heute wird Romako gerne als »Protoexpressionist« bezeichnet. Reichel gehört zu den ersten, die das zu schätzen lernen. Mit enormer Beharrlichkeit erwirbt er Bild um Bild. Das erste Romako-Gemälde sieht Reichel nach eigener Aussage 1899. 15 Jahre später besitzt er mehr als vierzig Werke. Auch Oskar Kokoschka kann sich ihnen nicht entziehen. In seinen Lebenserinnerungen hat Kokoschka diese Inspirationsquelle anerkannt, verschweigt aber Reichels Verdienste: »Ich habe schon in den zwanziger Jahren und auch später noch in Amerika Propaganda gemacht für den originellen und damals in Österreich vollkommen vergessenen Maler Romako (...).«[14]

Wie und wann Reichel und Kokoschka erstmals aufeinander aufmerksam werden, ist nicht belegt. Aber schon im Frühjahr 1910 entsteht das *Bildnis Hans Reichel*. Der porträtierte neunjährige Knabe ist Reichels ältester Sohn.

Oskar Kokoschka, Bildnis Hans Reichel, 1910. Der älteste Sohn von Dr. Oskar Reichel. Öl auf Leinwand. Ursprünglich Sammlung Reichel, heute Privatbesitz, USA

Oskar Kokoschka, Stillleben mit Hammel und Hyazinthe, 1910. Ein Hauptwerk der Reichel-Sammlung voll morbider Schönheit. Öl auf Leinwand. Heute Österreichische Galerie Belvedere, Wien

Kokoschka hat ihn stehend wiedergegeben, den erhobenen rechten Arm über den Kopf gestreckt. Später erinnert er sich an ihr erstes Treffen. Das Kind habe mit einer Raupe gespielt, und beide, Kind wie Raupe, veranlassen den Maler, über die Gegenwart und die unbekannte Zukunft zu sinnieren. Die elterliche Frage nach der Zukunft des Knaben beantwortet Kokoschka unvermittelt mit der seltsam anmutenden Prognose: »Ein Kardinal«.[15] Das mochte im Haushalt einer assimilierten jüdischen Familie durchaus als amüsante Antwort durchgehen. Die Doppeldeutigkeit seiner Antwort hat aber auch etwas mit der Ausgeliefertheit und dem dunklen Glück zu tun, was Kokoschka sinnbildlich meint, wenn die Raupe zum Schmetterling erwacht und jede Befreiung doch nur Illusion bleibt.

Im Anschluss an das Porträt entsteht das *Stillleben mit Hammel und Hyazinthe* – das Prunkstück der Reichel'schen Sammlung. Am Ostertag ist Kokoschka im Hause Reichel zum Essen geladen. Doch anstatt das Lamm zu genießen, malt er es. Es wird aus der Küche herbeigeschafft. Im Kinderzimmer der Söhne finden sich die weiteren Bildelemente: eine Schildkröte, der rosafarbene Lurch, ein Aquarium, die weiße Maus. Die Hyazinthe aber, deren körperloses Weiß vor dem blauen Untergrund magisch aufleuchtet, wird aus dem Wintergarten herbeigebracht.[16] All diese Absonderlichkeiten verdichtet

Oskar Kokoschka, Der irrende Ritter, 1914/15. Ein Schlüsselwerk Kokoschkas, der seine Trennung von Alma Mahler thematisiert. Öl auf Leinwand. Ursprünglich Sammlung Reichel, heute Solomon R. Guggenheim Museum, New York

Kokoschka zu einem Stillleben, das aus den Wurzeln des abendländischen »Memento mori« schöpft und doch von jeder Tradition abrückt. So befremdlich wie die einzelnen Bildmotive ist die verstörende Gestaltungsweise. Den Reichtum der Palette voll ausschöpfend schafft Kokoschka mit brüchigen Farben, deren Schmelz wie die Augen des Hammels zu gerinnen scheinen, ein dunkles Sinnbild. Zu Recht spricht der Kunsthistoriker Werner Hofmann von der »drohenden Schönheit« und den »Reizen des Morbiden«, von einem Bild, in dem die »Emanzipation der Dissonanz« den Klang vorgibt.[17] Hingegen urteilt ein Freund der Familie Reichel lakonisch, Rembrandts *Abgezogener Ochse* sei auch nicht viel schlechter.[18]

Reichel besitzt als Käufer eine glückliche Hand. Mit Kokoschkas Doppelakt *Selbstbildnis mit Alma Mahler* aus dem Jahr 1913 erwirbt er um 1914/15 ein weiteres Hauptwerk. Der nächste Coup gelingt dem Sammler 1916 mit dem Ankauf von Kokoschkas Selbstbildnis als *Irrender Ritter*. Das Bild markiert in

Kokoschkas Werdegang den Abschluss des Frühwerks. Es entsteht in einer für Kokoschka widrigen Zeit. Als er das großformatige Bild 1914 zu malen beginnt, bricht seine Welt bereits aus allen Fugen. Die Liebesbeziehung mit Alma geht zu Ende, der Künstler verliert sein inneres Gleichgewicht, er meldet sich zum Militär, will flüchten.

Ferner besitzt Reichel zwei Kokoschka-Allegorien und mehrere Porträts, mindestens also neun Ölbilder. Damit vereint er in seiner Sammlung mehr als sieben Prozent von Kokoschkas malerischem Gesamtwerk aus der Zeit vor 1918![19] Zahlreiche Zeichnungen unterstreichen Qualität und Umfang der Kollektion. Auch Kokoschka stuft die Sammlung als bedeutend ein. 1917 empfiehlt er seinem Berliner Galeristen, Reichels Sammlung zu erwerben – aus Kostengründen »durch einen Mittelsmann natürlich«. Seine Begründung: »Der hat aus allen Jahren mindestens eine charakteristische Arbeit.«[20] Doch Reichel denkt nicht ans Verkaufen. Stolz blickt er auf eine Sammlung, die in Wien ihresgleichen sucht. Auch Egon Schiele ist in ihr ähnlich stark wie Kokoschka vertreten. Auf Zureden des Kunstkritikers Arthur Roessler, der den Kontakt herstellt, willigt Reichel ein, sich gegen Jahresende 1910 von Schiele porträtieren zu lassen.

Wie Kokoschka misst Schiele der Sammlung Reichel große Bedeutung bei. Im Dezember 1910 bittet er Roessler, Sorge zu tragen, dass sein neues Bild *Die Selbstseher I* in eine wichtige Sammlung gelange. Es ist ein Selbstbildnis als Doppelgänger, in dem Schiele nach eigenem Dafürhalten seinen Durchbruch sieht. Das Bild soll nicht an irgendjemanden verkauft werden. So kommt das Bild zu Reichel, dem Schiele einigermaßen naiv schreibt: »Lieber Dr. O. R. Ich weiß, ohne Ihnen schmeicheln zu wollen, keinen Kunstwissenderen in Wien als Sie. – Darum, ausgesucht, hab' ich Ihnen dies Bild aus der ganz neuen Reihe geschickt. (...) Das Bild ist jenes, worüber Gustav Klimt geäußert hat, er wäre froh, solche Gesichter zu sehen. – Es ist sicher, gegenwärtig das Höchste, was in Wien gemalt wurde.«[21] Reichel ist auch bei Schiele ein bereitwilliger Käufer. Er erwirbt in den nächsten drei Jahren ein Dutzend Schiele-Gemälde und zahlreiche Zeichnungen.[22] Auf der Strecke bleiben allerdings Schieles Preiserwartungen. Sein oben erwähntes Ölporträt erwirbt Reichel für spärliche vierzig Kronen. Schiele hatte 800 verlangt.[23]

Reichel ist kein sympathischer Verhandler. Oft hören vor allem junge Künstler aus seinem Mund den Satz, er müsse ja nicht kaufen. In dieser Hinsicht genießt Reichel einen schlechten Ruf. Ein Schiele-Freund, der selbst sammelt, berichtet über den »Döblinger Millionär« und unbarmherzigen Käufer: »Ich konnte jeweils nur ein Blatt, bestenfalls zwei Blätter gleichzeitig kaufen. So erhielt Schiele von mir immer nur kleinere Beträge. Wenn er nun größere brauchte, rollte er ein Dutzend oder mehr, meist aquarellierter Zeichnungen ein und fuhr damit zu seinem Döblinger Sammler. Der sah sich die Blätter

Egon Schiele, Die Brücke, 1913. Der Maler entdeckt die Brücke bei einem Spaziergang in Györ, »ganz asiatisch, wie chinesisch«. Öl auf Leinwand. Ursprünglich Sammlung Reichel, heute Privatbesitz, USA

Egon Schiele, Bildnis Dr. Oskar Reichel, 1910. Bleistift, Aquarell und Deckweiß auf Papier. Kunsthaus Zug, Stiftung Sammlung Kamm

Oskar Kokoschka gemeinsam mit dem Maler Max Oppenheimer (sitzend) und dem Schauspieler Ernst Reinhold, Aufnahme um 1909/10. Foto: Sammlung der Universität für angewandte Kunst Wien, Oskar-Kokoschka-Zentrum, Wien

ruhig, ohne Zeichen der Begeisterung an und sagte endlich: ›Ja, ich brauche die Sachen nicht; wenn Sie zehn Kronen für das Stück wollen, können Sie sie hier lassen.‹ Und Schiele nahm die 120 Kronen für das Dutzend und fuhr beglückt nach Hause.«[24]

Aber nicht immer verlässt Schiele die Villa seines Sammlers zufrieden. Manchmal sehen sich Käufer wie Verkäufer gleichermaßen als Opfer des getätigten Geschäfts. So jammert Reichel nach einer derartigen Verkaufsaktion: »Schiele hat natürlich kein Geld und hält sich fleissig an mich.« Schiele empört sich seinerseits über die ihm hinterbrachte Äußerung von Reichel: »Jetzt war ja erst Schiele da und er bettelte«.[25] Äußerst gekränkt kommentiert er diese Bemerkung seines Sammlers mit dem Urteil: »Ich werde niemals vergessen können, daß ein Mensch, der einen van Gogh hat, so roh sprechen kann; ich muß ihm das ganze Verständnis, besonders für van Gogh, verneinen, Sammler ist jeder Botaniker.«[26]

So kühlt der Kontakt zwischen Reichel und Schiele nach 1913 ab. Nicht aber Reichels Sammelleidenschaft, die dem Kunstgeschmack seiner Zeit weit

Max Oppenheimer, Bildnis Malvine und Raimund Reichel, 1911. Die Gattin und der jüngste Sohn von Dr. Reichel. Öl auf Leinwand. Ursprünglich Sammlung Reichel, heute Museum Moderner Kunst – Stiftung Ludwig, Wien

Max Oppenheimer, Bildnis Oskar Reichel, 1909. Der wichtigste Mäzen des jungen Oppenheimer. Öl auf Leinwand. Ursprünglich Sammlung Reichel, Verbleib unbekannt

voraus ist. Reichel ist ein vorurteilsloser Sammler, der im Expressionismus nicht allein ein Markenzeichen von Oskar Kokoschka erkennt. Sehr zu dessen Ärger sammelt er auch Bilder von Kokoschkas Erzrivalen und Intimfeind Max Oppenheimer. Mitunter gerät Reichel sogar zwischen die Fronten »seiner« Künstler, deren Attacken einander nichts schuldig bleiben.

Heute ist der 1886 in Wien geborene Max Oppenheimer nur mehr einem Spezialpublikum geläufig. Vor seiner NS-bedingten Flucht in die USA 1938 war er eine Berühmtheit. In seiner Jugend stieg er neben dem gleichaltrigen Oskar Kokoschka und Egon Schiele zum zeitweise namhaftesten Expressionisten der österreichischen Moderne auf. Während sich Kokoschka und Oppenheimer zunächst durchaus freundschaftlich begegneten, schlug diese Nähe ab 1910 in Hass und unversöhnliche Rivalität um. Pikanterweise gilt Reichel zu Recht als Oppenheimers wichtigster Sammler. MOPP – wie der Künstler sich bald nennt – macht mitunter die gleichen Verkaufserfahrungen wie Schiele. Als er 1911 sein Porträt des Wiener Literaten Arthur Schnitzler verkaufen will, bietet er das Bild dem Porträtierten für 300 Kronen an. Doch der lehnt ab: »Ja, wenn Sie mir noch ein Haus dazu geben, dann kann ich es aufhängen. Übrigens sind 300 Kronen für das Bild zuwenig – verkaufen Sie es wem anderen für 500 Kronen!« Zugegriffen hat schließlich Dr. Reichel – für 150 Kronen![27]

Als explosiv erweist sich ein Buchprojekt, das Reichel finanzieren will und Oppenheimers erste Monographie werden soll. Arthur Roessler ist als Autor vorgesehen, wenn Reichel die Druck- und Reprokosten übernimmt. Im letzten Moment aber kippt Oppenheimer das Projekt. Ohne es zu beabsich-

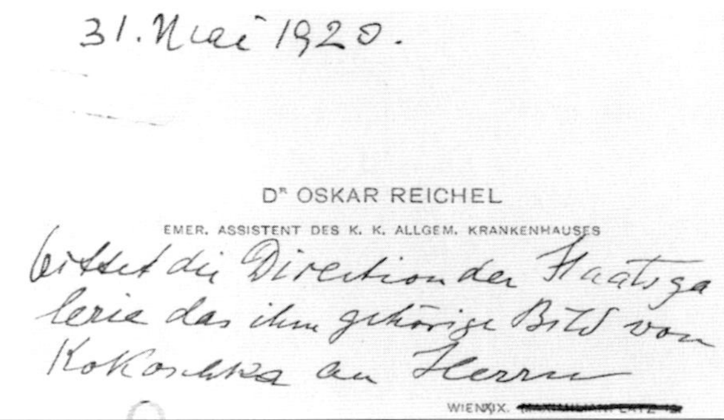

31. Mai 1920.

Dr OSKAR REICHEL

EMER. ASSISTENT DES K. K. ALLGEM. KRANKENHAUSES

bittet die Direction der Staatsga-
lerie das ihm gehörige Bild von
Kokoschka an Herrn

WIEN IX. [redacted]

Max Oppenheimer, Bildnis des Wiener Literaten Arthur Schnitzler, 1911. Öl auf Leinwand. Ursprünglich Sammlung Reichel, Verbleib unbekannt

Visitkarte Dr. Oskar Reichel, mit handschriftlicher Notiz vom 31. Mai 1920. Archiv der Österreichischen Galerie Belvedere, Wien

tigen, tut er Kokoschka damit einen großen Gefallen, der sich alarmiert von der Ankündigung bereits über das Buch ereifert, bevor es erschienen ist. Ohne den Text überhaupt zu kennen, geschweige denn gelesen zu haben, setzt Kokoschka in Wien Gerüchte über dessen Inhalt in Gang, schimpft Oppenheimer einen »Gauner« und beklagt sich bitterlich, dass in dem Buch lauter Unwahrheiten verkündet würden. Kokoschkas Klage gipfelt in der Unterstellung, das Buch würde nur deswegen erscheinen, damit Dr. Reichel abkassiere, indem er die vielen Oppenheimer-Bilder, »die er zu 40 Gulden gekauft hat, losbringt«.[28]

Der Streit kann Reichel wenig anhaben. Sein vitales Kunstinteresse führt ihn mit 43 Jahren noch einmal an die Universität Wien, wo er zwischen 1912 und 1914 mehrere Semester Kunstgeschichte hört. Dort trifft er auf Lehrer, die in ihrer Einstellung der Moderne gegenüber nicht unterschiedlicher sein können. Auf der einen Seite lernt er Josef Strzygowski kennen, der Kokoschkas legendäre Ausstellung im Wiener Hagenbund 1911 in Grund und Boden verdammt, andererseits begegnet Reichel dem kulturhistorisch orientierten Max Dvorak, der 1921 einen einfühlsamen Text für Kokoschkas Mappe »Variationen über ein Thema« verfasst.

Als Systematiker ist Reichel ein Mann, der sich seiner Avantgarde-Position durchaus bewusst ist. 1913 folgt er der Einladung, einen Teil seiner Sammlung öffentlich auszustellen. Private Kunstsammlungen der Allgemeinheit zugänglich zu machen ist damals noch sehr ungewöhnlich. Reichel beweist damit ein modernes Verständnis. Für alle hier zuvor erwähnten Klimt-Sammler wäre es hingegen undenkbar gewesen, ihre Sammlungen geschlossen in Ausstellungen zu zeigen. Zwar stellen sie wiederholt bereitwillig Leihgaben aus ihrem Besitz zur Verfügung, aber allein eine Ausstellung zu bestreiten entspricht weder ihrem Selbstverständnis noch der noblen Zurückhaltung, die ihnen die Konvention anerzogen hat. Es ist in Wien nicht üblich, dass »Inhaber schöner Häuser und Wohnungen an gewissen Tagen gegen ein relativ hohes Eintrittsgeld, welches wohltätigen Zwecken zufloß, ihre Räume und Sammlungen dem Publikum zur Verfügung stellten« – wie es in Berlin seit den späten 1890er Jahren in wachsendem Maße üblich wird.[29]

Die Ausstellung bildet einen Höhepunkt in Reichels Sammlerleben. Die Präsentation findet im Februar 1913 in den Räumen von Wiens führender Galerie H. O. Miethke im Wiener Zentrum statt. Reichel zeigt insgesamt 77 Ölbilder. 41 davon stammen von Anton Romako, worauf sich der Schwerpunkt der Ausstellung konzentriert. Unklar ist, ob Reichel selbst darauf besteht, neben Romako auch Beispiele seiner anderen Künstler zu zeigen. Jedenfalls sehen die Besucher auch einige Klassiker der französischen Moderne, darunter ein Selbstbildnis von Vincent van Gogh und einen Frauenkopf von Toulouse-Lautrec. Kokoschka, Schiele und Oppenheimer sind ihrerseits mit jeweils zwei Bildern und etlichen Grafiken vertreten.

Im Katalog erläutert Reichel seinen Werdegang als Sammler. In der Einleitung schreibt er ohne falsche Bescheidenheit: »Das was ich heute zeige, ist keine Sammlung – es ist vielmehr ein Protest gegen eine solche, gegen den vielfach verbreiteten Gebrauch der Zusammenstellung sogenannter Kunstwerke, ein Protest gegen die Mehrzahl der Künstler, gegen die offiziellen Ausstellungen und gegen die wahllos kaufende Menge. Es ist nicht die Aufgabe des Einzelnen, ja es steht ihm nicht zu, Galerien zu konkurrenzieren, es ist eine lächerliche Eitelkeit, Werte in Form von Kunstwerken möglichst vollständig nach Namen geordnet auszustapeln; dem Einzelnen steht es aber zu, Werke der bildenden Künstler, so wie die der Musiker und Dichter zu genießen und dadurch sich einen Ersatz zu schaffen dafür, was ihm selbst zum schaffenden Künstler fehlt, also dessen Schöpfung mitzuerleben. (...) Was sich bei mir vereint hat, ist keine Sammlung. Niemand wollte diese Bilder, trotzdem nahm ich sie zu mir.«[30] Reichel betont aber auch, nach einem inhaltlichen Konzept mit entwicklungsgeschichtlichem Anspruch zu sammeln. Seiner Einschätzung nach gibt es einen konsequenten Weg, der »von Romako zu Kokoschka, dem Visionär unter den jungen Wiener Künstlern«, führt.

Die Öffentlichkeit reagiert auf die Präsentation zwiespältig. Namentlich die Werke der jüngeren Künstler erregen Unverständnis und Ablehnung. Das *Deutsche Volksblatt,* das sich wieder einmal als Hüter von Moral und Ordnung aufspielt, lässt es sich nicht nehmen, zynisch festzustellen: »Es ist erfreulich zu erfahren, daß mit Ausnahme des Dr. Reichel in Wien das Kunstwerke kaufende Publikum sich seinen gesunden Geschmack bewahrt hat.«[31] Dass auch

Kokoschka unter den Kritikern der Ausstellung zu finden ist, hat andere Gründe. Als er erfährt, dass er neben Oppenheimer ausstellt, zwingt er Reichel, die Kokoschka-Bilder zurückziehen und aus den Katalogen, die bereits gedruckt vorliegen, seinen Namen per Hand ausstreichen zu lassen.

Reichels Sammlung verändert ihr Profil aber nicht nur durch Ankäufe, sondern – wie bei Privatsammlern häufig – auch durch Verkäufe. Bereits 1918 veräußert Reichel das wenig charakteristische *Bildnis Frau Karpeles* an das Nassauische Landesmuseum Wiesbaden. 1922 trennt er sich von drei weiteren Bildern, wovon zwei in den deutschen Kunsthandel gehen. Das dritte, Kokoschkas Hammelstillleben, verkauft Reichel an die Österreichische Galerie Belvedere. Der Kaufpreis von 35 Millionen Kronen, eine (inflationsbedingt) enorme Summe, bringt ihm unter Neidern einen zwiespältigen Ruf ein.[32]

Seit 1920 ist Reichel auch offiziell im Kunsthandel tätig. Einerseits beteiligt er sich an der Wiener Firma KUWO (Kunst und Wohnung), andererseits übernimmt er im selben Jahr die künstlerische Leitung einer auf zeitgenössische Kunst spezialisierten Galerie im achten Wiener Gemeindebezirk, die aber wenig in Erscheinung tritt.[33] Als Dr. Reichel 1928 in Pension geht, übergibt er seine Praxis an seinen älteren Sohn Hans. Weiteren Verkäufen aus seiner Sammlung ist er nicht abgeneigt, hat aber dezidierte Preisvorstellungen. Noch kann er es sich leisten, auf das richtige Angebot zu warten.[34] Doch dann läuft die Zeit gegen ihn und er wird Opfer der politischen Entwicklung. Nach dem »Anschluss« Österreichs an Hitlerdeutschland emigrieren seine Söhne Hans in die USA, Raimund wenig später nach Lateinamerika. Der mittlere, Max, bleibt, wird später deportiert und von den Nationalsozialisten ermordet. Noch versucht der Vater die Kunstsammlung aufzulösen. Die Kokoschka-Bilder verkauft er 1939 an den Wiener Galeristen Otto Kallir-Nirenstein, der wenig später selbst das Land verlassen muss.[35]

Unter dem Druck der Nationalsozialisten ist Reichel gezwungen, auch sein Haus zu einem Schleuderpreis abzusetzen. Er wird in eine Massenunterkunft in Wien-Leopoldstadt ausquartiert. Nur sein Tod am 5. Mai 1941 erspart ihm Schlimmeres. Seine Gattin Malvine hingegen wird wenig später verschleppt. Doch sie überlebt dreieinhalb Jahre Haft im Konzentrationslager Theresienstadt. Nach ihrer Befreiung wandert sie über Wien nach New York zu ihrem ältesten Sohn aus, wo sie 1951 stirbt. Währenddessen lebt ihr jüngerer, Raimund, jahrzehntelang in Lateinamerika, bevor er Anfang der 1980er Jahre nach Wien zurückkehrt und dem Museum Moderner Kunst das Oppenheimer-Porträt seiner Mutter schenkt, eines der wenigen Bilder, das ihm geblieben ist.[36]

Auch die Sammlung des Wiener Gastwirts Franz Hauer, die im folgenden vorgestellt wird, existiert heute nicht mehr. Doch war ihre Auflösung 1914 von rein wirtschaftlichen Gründen bestimmt.

FRANZ HAUER

Die Liebe zur Kunst wird Franz Hauer im Gegensatz zu anderen Wiener Mäzenen keineswegs in die Wiege gelegt. Sein Leben beginnt vielmehr in bescheidenen Verhältnissen. Als Sohn eines Briefträgers am 19. Mai 1867 in Niederösterreich geboren, geht seine schulische Ausbildung über die Volksschule nicht hinaus. Er kommt zu einem Metzger in die Lehre. Nach der Eheschließung mit Cäcilia Lintner tritt er 1894 in die Gastwirtschaft seines Schwagers ein, der Eigentümer des »Griechenbeisls« in Wien ist. Doch nach dem Tod des Schwagers erhält Hauer noch vor der Jahrhundertwende die Chance, das Speiselokal zu erwerben. Unter seiner Leitung entwickelt sich der Betrieb so hervorragend, dass Hauer bald einen Geschäftsführer anstellen und sich mehr und mehr dem Sammeln und Studium der Kunst widmen kann.[37]

Hauer ist in dieser Hinsicht ein völliger Autodidakt. Sein Aufstieg zum Sammler, der sich bald ausschließlich für zeitgenössische Kunst interessiert, stets auf der Suche nach unentdeckten Talenten, verläuft rasant. Schon den Zeitgenossen fällt der Zusammenhang zwischen Hauers gesellschaftlichem Aufstieg und dem Wandel der äußeren Erscheinung auf: Aus dem Landburschen wird ein würdevoll-vornehmer Herr, den seine eigenen Kinder mehr bewundern als lieben.

Hauers Sammeltätigkeit beginnt um 1908/09. Dem Kunstliebhaber, der sein vierzigstes Lebensjahr schon überschritten hat, bleiben nur mehr fünf Jahre bis zu seinem überraschend frühen Tod. Zunächst tätigt Hauer seine Ankäufe im Wiener Künstlerhaus, neben Secession und Hagenbund der dritte und konservativste Künstlerverband Wiens. Hauers ältester Sohn – er wird später selbst Maler – erinnert sich an die Anfänge: »Bald nach dem Tode meiner Mutter (1907, d. A.) machte mein Vater die Bekanntschaft eines Malers namens Kotzbeck.[38] Mein Vater erwarb von ihm mehrere Bilder und hängte sie in seiner Wohnung auf. Dann trat er, sein Werk betrachtend, einige Schritte zurück und sprach: ›Eigentlich schön, so Bilder an der Wand‹. Und da alle Wände des weitläufigen Hauses leer waren und die Einnahmen meines Vaters von Jahr zu Jahr zunahmen, begann er sich immer mehr für Kunstausstellungen und Maler zu interessieren. Bald trat das Gegenteil des vorher genannten Zustandes ein. Es waren mehr Bilder als Wände vorhanden, und so musste nach einem größeren Objekt Ausschau gehalten werden.«[39]

Hauer sammelt mit erstaunlicher Energie. Verblüffend sind auch die Stationen seiner »Karriere«. Zunächst erwirbt er seine Bilder auf den Künstlerhaus-Ausstellungen, die drei Mal jährlich stattfinden. Dann dehnt er seine Rundgänge auf modernere Kunstvereine und Galerien aus. Schon damals tritt Hauer als Großeinkäufer auf. Ob ihn kaufmännische Überlegungen oder die Leidenschaft motivieren, muss dahingestellt bleiben. Noch ist seine Ankaufs-

Oskar Kokoschka, Bildnis Franz Hauer, 1914. Kohle auf Papier. Ursprünglich Sammlung Hauer, heute Bayerische Staatsgemäldesammlungen, München

Egon Schiele, Bildnis Franz Hauer, 1914. Bleistift auf Papier. Ursprünglich Sammlung Hauer, heute Privatbesitz

strategie wenig differenziert. Beispielsweise erwirbt er auf der Herbstausstellung des Künstlerhauses 1909 insgesamt zehn Werke von neun verschiedenen Künstlern. Immer tiefer dringt der Debütant in die Kunstszene ein und sucht den persönlichen Künstlerkontakt. In wachsendem Maße erhält er Einladungen zu Atelierbesuchen, so dass Direktankäufe die Regel werden. Aber Hauer versteht sich nicht nur als Käufer. Er finanziert auch Studienreisen und führt ein offenes Haus. Fast täglich sind bei ihm Künstler zu Besuch, die seine Gastlichkeit schätzen.

Hauer genießt nicht nur den persönlichen Kontakt mit den Künstlern, er benötigt ihn geradezu. Offensichtlich will und kann er Werk und Person nicht voneinander trennen. Wohl auch aus diesem Grund lässt er die Kunst des 19. Jahrhunderts hinter sich. Mit erstaunlicher Sicherheit widmet er sich bald ausschließlich der Moderne. So wird innerhalb kürzester Zeit aus dem unspezifischen Käufer ein profilierter Avantgardesammler Wiens. Um 1911/12 steht Hauer an der vordersten Front des modernen Kunstgeschehens. Nur wenige Zeitgenossen würdigen Hauers »mutiges Zugreifen bei noch nicht anerkannten Talenten«.[40]

Der aus Hauers Sicht vielleicht wichtigste Maler seiner Sammlung ist Albin Egger-Lienz, der aus Tirol stammt und der Generation von Gustav Klimt angehört.[41] Egger-Lienz erwirbt sich mit monumentalen Bildern aus dem Bauernleben seiner Heimat einen Namen, doch schon bald überwindet er das Anekdotisch-Erzählerische und findet zu einer wachsenden Vereinfachung der

Franz Hauer mit Familie, um 1908, v.l.n.r.: Leopold, Rosa, Tante Marie, der Sammler, seine zweite Gattin Anna, geb. Zapletal, Berta und Ignaz. Foto: Privatbesitz

Form und symbolischer Verdichtung. Die ersten Egger-Lienz-Bilder erwirbt Hauer im Frühjahr 1910. Der Tiroler Maler ist zu dieser Zeit kein Unbekannter mehr, er erhält in Anerkennung seiner Leistung die Berufung zum Professor der Wiener Kunstakademie, was jedoch durch persönliche Intervention des Thronfolgers Franz Ferdinand verhindert wird. Als Egger-Lienz daraufhin Wien verlässt, erwirbt Hauer ein Konvolut von weiteren 43 Gemälden. Im Zuge der enger werdenden Kontakte glaubt Egger-Lienz den Sammler beraten und beeinflussen zu müssen. Namentlich Oskar Kokoschka ist Egger-Lienz ein Dorn im Auge. Er warnt Hauer: »Aber den Kokoschka würde ich Ihnen nicht empfehlen, auch ungesehen.«[42]

Für Egger-Lienz ist Hauers Kokoschka-Leidenschaft eine Modetorheit, und so wundert es nicht, dass er dieses »Fehlverhalten« seines Sammlers einem Freund mit den abschätzigen Worten erklärt: »(…) wenn er (Hauer, d. A.) unter anderem auch Kokoschka kauft, tut er es wohl hauptsächlich darum, um in seiner Sammlung auch solche Dokumente unseres Kunst-Zeitbildes zu haben, daß er auch der Hypnose der Verkehrtheit nicht ganz verschlossen ist, ist menschlich, doch bin ich überzeugt, daß er im Inneren niemals in dem Maaße wie Sie glauben, von dieser Kunst berührt ist. Ich habe Herrn H. schon einige

Franz Hauer mit seinen beiden Söhnen Leopold und Franz jun., um 1909. Foto: Privatbesitz

Oskar Kokoschka, Bildnis Franz Hauer, 1913. Aus dem Fleischhauergeselle wird einer der wenigen Avantgarde-Sammler Wiens. Öl auf Leinwand. Ursprünglich Sammlung Hauer, heute Museum of Art, Rhode Island School of Design, Rhode Island / Providence, Giorgianna Aldrich Fund and Museum Works Appropriation

Male wegen der Kokoschka's Vorstellungen gemacht, so unverblühmt wie ich es gewohnt bin, dabei gewann ich den Eindruck den ich erwartete; nämlich daß es nicht so ernst damit gemeint ist. Auch sind die Preiße sicher nicht hoch. Freilich sollte man in Anbetracht so vieler ernster ehrlicher Künstler, einen solchen Humbug auch nicht mit einem Kreutzer unterstützen.«[43]

Doch Egger-Lienz unterliegt einer schweren Täuschung. Hauer, der 1912 die ersten Kokoschka-Ankäufe tätigt, ist sich seiner Auswahl sicher. Im selben Jahr übersiedelt der Sammler, der sein Leben zunehmend auf die Kunstpflege ausrichtet, in eine geräumige Villa in Wien-Grinzing, Silbergasse Nr. 40. Seine alte Bleibe vermag die Bilderflut nicht mehr zu fassen. In einer Mischung aus Repräsentations- und Pflichtbedürfnis geht Hauer daran, im Garten der Villa eine eigene Galerie anbauen zu lassen, die aus mehreren Räumen besteht. Dass sie Künstlern und Gästen zur Besichtigung offen steht, ist nicht selbstverständlich. Das erste staatliche Museum moderner Kunst in Wien war erst wenige Jahre zuvor im Jahr 1903 errichtet worden.

Zu den Besuchern von Hauers Galerie zählt auch Anton Peschka, Schieles späterer Schwager. Aufgeregt berichtet er von seinem Rundgang, der ihm doppelt angenehm ist, als er dort auch Werke von Schiele entdeckt. Aber wie schon Egger-Lienz ist auch Peschka von Kokoschkas Werk wenig angetan. Er wirft ihm vor, in seinen neuesten Bildern allzu modisch-futuristisch zu sein.[44] Peschkas Kritik zielt vor allem auf die beiden Kokoschka-Bilder *Doppelakt: Zwei Frauen* und das heute verschollene *Stillleben mit Katze, Hammel und Fisch*. Bei beiden spielen Kubismus und Futurismus in der Tat eine gewisse Rolle.

Das Renommierstück der Sammlung ist das Kokoschka-Porträt des Hausherrn. Es entsteht in Hauers Villa. Im September 1913 konfrontiert Kokoschka den Sammler mit dem Vorschlag: »Ich möchte sehr gerne ein Porträt von Ihnen

OK

Oskar Kokoschka, Begegnung, 1913. Umdruckzeichnung zur gleichnamigen Lithographie. Ursprünglich Sammlung Hauer, heute Sammlung Schömer, Klosterneuburg

Oskar Kokoschka, Doppelakt: Liebespaar (Selbstbildnis mit Alma Mahler), 1913. Trotz der Berührung der Leiber kommt keine Vertrautheit auf. Öl auf Leinwand. Heute Museum of Fine Arts, Boston, Vermächtnis Mrs. Sarah Reed Blodgett Platt

machen, für mich oder Sie, wie Sie wollen (...)«. Wenig später setzt Kokoschka blauäugig hinzu: »Ich möchte Sie deshalb malen weil Ihr Gesicht mich sehr interessiert und ich mir schon lange gewünscht habe Sie zu malen. Und nicht weil ich Geld verdienen will. Ich bitte Sie deshalb auch von einem Kauf abzusehen (sich in keiner Weise gebunden zu fühlen) (...).«[45]

Ob Hauer sich verpflichtet fühlt, ist nicht überliefert, jedenfalls erwirbt er das Porträt umgehend. Er ist in einem Armstuhl sitzend dargestellt, vor sich ein aufgeschlagenes Foliantenwerk. In der eindrucksvollen Wiedergabe der Hände erhält das Bild ein farbliches und kompositorisches Bildzentrum. Wichtig ist der Fensterausschnitt; Kokoschka gibt damit eine deutliche Innenraumangabe, während seine Bildnisse zuvor räumlich im Undefinierten blieben. Mit dem Landschaftsausschnitt kommt ein Thema ins Bild, das für den Städteporträtisten Kokoschka später enorme Bedeutung erlangt.[46]

Oskar Kokoschka, Alpenlandschaft bei Mürren, 1912. Entstanden während Kokoschkas und Alma Mahlers gemeinsamer Reise in die Schweiz. Öl auf Leinwand. Ursprünglich Sammlung Hauer, heute Bayerische Staatsgemäldesammlungen, München, Leihgabe aus Privatbesitz

Oskar Kokoschka (dritter von links) im Kreis von Freunden, um 1911/12. Im Hintergrund sein »Stillleben mit Katze, Hammel und Fisch«, das Hauer 1912 erwirbt. Heutiger Verbleib unbekannt. Foto: Sammlung der Universität für angewandte Kunst Wien, Oskar-Kokoschka-Zentrum, Wien

Hauer ersteht in nur zwei Jahren acht Kokoschka-Gemälde, neben dem eigenen Porträt ein Bildnis des Literaten Albert Ehrenstein, ein Stillleben, drei Aktdarstellungen und zwei Landschaften.[47] Mit zwei Ausnahmen erwirbt Hauer alle Werke direkt und als Erstbesitzer. Hauer kann auch ein ungeduldiger Käufer sein. Manchmal scheint er Kokoschka sehr zuzusetzen. Beim *Bildnis Albert Ehrenstein* konkurrenziert Hauer den Dargestellten, der gehofft hatte, das Bild selbst zu übernehmen (s. S. 272). Kokoschka sucht nach Ausreden und beschwört den mittellosen Ehrenstein, mit dem er eng befreundet ist, ein Einsehen zu haben. Er, Kokoschka, sei schuldlos. Er habe Hauer gegenüber nein gesagt, doch erfolglos: »Der Käufer (…) hat mich erinnert, daß unter Männern das Wort gilt, hat auch viel gejammert und mit Gewissen herumgefuchtelt, so daß ich froh war, wie er mit dem Bild weg war. Ich mache Ihnen die versprochene Zeichnung, bis Sie zu mir kommen, die wird gerade so gut sein wie das Bild, und Sie werden nicht mehr bös sein, nicht wahr, mein lieber Ehrenstein.«[48]
Ein heftiges Interesse verbindet Hauer auch mit Egon Schiele. Die Initiative geht von Schiele aus, der im Juli 1912 Hauer mit den Worten überrascht: »Geehrter Herr Hauer! ich habe gehört, daß Sie einer von den Wenigen sind die Bilder von den Jüngsten erwerben, möchten Sie mich nicht besuchen, oder

271 FRANZ HAUER

Oskar Kokoschka, Bildnis des Literaten Albert Ehrenstein, 1914. Über Kokoschka schreibt er: »Er ist kein Fleischhacker, sondern ein Seelenaufschlitzer.« Öl auf Leinwand. Ursprünglich Sammlung Hauer, heute Nationalgalerie Prag

Egon Schiele, Stein an der Donau, vom Süden aus gesehen, 1913. Öl auf Leinwand. Ursprünglich Sammlung Hauer, heute Privatsammlung, New York

die Ausstellung des Hagenbundes ansehn wo von mir einige Arbeiten zu sehen sind?«[49] Hauer lässt sich nicht lange bitten und erwirbt schon drei Tage später drei Schiele-Gemälde. Damit wird Hauers Sammeltrieb aber erst geweckt. Er lässt sich im Juli 1913 von Schiele ein »Vorbesichtigungsrecht« auf alle bis zum kommenden Herbst entstehenden Bilder einräumen.[50] In der Folge fügt Hauer seiner Sammlung sechs weitere Schiele-Bilder hinzu, darunter zwei große Ansichten der Stadt Stein, in deren Nähe Hauer geboren worden ist.[51] Doch dann macht der Tod allen einen Strich durch die Rechnung, denn Hauer stirbt im Juli 1914. Völlig überraschend erliegt er im Alter von 48 Jahren einer Blinddarmentzündung. Nach seinem Tod und mit dem Ausbruch des Ersten Weltkriegs löst sich seine Sammlung rasch auf. Sie wird in zwei Auktionen – wohl aus finanziellen Gründen – 1918 und 1920 versteigert.[52]

Die Kokoschka-Bilder wurden schon zuvor verkauft. Sie gehen vorwiegend ins Ausland, teils an Kokoschkas Berliner Galeristen Paul Cassirer, teils an deutsche Privatsammler, die im Leben Kokoschkas zusehends mehr Raum einnehmen.

HERWARTH UND NELL WALDEN

Im Sommer 1910 bricht Oskar Kokoschka nach Berlin auf. Es ist sein erster längerer Aufenthalt in Deutschland, und er erlebt ihn als eine »Wasserscheide von der Vergangenheit zur Zukunft«.[53] In Herwarth Walden trifft er in Berlin einen ähnlich wichtigen Förderer, wie es Adolf Loos in Wien ist. Durch Waldens Vermittlung lernt Kokoschka die neuesten künstlerischen Strömungen Europas kennen. Manches davon hinterlässt in seinem Werk dauerhafte Spuren. Aber auch rezeptionsgeschichtlich markiert Kokoschkas Aufenthalt im Zentrum des Deutschen Kaiserreichs einen Wendepunkt. Mit einem zweiten Standbein in Berlin positioniert sich Kokoschka am deutschen Kunstmarkt erheblich früher als Egon Schiele und Gustav Klimt. Herwarth Walden hat an dieser Entwicklung maßgeblichen Anteil.

Als einer der tatkräftigsten Vorkämpfer der klassischen Moderne kommt Walden schon früh die Erkenntnis, dass die zeitgenössische Kunst nur als international vernetztes Unternehmen Erfolg haben kann. Von Berlin aus entfaltet Walden vielerlei Aktivitäten, gründet die »Sturm«-Galerie, gibt eine gleichnamige »Kampfschrift für moderne Kunst« heraus, knüpft ein dichtes Netz von Bekanntschaften und organisiert Ausstellungen in ganz Europa, 1914 sogar in Tokyo. Mit dem Berliner »Sturm«-Kreis schafft der umtriebige Impresario auf der Landkarte der europäischen Moderne einen Kulminationspunkt, der Schauplatz ist und zugleich als Informationsbörse funktioniert. Hier finden deutsche Expressionisten, italienische Futuristen, Dadaisten und französische Kubisten am Vorabend des Ersten Weltkriegs ein offenes Forum. Wenn Berlin neben Paris in jenen Jahren zu einem Zentrum der Avantgardekunst avanciert, ist dies nicht zuletzt Waldens Verdienst.

Herwarth Walden wird am 16. September 1878 als Georg Lewin in Berlin geboren. Der Vater ist Facharzt für Urologie. Nach dem Gymnasium erhält Walden Musikunterricht. Beruflich in die Fußstapfen des Vaters zu treten lehnt er ebenso ab wie eine kaufmännische Ausbildung. Er wird Musiker, komponiert und gibt Unterricht. 1901 heiratet er die Schriftstellerin Else Lasker-Schüler. Mehrere Versuche mit avantgardistischen Kunstzeitschriften scheitern. Entweder kommen die von ihm geplanten Projekte nicht über das Planungsstadium hinaus, oder Walden wird nach den ersten Probenummern als Redakteur entlassen. Er ist »zu modern«. Immer mehr stellt Walden seine eigene künstlerische Karriere zurück und verlegt sich auf die Rolle des Mittlers. Der verlegerische Durchbruch gelingt ihm im Frühjahr 1910 mit der Gründung der Zeitschrift *Der Sturm*.

Kokoschka lernt den Impresario und Ausnahmemenschen aus nächster Nähe kennen. Für ihn ist er ein »Kunstdiktator, eine dynamische Persönlichkeit und uneigennützig«, »ein absoluter Vertreter der Moderne«.[54] Ähnlich

Herwarth und Nell Walden in ihrer Berliner Wohnung, Potsdamer Straße 134A, um 1915. Foto: Staatsbibliothek zu Berlin – Preußischer Kulturbesitz – Handschriftensammlung, Sturm-Archiv, Fotoalbum Nell Walden, Depositum 41, Bl. 73v unten

Das Arbeitszimmer von Herwarth Walden in seiner Berliner Wohnung, Aufnahme um 1915. Über dem Schreibtisch Bilder von Franz Marc. Links Kokoschkas »Bildnis Rudolf Blümner« (1910), rechts das Bildnis des Hausherrn. Foto: Staatsbibliothek zu Berlin – Preußischer Kulturbesitz – Handschriftensammlung, Sturm-Archiv, Fotoalbum Nell Walden, Depositum 41, Bl. 73v oben

275 HERWARTH UND NELL WALDEN

urteilt Paul Klee, der über Walden schreibt: »Lebt von Zigaretten, befiehlt und rennt wie ein Stratege.«[55]

Als Kokoschka wenige Wochen nach seiner Ankunft Walden porträtiert, fließt vieles von seiner Beurteilung in die Bildgestaltung ein. Herwarth Walden ist mit dem Ergebnis zufrieden. Ende Juni 1910 berichtet er: »Kokoschka malte mich noch am Sonnabend. Sehr gut gelungen.«[56] Mit Waldens Porträt setzt Kokoschka einen Meilenstein europäischer Bildniskunst. So, als gelte es, hier seinen Ruf erst recht zu verteidigen, entfesselt der »Wiener Oberwildling« ein virtuoses Feuerwerk. Die eruptive Bildwerdung profitiert von den Experimenten, die Kokoschka in früheren Porträts erprobte.
Die Komposition gibt Walden in Seitenansicht wieder, den Oberkörper leicht vorgeneigt – wegen Waldens Kurzsichtigkeit eine für ihn typische Körperhaltung. Wie eine Bildbeschreibung liest sich die Charakterisierung von Waldens zweiter Frau Nell, die sich 1911 kennen lernen: »Ich war von seiner Erscheinung betroffen. Eine blonde Musiker-Mähne, weißes Gesicht mit blauen, kurzsichtigen, bebrillten Augen, sehr gute Musikerhände, schmächtig von Gestalt, wohl an sich häßlich, strömte von ihm eine ungeheure Vitalität und Intensität aus.«[57]

Oskar Kokoschka, Bildnis Herwarth Walden, 1910. Ein »sibyllisches Wesen« und Vorkämpfer der modernen Kunst in Deutschland, wie »undurchsichtiges Glas«. Öl auf Leinwand. Ursprünglich Sammlung Walden, heute Staatsgalerie Stuttgart

Kokoschka baut sein Porträt auf kühlen Farbakkorden auf. Ihnen antwortet das Strohgelb der dünnen Haare, die Walden als halblange Künstlermähne trägt. Ein ungemischtes, kaltes Weiß kommt in der Wiedergabe des Hemdkragens und des Jacketts zum Einsatz. Stellenweise wird das Weiß direkt aus der Tube aufgetragen. Pastose Höhungen sind aber meist mit dem Spachtel verwischt. Dort, wo Schwarz und Weiß aufeinander prallen, mischt Kokoschka die beiden »Nichtfarben« nur selten; wenn doch, dann am anschaulichsten vor der Brustsilhouette. Im Gesicht funkelt Rot, das mit Gelb angereichert ist, entlang der spitzen Nase. Dasselbe Rot taucht auch rund um die Augen und noch einmal in der Schultersilhouette auf. Wenn Kokoschka deren Kontur durch Farblinien wiederholt, scheint sie echohaft in den Bildraum auszustrahlen.

Für die Gesamtwirkung entscheidend sind die taktilen und farblichen Möglichkeiten des Bildträgers, die Kokoschka schon zuvor oft erprobt hat. Die Leinwand spricht vor allem in der unteren Bildpartie offen mit. Gewebetextur und taubengraue Grundierung bereichern das koloristische Geschehen. Mikro- und Makrostrukturen greifen unvermittelt ineinander. Faszinierend ist der Farbauftrag. Er erfolgt mit allem, was zur Hand ist. Dass Farbe mit dem Pinsel aufgetragen wird, ist nur eine Möglichkeit. Manchmal fließt sie direkt aus der Farbtube, wird mit den Fingern aufgesetzt, stellenweise wieder entfernt, mit dem Maltuch verrieben, verwischt, wieder neu aufgesetzt, oft mit spitzen Werkzeugen aller Art abgekratzt, kalligraphisch bereichert.

Immer wieder haben Augenzeugen mit größtem Erstaunen von der Art und Weise berichtet, wie Kokoschka mit den Fingern malt. Hier gelingt ihm ein

Oskar Kokoschka,
Selbstbildnis, um 1910.
Gipstondo, mit Ölfarbe bemalt.
Ursprünglich Sammlung
Walden, heute Museum für
Kunst und Gewerbe, Hamburg

Husarenstück. Mit seiner Fingerspitze greift Kokoschka in die schwarze Farbe, die er für Waldens Jackett gewählt hat. Mit dem geschwärzten Finger tappt er über den weißen Kragen. Immer dünner werden die Abdrücke, die selbst im strohgelben Haar Spuren hinterlassen. An anderen Stellen aber, vor allem im Gesicht, an der Wange, am Hals und über den Augen, kratzt er mit haarscharfen Spitzen filigrane Arabesken in die Haut. Form, Farbe und Oberflächenspannung erreichen ihr Äußerstes.

Das Bildnis hängt lange Zeit in Waldens Büro. Dort lernt Kokoschka auch Waldens Mitstreiter kennen, von denen er viele porträtiert: den Schauspieler Rudolf Blümner, die Literaten Paul Scheerbart und Peter Baum, den Bildhauer William Wauer, den Anwalt Hugo Caro und andere. Manche dieser Porträts übernimmt Walden als Galerist. Manches verkauft er, vieles bleibt liegen. An materiellen Dingen wenig interessiert, ist Walden kein erfolgreicher Geschäftsmann. Öffentliches und Privates gehen bei ihm fast nahtlos ineinander über. Auch in seiner Wohnung setzt sich das Geschäftliche im Privaten fort. »In der ersten Etage schloß sich unmittelbar an den Ausstellungsraum die Wohnung an, die ganz erfüllt war mit der großen Privatsammlung Waldens.«[58] Diese Privatsammlung ist sogar zweimal in der Woche öffentlich zugänglich. Hier sind sie alle versammelt, die Künstler, die Walden vertritt: allen voran Franz Marc, Wassily Kandinsky und Marc Chagall, Alexander Archipenko, Robert Delaunay, Fernand Léger, Paul Klee, Lyonel Feininger und viele andere.

Oskar Kokoschka, Bildnis Herwarth Walden, 1909. Feder in Tusche über Spuren von Bleistift auf Papier. Harvard University Art Museums, Cambridge

Walden ist einer der wenigen Sammler, der seine Sammlung schon früh in Katalogform publiziert. Dabei spielen Werbezwecke sicherlich eine Rolle. Die sieben gedruckten Verzeichnisse dokumentieren das rapide Anwachsen der Sammlung. Während das dritte Verzeichnis (1915) 180 Werke beinhaltet, nennt das sechste Verzeichnis (1917) schon 300 Werke. Im siebten Verzeichnis von 1919 sind es gar 400 Gemälde, Aquarelle, Zeichnungen und Druckgrafiken.

Kokoschka ist vor allem mit dem Bildnis des Hausherrn vertreten, aber auch mit einem Gipstondo, das er in der Wohnung von Walden vorgefunden

Umfang acht Seiten

Einzelbezug: 10 Pfennig

DER STURM

WOCHENSCHRIFT FÜR KULTUR UND DIE KÜNSTE

Redaktion und Verlag: Berlin-Halensee, Katharinenstrasse 5 / Fernsprecher Amt Wilmersdorf 3524 / Anzeigen-Annahme und Geschäftsstelle: Berlin W 35, Potsdamerstr. 111 / Amt VI 3444

Herausgeber und Schriftleiter: HERWARTH WALDEN

Vierteljahresbezug 1,25 Mark; Halbjahresbezug 2,50 Mark / Jahresbezug 5,00 Mark / bei freier Zustellung / Insertionspreis für die fünfgespaltene Nonpareillezeile 60 Pfennig

JAHRGANG 1910 BERLIN/DONNERSTAG DEN 14. JULI 1910/WIEN NUMMER 20

INHALT: OSKAR KOKOSCHKA: Mörder, Hoffnung der Frauen / PAUL LEPPIN: Daniel Jesus / Roman / ALFRED DÖBLIN: Gespräche mit Kalypso über die Musik / SIEGFRIED PFANKUCH: Liegt der Friede in der Luft / PAUL SCHEERBART: Gegenerklärung / KARL VOGT: Nissen als Theaterdirektor / MINIMAX: Kriegsbericht / Karikaturen

Mörder, Hoffnung der Frauen

Von Oskar Kokoschka

Personen:

Mann
Frau
Chor: Männer und Weiber.

Nachthimmel, Turm mit großer roter eiserner Käfigtür; Fackeln das einzige Licht, schwarzer Boden, so zum Turm aufsteigend, daß alle Figuren reliefartig zu sehen sind.

Der Mann

Weißes Gesicht, blaugepanzert, Stirntuch, das eine Wunde bedeckt, mit der Schar der Männer (wilde Köpfe, graue und rote Kopftücher, weiße, schwarze und braune Kleider, Zeichen auf den Kleidern, nackte Beine, hohe Fackelstangen, Schellen, Getöse), kriechen herauf mit vorgestreckten Stangen und Lichtern, versuchen müde und unwillig den Abenteurer zurückzuhalten, reißen sein Pferd nieder, er geht vor, sie lösen den Kreis um ihn, während sie mit langsamer Steigerung aufschreien.

Männer

Wir waren das flammende Rad um ihn,
Wir waren das flammende Rad um dich, Bestürmer verschlossener Festungen!

gehen zögernd wieder als Kette nach, er mit dem Fackelträger vor sich, geht voran.

Männer

Führ' uns Blasser!

Während sie das Pferd niederreißen wollen, steigen Weiber mit der Führerin die linke Stiege herauf.

Frau rote Kleider, offene gelbe Haare, groß,

Frau laut

Mit meinem Atem erflackert die blonde Scheibe der Sonne, mein Auge sammelt der Männer Frohlocken, ihre stammelnde Lust kriecht wie eine Bestie um mich.

Weiber

lösen sich von ihr los, sehen jetzt erst den Fremden.

Erstes Weib lüstern

Sein Atem saugt sich grüßend der Jungfrau an!

155

Zeichnung von Oskar Kokoschka zu dem Drama
Mörder, Hoffnung der Frauen

hatte. Ursprünglich stellte es den Musiker Franz Liszt dar. Kokoschka nahm es von der Wand und arbeitete sein eigenes Bildnis hinein – ein ungewöhnlicher Akt von geradezu kannibalistischer Dimension, sich in eine künstlerische Traditionsreihe einzugliedern und diese gleichzeitig zu überwinden.

Zur Sammlung gehört auch Kokoschkas *Bildnis Rudolf Blümner*. In diesem Porträt von Waldens engstem Mitarbeiter nimmt Kokoschka die häufige Vortragstätigkeit und das Deklamatorische in Blümners Körpersprache zum Ausgangspunkt des Bildes. In Blümner sieht Kokoschka den tragischen Kunstenthusiasten, einen Don Quichotte, »der mit einer nicht ermüdenden Kraft immer wieder für die von Walden propagierte moderne Kunst in Malerei, Plastik, Literatur und Musik kämpfte, ein Kampf, sinnlos gegen zeitbedingte Vorurteile, so sinnlos wie gegen Windmühlen«.[59]

Eigentümer der Sammlung sind Herwarth Walden und seine zweite Gattin Nell, geborene Roslund, gemeinsam. Sie stammt aus vermögender schwedischer Familie. Als Walden sie 1912 heiratet, offenbart er ihr: »Ich kann dir keine Hochzeitsgeschenke geben, aber du kannst die Zeichnungen von Kokoschka haben!«[60] So erhält Nell Kokoschkas Zeichnungen aus den ersten Sturm-Jahrgängen, Spitzenblätter wie *Mörder Hoffnung der Frauen* oder *Die schöne Rollschuhläuferin*. Als Kokoschka 1916 ihr Bildnis malt, erhält sie von ihm weitere Zeichnungen geschenkt.[61] Auch das Ölporträt wird Teil der Walden-Sammlung. Nell Walden ist darin aufrecht dargestellt, so als ob sie in das Bild hinein eile. Die vorherrschenden dunklen, schweren Farben aber kündigen die kommende so genannte Dresdner Periode an, als Kokoschka mit breitem Pinselduktus den Fluss pastoser Farbmassen auf der Leinwand zu bändigen sucht.

Oskar Kokoschka und Herwarth Walden im Grafikzimmer der »Sturm«-Galerie, Potsdamer Straße 134 A, 1916. Dank Walden entwickelt sich die Galerie zu einem Umschlagplatz der europäischen Moderne. Foto: Staatsbibliothek zu Berlin – Preußischer Kulturbesitz – Handschriftensammlung, Sturm-Archiv, Fotoalbum Nell Walden, HS 121, Bl. 55r.

»Der Sturm«, Titelseite der Zeitschrift mit Kokoschkas »Mörder Hoffnung der Frauen«, Jg. 1, Heft 20 vom 14. Juli 1910. Privatbesitz

Oskar Kokoschka, »Mörder Hoffnung der Frauen III«, 1910. Hochzeitsgeschenk von Herwarth Walden an seine Gattin Nell. Feder und Pinsel in Tusche auf Papier. Ursprünglich Sammlung Walden, heute Staatsgalerie Stuttgart, Graphische Sammlung

Nell Walden und Rudolf Blümner, 1917. Foto: Staatsbibliothek zu Berlin – Preußischer Kulturbesitz – Handschriftensammlung, Sturm-Archiv, Fotoalbum Nell Walden, HS 121

Oskar Kokoschka, Bildnis Rudolf Blümner, 1910. Einer der engsten Mitarbeiter von Herwarth Walden. Öl auf Leinwand. Ursprünglich Sammlung Hauer, heute Privatsammlung, New York

1919 muss Walden seinen eigenen Sammlungsanteil an Nell übereignen. Sie hatte mit ihren privaten finanziellen Zuwendungen wiederholt den Fortbestand der Sturm-Galerie ermöglicht. Als sie sich 1924 von Herwarth Walden trennt, geht auch die Sammlung in ihren alleinigen Besitz über. Später heiratet sie ein zweites Mal und lebt als freie Malerin und Schriftstellerin in Berlin. Nach Hitlers Machtergreifung wandert sie in die Schweiz aus. Den Großteil ihrer Sammlung hatte sie schon 1932 dorthin transportieren lassen, womit diese dem Zugriff der Nazis und den Wirren des Zweiten Weltkriegs erfolgreich entzogen wird.[62]

1954 entschließt Nell Walden sich, einen Großteil der Sammlung aufzulösen und in Deutschland versteigern zu lassen, darunter auch die Kokoschka-Bildnisse. Damit hilft sie, die NS-bedingten Lücken in deutschen Kunstsammlungen zu füllen. Die Sammlerin stirbt 1975, nachdem sie sich in den letzten Jahren ihres Lebens bemühte, die Erinnerung an Herwarth Walden und das Wissen um sein Tun wieder wach zu rufen.

Walden selbst war zu dieser Zeit längst tot. Als engagierter Linker emigrierte er 1932 in die Sowjetunion. Im Zuge der stalinistischen »Säuberungswellen« wurde er in einem Lager in Saratow an der Wolga interniert, wo er nach offizieller Mitteilung am 31. Oktober 1941 umgekommen ist.[63] Dass er Kokoschka den Weg nach Deutschland geebnet hat, gehört zu seinen herausragenden Verdiensten.

OK

Oskar Kokoschka, Bildnis Nell Walden, 1916. Sie übernimmt nach der Heirat mit Herwarth Walden 1912 weitgehend die finanzielle und organisatorische Leitung der Zeitschrift und der Galerie »Der Sturm«. Öl auf Leinwand. Ursprünglich Sammlung Walden, heute Privatbesitz

KOKOSCHKAS SAMMLER IN DEUTSCHLAND VOR 1918

Kokoschka wird in deutschen Sammlerkreisen früh wahrgenommen. Mit seinem Weggang von Wien nach Berlin unterscheidet er sich massiv von Egon Schiele und Gustav Klimt. Damit kann er sich im unbestrittenen Kunstzentrum des deutschsprachigen Raums erfolgreich positionieren. Im Gegensatz dazu gilt Wien um 1910 weit mehr noch als zur Jahrhundertwende als apolitischer Kulturraum. Beide Metropolen unterscheiden sich auch durch das Tempo von Industrialisierung und Urbanisierung, das in Berlin höher ist als in Wien. Ein wesentliches Strukturdefizit der Wiener Kulturszene ist aber vor allem ihr Mangel an einer avantgardistischen Bewegung, wie sie in der preußischen Hauptstadt mit progressiven Zeitschriften, fixen Treffpunkten und politischen Zirkeln besteht.[64] Die geographische Expansion von Kokoschkas Kunst hinterlässt in seiner ersten Monographie, die 1918 in Preußen in Buchform erscheint, deutliche Spuren.[65] Im Anhang der Publikation, die Kokoschkas Reputation enorm erhöht, publiziert der deutsche Kunstschriftsteller Paul Westheim ein erstes vorläufiges Werkverzeichnis. Zwar sind die Besitzangaben zum Teil ungenau und lückenhaft, doch die tendenzielle Erweiterung der Kokoschka-Sammler ist unübersehbar.

Während das Werk von Egon Schiele und Gustav Klimt auch noch lange nach 1918 in Wien verbleibt, bricht sich bei Kokoschka eine neue Entwicklung Bahn. Schon zum Stichtag von Westheims Verzeichnis ist nur noch die Hälfte seiner Ölbilder in der Hand von Wiener Eigentümern. Annähernd gleich viele Bilder befinden sich bereits in Deutschland. Diese signifikante »Entgrenzung« markiert aber nicht nur eine geographische Entfernung, sondern bedeutet auch eine persönliche Abkoppelung. In Österreich ist alles auf die Hauptstadt Wien konzentriert. Dort bestimmen kleine Zirkel, Freundschaften und Rivalitäten, Gruppenzugehörigkeit und bewusste Abgrenzung das eng verwobene Milieu von Künstlern, Sammlern und Kritikern. Ein effektiv funktionierender Kunsthandel existiert in der donauländischen Metropole erst in Ansätzen. Stattdessen entscheidet dort noch immer die persönliche Bindung zwischen Künstler und Käufer.

Kokoschka hat den grundsätzlichen Unterschied in seinen Erinnerungen reflektiert. Vor allem rückblickend wird ihm klar: »Für einen jungen Maler war damals die Situation nicht wie heute, da eine wahre Inflation auf dem Kunstmarkt herrscht. In Wien malte man nicht für den Kunstmarkt, weil es noch keinen gab, nur einige Antiquitätenhändler. (...) Mittels eines Vertrages gebunden zu sein, Kunstwerke zu produzieren, das gab es nicht im Keim.«[66]

Anders gestaltet sich die Situation im Deutschen Reich mit seinen landesweit verteilten Zentren. Wie Westheims Angaben zeigen, finden sich etliche

Sammler, die mehr als ein Kokoschka-Gemälde besitzen, eben nicht in einer einzigen Stadt. Von den Sammlern zu nennen sind vor allem Herbert Garvens-Garvensburg in Hannover, Rosy und Ludwig Fischer in Frankfurt a. M., Franz Kluxen in Münster, später Boldixum / Insel Föhr, die aus Österreich stammende Fürstin Mechtilde Lichnowsky in Berlin, das Ehepaar Adele und Sally Falk in Mannheim und der Kunstenthusiast Heinrich Kirchhoff in Wiesbaden. Besonders bei den beiden Letztgenannten ist Kokoschka mit jeweils vier Ölbildern auch zahlenmäßig prominent vertreten.

Ein Blick auf die Ankaufswege veranschaulicht die Bedeutung des etablierten und entwickelten deutschen Kunsthandels. Das Ehepaar Falk besitzt von Kokoschka drei Porträts und eine Landschaft, ist aber in keinem einzigen Fall Erstbesitzer der Bilder.[67] Das früheste Kokoschka-Bild ihrer Sammlung, *Der Trancespieler*, befand sich davor im Besitz des Frankfurter Sammlers Fritz Pollack. Das *Bildnis Else Kupfer* erwerben sie über die Galerie Flechtheim, Düsseldorf. Die Landschaftsdarstellung *Neapel bei Sturm* gehörte einst dem 1914 verstorbenen Wiener Sammler Franz Hauer und ist wie das *Bildnis Hermann Schwarzwald II* eine Vermittlung des Münchner Galeristen Georg Caspari. Ähnlich verhält es sich bei Heinrich Kirchhoff. Er besitzt von Kokoschka ein Porträtgemälde, einen Doppelakt, eine Schweizer Berglandschaft und das Bild *Proletarierkinder*.[68] Auch hier hat jedes Bild einen Vorbesitzer. Zwei stammen ursprünglich sogar aus der Wiener Sammlung von Franz Hauer. Kirchhoff erwirbt sie ebenfalls über die Galerie Caspari, München.

Seinen Weg in den Kunsthandel ebnet Kokoschka selbst. Als er im Frühsommer 1910 in Berlin ankommt, unterzieht sich der Jungstar nicht noch einmal der »Ochsentour« durch die Salons und Vorzimmer bürgerlicher Sammler. Er vertraut sich gleich Herwarth Walden an, dem damals wohl tatkräftigsten Propagandisten zeitgenössischer Kunst in Deutschland. Beide profitieren von dieser Verbindung.[69] In Walden findet Kokoschka einen Kunstenthusiasten, der nach dem Vorbild der großen Pariser Kunsthändler »seinen« Künstler betreut, Ausstellungen beschickt, die Werbetrommel rührt und Ankäufe vermittelt. Anders als der Kunsthändler alten Zuschnitts fühlt sich der neue Galeristentyp nicht nur für An- und Verkauf zuständig, er versteht sich vielmehr als Mitstreiter, Vermittler und Förderer.

Kokoschka lernt in Berlin nicht nur die wichtigsten Vertreter und Richtungen der europäischen Avantgarde kennen, sondern findet in Walden auch einen Wegbereiter, der Verbindungen in ganz Deutschland und ins Ausland pflegt. Kokoschka ist wiederholt in den »Sturm«-Ausstellungen vertreten. Mit seinen grafischen Beiträgen für die *Sturm*-Zeitschrift erhält er die Möglichkeit, seinen Namen weit über Berlin hinaus bekannt zu machen. Dank Walden kann sich Kokoschka einen »Markt« erobern, der im Deutschen Kaiserreich wesentlich besser entwickelt ist als in dem noch stark vom Mäzenatentum geprägten

Oskar Kokoschka, Doppelbildnis Oskar Kokoschka und Alma Mahler, 1912/13. Öl auf Leinwand. Seit 1916 in der Sammlung Garvens-Garvensburg, heute Museum Folkwang, Essen

Wien. Ein Unterschied, der in den schwierigen Zwischenkriegsjahren besonders stark zum Tragen kommt.

Wie Herwarth Walden hat der ebenfalls in Berlin tätige Paul Cassirer für Kokoschkas Karriere besondere Bedeutung. Als Kokoschka 1916 mit Cassirer einen Exklusivvertrag unterzeichnet, findet der Maler Zugang in eine andere Welt, gehört doch Cassirer – anders als der progressive Walden – zum Berliner Establishment. Der Berliner Kunstmarkt hat sich um 1900 inzwischen zum wichtigsten Zentrum nach Paris entwickelt. Cassirer, der mit Max Liebermann und anderen Protagonisten der Kunst in gutem Einvernehmen steht, ist als Kunsthändler bestens etabliert, hat solvente Kunden und internationale Kontakte. Dank seiner geschäftlichen Verbindung zu Cassirer ist Kokoschka mit Unterbrechungen bis über das Jahr 1931 hinaus finanziell gut abgesichert.

Ein untrügliches Indiz für Kokoschkas gelungene Integration in den deutschen Kunstmarkt liefern frühe Museumsankäufe seiner Werke. 1910 erwirbt der Hagener Sammler Karl Ernst Osthaus ein Kokoschka-Porträt. Als er bei Herwarth Walden das Bildnis der Madame de Montesquiou-Fezensac ersteht, ist der Ankauf für den damals 24-jährigen Kokoschka ein enormer Erfolg.[70] Denn Osthaus erwirbt das Bild für das Museum Folkwang in Hagen. Dieses 1901 eröffnete Museum ist weltweit das erste Museum für zeitgenössische Kunst. Einen besseren Rahmen kann sich Kokoschka für seinen ersten Museumsankauf kaum wünschen.

Zwei Jahre später tritt das Kölner Wallraf-Richartz-Museum als Käufer auf, das Kokoschkas Landschaft *Dents du Midi* erwirbt – ein Schlüsselbild in Kokoschkas Frühwerk schlechthin.[71] Den Ankauf betreibt Alfred Flechtheim. Flechtheim ist ein leidenschaftlicher Sammler, der schon während seiner Hochzeitsreise nach Paris die gesamte Mitgift seiner Braut zum Entsetzen der Schwiegereltern in moderner französischer Kunst anlegt. Als er das Kokoschka-Bild nach Köln vermittelt, ist er offiziell noch im Getreidehandel des Vaters tätig, den er aber 1913 aufgibt, um zu einem der erfolgreichsten Kunsthändler der Weimarer Republik aufzusteigen.

Weitere Ankäufe durch Museen folgen. 1913 – Flechtheim eröffnet gerade in Düsseldorf seine eigene Galerie – kauft die Kunsthalle Mannheim über die Galerie M. Goldschmidt & Co. in Frankfurt a. M. das bedeutende *Bildnis Auguste Forel*.[72] Selbst in den leidvollen Kriegsjahren kommen museale Erwerbungen nicht ganz zum Erliegen. 1917 ringt sich die Städtische Galerie Frankfurt a. M. zum Ankauf des *Bildnis Hermann Schwarzwald, I* durch.[73] 1918 realisiert die Neue Staatsgalerie, München, den Erwerb der *Dolomitenlandschaft Tre Croci*[74].

Westheim verzeichnet in seiner 1918 erscheinenden Kokoschka-Monographie noch einen weiteren Ankauf: *Die Freunde*[75], die in die Nationalgalerie, Berlin, gelangen. Doch damit greift Westheim den Tatsachen etwas vor. Der Ankauf, über den wohl länger verhandelt wurde, kommt erst Anfang 1919 zum Abschluss. Westheims Ungenauigkeit macht indirekt deutlich, wie prestigeträchtig Museumsankäufe auch damals schon sind.

Sogar das ferne Kunstmuseum in Detroit, Michigan, besitzt 1921 bereits ein erstes Kokoschka-Bild. Nur im Heimatland des Künstlers lassen die Museen noch ein weiteres Jahr verstreichen, bis sie 1922 den ersten Gemäldeankauf in Angriff nehmen![76]

Diese Entwicklung ist auch unter einem weiteren Aspekt aufschlussreich. Zwar ist Kokoschka in privaten deutschen Kunstsammlungen vor 1918 nicht besonders umfangreich vertreten. Entscheidend aber wirkt sich aus, dass Kokoschka hier in einem neuen Umfeld verortet wird. Während Sammler wie Oskar Reichel und Franz Hauer in Wien fast ausschließlich Österreichisches sammeln, findet sich Kokoschka in Deutschland als Teil eines Bilder- und Wertesystems vertreten, das ihn mit der internationalen Kunstgeschichte in Verbindung bringt. Erst in diesem Kontext bewährt und profiliert sich Kokoschka als Expressionist von europäischer Bedeutung.

Oskar Kokoschka, Bildnis Victoire de Montesquiou-Fezensac, 1910. Karl Ernst Osthaus erwirbt das Bild 1910 für das Folkwang Museum, Hagen – Kokoschkas erster Museumsankauf. Heute Cincinnati Art Museum, Cincinnati

Oskar Kokoschka, Selbstbildnis (Hand auf der Brust), 1913. Öl auf Leinwand. Seit 1916 in der Sammlung Rosy und Ludwig Fischer, heute The Museum of Modern Art, New York

Beispielhaft für diese neue Kontextualisierung ist die Sammlung Falk. Sie vereint erlesene Spitzenwerke, darunter die *Arlesienne* von Vincent van Gogh, *Mme. Cézanne* von Paul Cézanne, Werke von Paul Gauguin, Edvard Munch, Wilhelm Lehmbruck, Paul Klee, Lyonel Feininger, Wassily Kandinsky u. a. Die beeindruckende Kollektion entsteht innerhalb weniger Jahre. Doch so schnell sie sich formiert, so rasch vergeht sie wieder: 1918 wird sie abrupt aufgelöst. Als der deutsche Kunstkritiker Paul Westheim sie in dem von ihm publizierten *Kunstblatt* als glänzendes Vorbild einer neuen Sammlergeneration vorstellt, ist sie schon in Auflösung begriffen.[77]

Andere Sammlungen binden Kokoschka vor allem in den deutschen Expressionismus-Dialog ein. Exemplarisch dafür steht die Sammlung Kirchhoff. Heinrich Kirchhoff zieht sich 1908 im Alter von 33 Jahren aus dem vom Vater hinterlassenen Bauunternehmen zurück und beginnt mit dem Aufbau einer Sammlung. Vom gemäßigten Naturalismus gelangt er über den Impressionismus bald zum Expressionismus. Vor allem Werke von Emil Nolde, Franz

Marc, Alexej Jawlensky und Wassily Kandinsky sind bei ihm vertreten. Als seine Sammlung 1917 erstmals publizistisch vorgestellt wird, heißt es über ihren Wert, dass sie eine Synthese der jüngsten deutschen Kunst ermögliche. »Indem sie die Einbeziehung der französischen Kunst vermeidet, was bei einer Sammlung von so moderner Haltung ungewöhnlich ist, zwingt sie die deutsche Kunst zu einem Aufgebot aller Kräfte.«[78] Hier war die Arena, in der Kokoschka sich zu bewähren hatte.

Ähnlich zu bewerten ist die Einbindung in die Sammlung Rosy und Ludwig Fischer.[79] Das Ehepaar beginnt um 1905 zu sammeln, zunächst spätimpressionistische Bilder. Von 1913/14 bis 1925 gelingt es ihnen, mehr als 500 Grafiken und Gemälde des deutschen Expressionismus zusammenzutragen. Der Schwerpunkt liegt auf Werken von Ernst Ludwig Kirchner, den sie um 1916 »entdecken« und seitdem engagiert zu sammeln beginnen. Allein von Kirchner besitzen sie rund vierzig Werke. Von Kokoschka erwerben sie ungefähr zur selben Zeit zwei Bilder: ein Porträt und ein Selbstbildnis.[80]

Kokoschka hat diese Grenzüberschreitung seiner Kunst via Deutschland konsequent mitgetragen. Schon wenig später erhält er eine Berufung als Professor an die sächsische Kunstakademie in Dresden. Seine »Germanisierung« gipfelt in seiner Teilnahme als deutscher Beitrag an der internationalen Biennale in Venedig 1920.

Die Wohnung von Rosy und Ludwig Fischer, Frankfurt a. M., Aufnahme 1923. Das Speisezimmer mit zwei Hauptwerken Ernst Ludwig Kirchners. Im Nebenraum weitere Gemälde von Kirchner und Christian Rohlfs. Foto: Privatbesitz

[1] Brief von Oskar Kokoschka an seine Mutter vom 11. Februar 1918; zitiert nach Oskar Kokoschka. Briefe, Bd. 1, hg. von Olda Kokoschka und Heinz Spielmann, Düsseldorf 1985, S. 284.

[2] Zitiert nach Berta Zuckerkandl, Als die Klimtgruppe sich selbständig machte, in: *Neues Wiener Journal,* 10. April 1927.

[3] Ludwig Hevesi, Altkunst – Neukunst, Wien 1894–1908, Wien 1909, S. 313.

[4] Siehe dazu Werner J. Schweiger, Der junge Kokoschka, Leben und Werk 1904–1914, Wien – München 1983, S. 195.

[5] Karl Schreder, Kunstuntergang im »Hagenbund«, in: *Deutsches Volksblatt,* Jg. 23, Wien, vom 9. Februar 1911.

[6] Siehe Adolf Loos, Bekenntnis zu Kokoschka. Brief an Gustav F. Hartlaub vom 5. Januar 1931; abgedruckt in: Oskar Kokoschka. Das gesammelte Werk, Ausst. Kat. der Städtischen Kunsthalle Mannheim, Mannheim 1931, S. 3.

[7] Adolf Loos, Über seine Einstellung zu Künstlern und Kindern. Ein Gespräch mit dem Architekten, in: *Neue Freie Presse,* Wien, vom 9. September 1928.

[8] Paul Westheim, Oskar Kokoschka, in: *Das Kunstblatt,* Weimar 1917, Jg. 1, Heft 10, S. 291f.

[9] Kurt Hiller, Oskar Kokoschka, in: *Der Sturm,* Berlin, 1910, Jg. 1, Nr. 19, 17. Juli 1910, S. 150.

[10] Umfangreiche Presseschau bei Schweiger, wie Anm. 4, S. 165ff.

[11] Schreder, wie Anm. 5.

[12] Beispielsweise für die Panama Pacific Exhibition 1915 in San Francisco. Von den 15 ausgestellten Werken stammten 14 von Loos. Zu dieser Ausstellung und den Verzögerungen des Bildtransports siehe Tobias G. Natter, »Could one paint the President of the United States?«. Kokoschkas Rezeption in den USA«, in: Tobias G. Natter (Hg.), Oskar Kokoschka. Das moderne Bildnis 1909 bis 1914, Ausst. Kat. der Neuen Galerie New York und der Hamburger Kunsthalle, Köln 2002, bes. S. 71f.

[13] Die Daten basieren auf Schweiger, wie Anm. 4, bes. S. 148–153, und Marie-Agnes von Puttkamer, Max Oppenheimer. 1885–1954. Leben und malerisches Werk, Wien – Köln – Weimar 1999, S. 215. Dort wird das Geburtsdatum allerdings mit 20. April angegeben.

[14] Oskar Kokoschka, Mein Leben, München 1971, S. 197.

[15] Ebd., S. 89.

[16] Ebd. und Raimund Reichel in einem Interview mit dem Autor vom 23. September 1994.

[17] Werner Hofmann, Oskar Kokoschka, in: Werner Hofmann (Hg.), Experiment Weltuntergang. Wien um 1900, Ausst. Kat. der Hamburger Kunsthalle, München 1981, S. 66 und S. 71.

[18] Mitteilung von Raimund Reichel an die Österreichische Galerie, in: »Grundbuchmappe« der Österreichischen Galerie Belvedere.

[19] Reichel besitzt von Kokoschka die Gemälde *Bildnis Helene Kann,* 1909 (Winkler / Erling Nr. 33); *Bildnis Hans Reichel,* 1910. (Winkler / Erling Nr. 44); *Stillleben mit Hammel und Hyazinthe,* (Winkler / Erling Nr. 45), *Bildnis Frau Karpeles,* 1911 (Winkler / Erling Nr. 64); *Doppelakt: Liebespaar,* 1913 (Winkler / Erling Nr. 91); *Blinde Mutter mit Kind,* 1914 (Winkler / Erling Nr. 103); *Bildnis E. Löwenstamm,* 1914 (Winkler / Erling Nr. 109); *Der Irrende Ritter,* 1914/15 (Winkler / Erling Nr. 115) und *Susanne,* 1916 (Winkler / Erling Nr. 120).

[20] Brief von Oskar Kokoschka an Leo Kestenberg vom 31. März 1917, zitiert nach Kokoschka, wie Anm. 1, Bd. 1, S. 266.

[21] Siehe Nebehay, 1979, Nrn. 151, 169 und 176.

[22] Neben dem Bild *Die Selbstseher I,* 1910 (Kallir Paintings Nr. 174) besaß Reichel *Propheten (Doppelselbstbildnis),* 1911 (Kallir Paintings Nr. 191); *Jesuiten,* 1911 (Kallir Paintings Nr. 197); *Prozession,* 1911 (Kallir Paintings Nr. 198); *Madonna,* 1911 (Kallir Paintings Nr. 199); *Schwarzes Mädchen,* 1911 (Kallir Paintings Nr. 200); *Schwangere und Tod,* 1911 (Kallir Paintings Nr. 202); *Herbstbäume,* 1911 (Kallir Paintings Nr. 218); *Kahle Bäume,* 1912 (Kallir Paintings Nr. 242); *Die Brücke,* 1913 (Kallir Paintings Nr. 262); *Ruine,* 1911 (Kallir Paintings Nr. XXIII); *Vision,* 1911 (Kallir Paintings Nr. XV) und *Die Asketen,* 1912 (Kallir Paintings Nr. XXVIII).

[23] Kallir Paintings Nr. 166.

[24] Heinrich Benesch, Mein Weg mit Egon Schiele, New York 1965, S. 17f.

[25] Brief von Oskar Reichel an Arthur Roessler vom 7. September 1911 und Egon Schiele an Heinrich Benesch, ca. 7. September 1911; beide zitiert nach Nebehay, 1979, Nrn. 268 und Nr. 269.

[26] Brief von Egon Schiele an Arthur Roessler vom 3. März 1912; zitiert nach Nebehay, 1979, Nr. 321.

[27] Tagebuch Arthur Roessler 1906–1917, Wiener Stadt- und Landesbibliothek, Handschriftensammlung, Inv. Nr. I b 159.582, S. 43.

[28] Brief von Oskar Kokoschka an Herwarth Walden, ohne Datum; zitiert nach Kokoschka, wie Anm. 1, Bd. 1, S. 16.

[29] Richard von Kühlmann, Erinnerungen, zitiert nach Olaf Matthes, Bode – Tschudi – Lichtwark. Zur privaten Sammeltätigkeit in Berlin und Hamburg um 1900, in: Ulrich Luckhardt und Uwe M. Schneede, Private Schätze. Über das Sammeln von Kunst in Hamburg bis 1933, Ausst. Kat. der Hamburger Kunsthalle, Hamburg 2001, S. 15.

[30] Oskar Reichel, Über meine Bilder, Vorwort zum Ausst. Kat. »Privatsammlung Dr. Oskar Reichel« in der Galerie Miethke, Wien, Wien 1913, o. S.

[31] Sch-r., Galerie Miethke, in: *Deutsches Volksblatt,* Wien, vom 20. Februar 1913.

[32] Zum Ankauf vgl. Tobias G. Natter, Oskar Kokoschka und das Belvedere, oder »Wie sammelt man ein »Genie«?, in: Kokoschka und Wien, Ausst. Kat. der Österreichischen Galerie Belvedere, Wien 1996, S. 11f. und S. 50.

[33] Brief von Oskar Reichel an Franz Martin Haberditzl vom 12. April 1920; Wiener Stadt- und Landesbibliothek, Handschriftensammlung, Inv. Nr. 208.509: »(...) die künstlerische Leitung eines modernen Salons übernommen habe (VIII. Josefstädterstr. 21, Moderne Galerie).« In der bisherigen Literatur wurde Reichels Ausflug in den Kunsthandel übersehen.

[34] Schon 1924, als Reichel seine Kokoschka-Bilder für eine Ausstellung in der Wiener Galerie Kallir-Nirenstein zur Verfügung stellt, lässt er wissen, das abgesehen vom *Bildnis Hans Reichel* alle seine Kokoschka-Bilder verkäuflich sind. Siehe dazu die Korrespondenz mit Otto Kallir-Nirenstein, deponiert in der Österreichischen Galerie Belvedere, »Archiv Neue Galerie«, Nr. 587/1–3, 9.

[35] Das Bildnis *Irrender Ritter* verkauft Reichel schon 1934 an Kallir-Nirenstein. Siehe die Angabe laut Kokoschka-Werkverzeichnis von Winkler / Erling.

[36] Alle diese Angaben beruhen auf einem Interview, das der Autor mit Raimund Reichel am 28. Januar 1996 führte.

[37] Die Biographie von Franz Hauer ist seit der Ausstellung über die Familie Hauer in der Kunsthalle Krems 1996/97 hervorragend

aufgearbeitet. Siehe namentlich Werner J. Schweiger, Ein Kunstenthusiast originellster Art. Franz Hauer. Ein früher Sammler der Moderne in Wien, in: »Künstler(Sammler)Mäzene. Porträt der Familie Hauer«, Ausst. Kat. der Kunsthalle Krems, Melk 1996, S. 15–38.

[38] August Kotzbeck, ein heute völlig vergessener Maler.

[39] Leopold Hauer, Selbstbiographie, zitiert nach Ausst. Kat. »Hauer«, wie Anm. 37, S. 16.

[40] Erica Tietze-Conrat, Eine Egger-Lienz-Ausstellung, in: *Kunstchronik und Kunstmarkt*, Leipzig, Nr. 27, 2. April 1920, S. 545.

[41] Zu Egger-Lienz siehe die umfassende Publikation von Wilfried Kirschl, Albin Egger-Lienz. 1868–1926. Das Gesamtwerk, Wien 1996, 2 Bde.

[42] Brief vom Albin Egger-Lienz an Franz Hauer vom 2. Februar 1914; zitiert nach Schweiger, wie Anm. 37, S. 25.

[43] Brief von Albin Egger-Lienz an den Maler Heinrich Krause vom 8. November 1914; zitiert nach Schweiger, wie Anm. 37, S. 25.

[44] Siehe Brief von Anton Peschka an Egon Schiele vom 22. Juli 1913, Nebehay, 1979, Nr. 267.

[45] Brief von Oskar Kokoschka an Franz Hauer, in: Ausst. Kat. »Hauer«, wie Anm. 37, S. 208.

[46] Eine Verknüpfung von Porträt und Landschaftsausschnitt davor nur im *Bildnis Alma Mahler* (Winkler / Erling Nr. 88).

[47] Hauer besitzt *Stillleben mit Katze, Hammel und Fisch*, 1912 (Winkler / Erling Nr. 76); *Heimsuchung* 1912 (Winkler / Erling Nr. 77); *Doppelakt: Zwei Frauen*, 1912 (Winkler / Erling Nr. 80); *Alpenlandschaft bei Mürren*, 1912 (Winkler / Erling Nr. 87); *Selbstbildnis mit Alma Mahler (Liebespaar)* (Winkler / Erling Nr. 91); *Neapel bei Sturm*, 1913 (Winkler / Erling Nr. 92); *Bildnis Franz Hauer*, 1913 (Winkler / Erling Nr. 98) und *Bildnis Albert Ehrenstein*, 1914 (Winkler / Erling Nr. 104).

[48] Brief von Oskar Kokoschka an Albert Ehrenstein vom 19. Mai 1914, zitiert nach Kokoschka, wie Anm. 1, Bd. 1, S. 165.

[49] Karte von Egon Schiele an Franz Hauer vom 12. Juli 1912; zitiert nach Nebehay, 1979, Nr. 372.

[50] Siehe Nebehay, 1979, Nr. 533.

[51] Hauer besitzt von Egon Schiele die Werke *Agonie*, 1912 (Kallir Paintings Nr. 230); *Bekehrung*, 1912 (Kallir Paintings Nr. 231); *Auferstehung*, 1913 (Kallir Paintings Nr. 251); *Stein an der Donau, vom Süden aus gesehen*, 1913 (Kallir Paintings Nr. 268); *Stein an der Donau, vom Kreuzberg aus gesehen*, 1913 (Kallir Paintings Nr. 269); *Sägewerk*, 1913 (Kallir Paintings 271); *Häuser am Fluss II*, 1914 (Kallir Paintings Nr. 279); *Vorstadt I*, 1914 (Kallir Paintings Nr. 282) und *Herbstland*, 1912 (Kallir Paintings XXXIV).

[52] Die beiden Versteigerungskataloge geben letztmalig einen Überblick über die Sammlung. Die erste Auktion umfasst 162 Nummern mit Werken von 62 Künstlern. Der zweite Katalog offeriert neunzig Werke von 23 Künstlern, darunter jene Bilder, die bei der ersten Versteigerung liegen blieben. Siehe Katalog der 283. Auktion des k. k. Versteigerungsamts Dorotheum, Wien, 1918 und Auktionskatalog »Albin Egger-Lienz und zeitgenössische Künstler in der Sammlung Franz Hauer sen. + Wien«, 259. Versteigerung von C. J. Wawra, Wien, 15. März 1920.

[53] Kokoschka, wie Anm. 14, S. 107.

[54] Ebd., S. 109.

[55] Felix Klee (Hg.), Tagebücher von Paul Klee. 1898–1918, Köln 1957, S. 284; zitiert nach Freya Mülhaupt, Herwarth Walden. Die Kunstwende, in: Freya Mülhaupt (Hg.), Herwarth Walden. 1878–1941. Wegebereiter der Moderne, Ausst. Kat. der Berlinischen Galerie, Berlin 1991, S. 16.

[56] Zitiert nach Winkler / Erling 1995, S. 29.

[57] Nell Walden, zitiert nach »Der Sturm. Zeichnungen und Gedichte«, hg. von Hans-Maria Wingler, Feldafing, 1955, S. 7.

[58] Freya Mülhaupt, Herwarth Walden. Die Kunstwende, in: Mülhaupt, wie Anm. 55, S. 19.

[59] Kokoschka, wie Anm. 14, S. 112.

[60] Nell Walden, Geschichte einer Sammlung, in: Nell Walden, Herwarth Walden. Ein Lebensbild, Berlin – Mainz 1963, S. 57.

[61] Ebd., S. 59.

[62] Umso niederschmetternder der Verlust, als ein Großteil der »Sturm«-Zeichnungen nach 1945 verloren geht. Nell Walden leiht die Blätter für Kokoschkas erste große Ausstellungstournee durch das Nachkriegsdeutschland 1950/51, wo sie spurlos verschwinden.

[63] Mülhaupt, wie Anm. 55, S. 14.

[64] Dazu ausführlich Gregor Streim, Wien – Berlin um 1910. Avantgarde und Metropolenkultur, in: Natter, 2002, S. 19–29.

[65] Paul Westheim, Oskar Kokoschka. Das Werk Kokoschkas in 61 Abbildungen, Potsdam – Berlin 1918.

[66] Kokoschka, wie Anm. 14, S. 60.

[67] *Der Trancespieler*, 1908 (Winkler / Erling Nr. 11); *Bildnis Else Kupfer*, 1910 (Winkler / Erling Nr. 58); *Neapel bei Sturm*, 1913 (Winkler / Erling Nr. 92) und *Bildnis Hermann Schwarzwald II*, 1916 (Winkler / Erling Nr. 117). Siehe Roland Dorn, Stiftung und Sammlung Sally Frank (Städtische Kunsthalle Mannheim, Kunst und Dokumentation, 11), Mannheim 1994, bes. S. 168.

[68] *Porträt eines Arztes*, 1913 (wohl Winkler / Erling Nr. 117); *Doppelakt: Zwei Frauen*, 1912 (Winkler / Erling Nr. 80); *Alpenlandschaft bei Mürren*, 1913 (Winkler / Erling Nr. 87); *Proletarierkinder*, 1914 (Winkler / Erling Nr. 107).

[69] Ausführlich zur Verbindung Walden – Kokoschka siehe Werner J. Schweiger, Oskar Kokoschka. »Der Sturm«. Die Berliner Jahre. 1910–1916. Eine Dokumentation (Schriftenreihe der Oskar Kokoschka-Dokumentation Pöchlarn, 2), Wien – München 1986.

[70] Winkler / Erling Nr. 42.

[71] Winkler / Erling Nr. 37.

[72] Winkler / Erling Nr. 40.

[73] Winkler / Erling Nr. 59.

[74] Winkler / Erling Nr. 93.

[75] Winkler / Erling Nr. 130.

[76] Vgl. Natter, wie Anm. 32.

[77] Paul Westheim, Erinnerung an eine Sammlung, in: *Das Kunstblatt*, Weimar, 1918, Jg. 2, Heft 8, S. 233–241. Zur Sammlung siehe Dorn, wie Anm. 67.

[78] W. Müller-Wulckow, Die Sammlung Kirchhoff in Wiesbaden, in: *Das Kunstblatt*, Weimar, 1917, Jg. 1, S. 102–110, Zitat S. 102. Siehe auch Alexander Hildebrand, Das Porträt. Kunstsammler Heinrich Kirchhoff, in: *Wiesbaden international. Zeitschrift der Landeshauptstadt Wiesbaden*, hg. vom Magistrat der Landeshauptstadt Wiesbaden, Wiesbaden 1983, Heft 4, S. 28–36, bes. S. 36.

[79] Vgl. Georg Heuberger (Hg.), Expressionismus und Exil. Die Sammlung Ludwig und Rosy Fischer, Frankfurt a. M., München 1990. Das Katalogbuch erschien anlässlich der gleichnamigen Ausstellung im Jüdischen Museum Frankfurt a. M.

[80] *Selbstbildnis (Hand auf der Brust)* (Winkler / Erling Nr. 90) und *Vater Hirsch* (Winkler / Erling Nr. 14).

DIE »GEMEINSCHAFT ALLER SCHAFFENDEN UND GENIESSENDEN«

zum Mäzenatentum in Wien um 1900

Niemand dominiert das Feld der Wiener Kunst vor 1918 so sehr wie Gustav Klimt, Egon Schiele und Oskar Kokoschka. National wie international gelingt es ihnen, sich geradezu als Synonym dieser Blütezeit zu etablieren. Doch die griffige Formel vom Dreigestirn »Klimt – Schiele – Kokoschka« suggeriert eine künstlerische Einheit, die es damals wie heute so nicht gegeben hat. Erst durch die historische Distanz treten die individuellen wie strukturellen Eigenheiten der Künstler gegenüber der Epochenzugehörigkeit zurück und lassen sie zu einem künstlerischen Triumvirat zusammenwachsen.

Gegen eine solche Gleichsetzung hat sich namentlich Oskar Kokoschka gewehrt. Noch in den 1950er und 1960er Jahren erschien es ihm als ein übler »Kunsthändlertrick«, seinen Namen und den von Egon Schiele in einem Atemzug zu nennen. Kokoschka stand damals im Zenit seiner Anerkennung. Seiner Ansicht nach konnte von einer Gleichrangigkeit zwischen ihm und Egon Schiele keine Rede sein. Schiele war lange Zeit fast vergessen und trat nach 1945 erst allmählich und nur zögerlich wieder ins öffentliche Bewusstsein. Auch Klimts Reputation hatte arg gelitten, von der heute ungeteilten Bewunderung war er noch weit entfernt.

Ähnliches gilt für ihre Sammler. So unterschiedlich das künstlerische Wollen der drei Maler war, so verschieden sind auch die Kreise, in denen sie ihre Förderer fanden.

Der 1862 geborene Gustav Klimt erhielt vor allem von Vertretern des Großbürgertums Unterstützung. Seine Sammler, Menschen mit beispiellosen finanziellen Ressourcen, waren Industrielle, die zu den brillantesten Wirtschaftskapitänen Österreich-Ungarns zählten, dynamische Menschen und Männer der Tat, deren beruflicher Werdegang mit der relativ spät einsetzenden Industrialisierung Österreichs Hand in Hand ging. Sie waren nicht nur Motor dieser wirtschaftlichen Modernisierung, sondern häufig auch persönliche Zielscheibe einer massiven Wirtschafts- und Kapitalismuskritik. Sie stammten aus dem Wiener Großbürgertum und bildeten mit ihren Familien als Kunstsammler eine selbstbewusst-elitäre, zahlenmäßig kleine und untereinander eng vernetzte Gruppe.

Schiele und Kokoschka, die bereits der nächsten Künstlergeneration angehörten, fanden ihre Förderer in einem anderen Milieu, obwohl sich Schieles Sammler teilweise mit jenen von Klimt überschneiden. Das ist kein Zufall. Die Überlappung erinnert vielmehr daran, dass sich Klimt und Schiele auch als Künstler näher standen, als es Klimt und Kokoschka taten. Bezeichnenderweise war es Klimt selbst, der das junge Talent Schiele bei einigen seiner eigenen

Sammlern einführte. Neben diesen Vertretern der Haute Bourgeoisie finden sich unter Schieles frühen Förderern auch Sammler, die fast derselben Nachwuchsgeneration angehören wie Schiele selbst. Alles in allem stellen sich die Schiele-Gönner als heterogene Gruppe aus Großbürgern, Kunstkritikern, einem Eisenbahnbeamten und Akademikern dar.

Aus völlig anderen Kreisen kommen die Unterstützer des jungen Oskar Kokoschka. Wie seine frühen Porträtmodelle entstammen sie der Künstler- und Intellektuellenszene, zunächst in Wien, dann auch in Berlin. Allen voran ist der Architekt Adolf Loos zu nennen, der als Autor von *Ornament und Verbrechen* eine Gegenposition zur Ästhetik von Gustav Klimt vertrat. In Berlin wurde der Galerist Herwarth Walden Kokoschkas wichtigster Förderer. Neben diesen Personen, die nicht unbedingt wohlhabend genug waren, eine eigene dauerhafte Sammlung aufzubauen, gab es auch Förderer aus dem liberal-bürgerlichen Lager, die sich von der »Schönheit hässlicher Bilder« nicht abschrecken ließen.[1] Kokoschkas Besonderheit besteht zudem darin, dass er sich schon früh »entgrenzte« und es erfolgreich verstand, auf dem deutschen Kunstmarkt nachhaltig Fuß zu fassen.

Den hier skizzierten Sammlern von Klimt, Schiele und Kokoschka ist aber bei allen individuellen Unterschieden ihrer Persönlichkeit und des gesellschaftlichen Rangs eines gemeinsam: Sie waren mehr als Sammler, sie waren Mäzene und Enthusisaten, die ihre Künstler nicht nur finanziell unterstützten, Bilder erwarben und Geld investierten, sondern auch künstlerisch und menschlich Anteil nahmen. Aus heutiger Perspektive mutet es fast kurios an, dass ihr Interesse gelegentlich so weit ging, bei ihren Künstlern sogar Unterricht zu nehmen.

Ihr Engagement war unverzichtbar. Wie ein roter Faden hat sich seit Beginn des 19. Jahrhunderts die Frage durch die Kunst gezogen, für wen der Künstler schafft und ob er überhaupt noch für ein Publikum produzieren soll. Seit er aus den traditionellen Bindungen des »Hofkünstlers« entlassen wurde, war ihm sein bisheriges Publikum in Kirche und Adel immer mehr abhanden gekommen.

Erst vor diesem Hintergrund wird deutlich, warum das bürgerliche Mäzenatentum in Wien um 1900 eine derart enorme Bedeutung erlangte. Als strukturelle Eigenheit der Wiener Kunstblüte am Aufbruch der Moderne kann dies nicht genug betont werden. Der direkte Kontakt zwischen Künstler und Sammler ist ein Charakteristikum der österreichischen Kunstszene im Gegensatz zu anderen europäischen Ländern, wo gewöhnlich Kunsthändler diese Vermittlerrolle übernahmen.[2]

Dieses retardierende Moment und seine Folgen erklären auch, warum das Porträt als Thema der modernen Kunst in Wien »überleben« konnte – sogar in der besonders heiklen und diskreditierten Form des Auftragsporträts, was die hier reproduzierten Klimt-, Schiele- und Kokoschka-Porträts beweisen. Während die künstlerische Avantgarde in ganz Europa Auftragssituationen ablehnte, das Bildnis im Besonderen wegen seiner historischen Belastung und traditionellen Zwänge mied und Kunsttheoretiker die Porträtmalerei im Zeitalter der Fotografie sogar für tot erklärten, erlebte dieses Genre gerade in Wien dank der ausgeprägten mäzenatischen Verflechtung von Sammlern und Avantgarde eine Blütezeit von europäischer Bedeutung.

Über ihre Sammler und Mäzene, welche um 1900 die Wiener Kunst massiv mittrugen, haben sich Klimt, Schiele und Kokoschka kaum geäußert – mit einer großen Ausnahme: Als Präsident der Wiener Kunstschau hält Klimt 1908 eine kurze Ansprache zur Eröffnung der gleichnamigen Ausstellung[3], in der er fordert, die Trennung von angewandter und bildender Kunst zu durchbrechen. Klimt plädiert dafür, die Unterscheidung zwischen »hoher« und »niedriger« Kunst aufzuheben. Seine Forderung ist zeittypisch und überrascht an sich wenig. Denn gerade der Jugendstil war mit der Absicht angetreten, Kunst und Leben zusammenzuführen, die beiden Bereiche miteinander zu versöhnen und die Vision vom Gesamtkunstwerk Wirklichkeit werden zu lassen. Möbelentwürfe, edles Silber, Stoffe oder Briefmarken sollten dem Staffeleibild und Werken der Bildhauerei in nichts mehr nachstehen. Heute wissen wir, wie viel wir diesem Anspruch verdanken, seit das elitäre Prinzip der »Veredlung« in den Jahren nach 1918 im »Design« eine breitenwirksame Fortsetzung gefunden hat.

Doch über die Kategorien der »angewandten« und »hohen« Kunst hinausgehend, zielt Klimt auf ein neues Verhältnis von »Produzent« und »Konsument« ab.[4] Klimt, der als Redner nur ungern vor die Öffentlichkeit tritt und in seiner Ansprache dementsprechend knapp bleibt, definiert die beiden Begriffe »Produzent« und »Konsument« neu, indem er vom Künstler ausgehend formuliert: »Nicht nur die Schaffenden, auch die Genießenden heißen uns so, sie, die fähig sind, Geschaffenes fühlend nachzuerleben und zu würdigen.« Klimt verkündet: »Für uns heißt ›Künstlerschaft‹ die ideale Gemeinschaft aller Schaffenden und Genießenden.«

Die Kunstschau-Gäste werden den Ritterschlag wohl dankbar zur Kenntnis genommen haben. Einerseits bestätigt Klimt den Sammlern so die Teilhabe an einer Welt, die sich von den bürgerlichen Normen klar abhob. Andererseits bekräftigt seine Rede die verschworene Gemeinschaft. Insgesamt aber enthält seine Forderung nach einer »idealen Gemeinschaft aller Schaffenden und Genießenden«, die ebenso sehr Zustandsbeschreibung ist, wie sie ein Programm formuliert, den wesentlichen Kern für ein tieferes Verständnis der Secessionsästhetik und namentlich der Kunst ihres Hauptvertreters Gustav Klimt.

Suche nach neuen Identitäten

Einen anderen Schlüsselaspekt dieses Mäzenatentums berührt Oskar Kokoschka, wenn er in seinen Lebenserinnerungen rückblickend schreibt: »Meistens waren es Juden, die mir als Modell dienten, (...)« und gibt auch gleich eine mögliche Erklärung für diesen Sachverhalt: »(...), weil sie viel unsicherer als der übrige Teil der im gesellschaftlichen Rahmen fest verankerten Wiener und daher für alles Neue aufgeschlossener waren, viel empfindlicher auch für die Spannungen und den Druck infolge des Verfalls der alten Ordnung in Österreich. Dank ihrer geschichtlichen Erfahrungen urteilten sie hellsichtiger über Politik und auch über Kultur.«[5]

Was Kokoschka hier über seine Porträtmodelle schreibt, gilt auch für seine Sammler, beispielsweise für Herwarth Walden und Oskar Reichel. Ähnlich verhielt es sich bei Klimt und Schiele. Auch deren Sammler hatten oft jüdische Vorfahren.

In den letzten Jahren ist häufig von »jüdischen Sammlern« und dem Beitrag des »jüdischen Mäzenatentums« zur Kunst der Wiener Jahrhundertwende die Rede.[6] Doch solche Begriffe sind jedenfalls für die hier vorliegende Darstellung viel zu schwammig, um mit ihnen erfolgreich Signifikantes aussagen zu können. »Den wohlhabenden Wiener Kunstfreunden, die zufällig Juden waren, macht man keinen Gefallen damit, sie als jüdische Mäzene zu bezeichnen – ebenso wenig wie man all den zum Teil seit Jahrhunderten ansässigen Familien entstammenden Großen der Literatur, der Musik, der Wissenschaft usw. gerecht wird, wenn man sie – egal wie wohlwollend – als andersartig darstellt«[7], urteilt Serge Sabarsky, der Wien 1938 verlassen musste und in New York zu einem der führenden Kunsthändler für »Wien um 1900« geworden ist.

Wer sich in Wien um 1900 als »jüdischer« Sammler verstand, gehörte vielleicht zum Förderkreis des 1897 gegründeten Wiener Jüdischen Museums, der frühesten Institution dieser Art weltweit. Aber sogar diese Förderer, welche die Bilder des bekannten jüdischen Malers Isidor Kaufmann mit gemütvollen Darstellungen aus der Welt des Ostjudentums sammelten, waren assimiliert und Großstädter, die nostalgisch auf ihre Wurzeln zurückblickten.[8]

Der englische Kunsthistoriker Sir Ernst H. Gombrich, der selbst aus Wien stammend als Jude seine Heimatstadt verlassen musste, formuliert es ähnlich. Er sieht in der Konstruktion des »jüdischen Mäzens« eine Mythologisierung, die letztlich kaum mehr als die Kehrseite des nationalsozialistischen »Geldjudentums« sei: »Natürlich weiß ich von vielen äußerst kultivierten Juden, aber (...) ich bin der Meinung, daß der Begriff der jüdischen Kultur von Hitler und seinen Vor- und Nachläufern erfunden wurde.«[9] Zwar kam tatsächlich ein in Relation zur Gesamtbevölkerung überdurchschnittlich hoher Anteil an Wiener Avantgardesammlern aus den Reihen der Israelitischen Kultusgemeinde, aber

Proklamation der österreichischen Republik vor dem Parlament, 1918. Foto: Historisches Museum der Stadt Wien

genauso charakteristisch ist der Umstand, dass sie oder gar schon ihre Eltern irgendwann in ihrem Leben aus dieser Gemeinschaft ausgetreten waren und sich von ihrer jüdischen Religion emanzipiert hatten.[10] Dahinter nur Assimilationsdruck, nicht auch deren Chancen zu sehen würde zu kurz greifen.

Manchmal taucht die Idee auf, eine »Wien um 1900«-Ausstellung ausschließlich mit »jüdischen Porträts« zu organisieren. Doch was Klimt, Schiele und Kokoschka anbelangt, gibt es sie nicht. Sie unterscheiden sich in nichts von den »nichtjüdischen« Bildnissen. Eine Unterscheidung, die nicht greift und nicht greifen kann, denn sie würde unterschwellig etwas verfremden und auseinander dividieren, das einst eine vitale Einheit war. Jedenfalls lange Zeit. Ausgegrenzt und wieder zu Juden »gemacht« wurden die Förderer und MäzenInnen erst durch die NS- Rassegesetze mit den bekannt tragischen Folgen.

Um 1900 suchten die Klimt-, Schiele- und Kokoschka-Sammler die Identifikation mit der künstlerischen Avantgarde. Ihr (Kunst-)Tempel war die weiß gestrichene, weihevolle und goldbekrönte Secession am Karlsplatz. Ihr Ziel war eine neue, liberale Gesellschaft, in die sie sich gerade auch durch ihr Engagement für die moderne Kunst einbrachten.

Auf dem Weg zu diesem Ziel wurde das Secessionsgebäude auch für gänzlich andere gesellschaftliche Gruppierungen zum Symbol. Die Wiener Frauenrechtlerin Marie Lang etwa feierte es als Provokation des Kleinbürgers und sah in ihm einen Tempel, »in seinen Grundzügen ernst, streng, bloß und lastend wie die Aufgaben, die wir zu bewältigen haben«, und interpretierte es als eine Parabel auf die Frauenbewegung.[11]

Der Teilhabe an der Wiener Avantgarde kam identitätsstiftende Wirkung zu, die bei den Kunstsammlern überholte religiöse Traditionen und daraus abgeleitete Identitätsmuster kompensierte. Der Schulterschluss dieser Sammler mit der Moderne war gerade in der kaiserlich-königlichen Residenzstadt Wien mit ihrem traditionsreichen und erstarrten Hofleben ein Akt selbstbewusster bürgerlicher Identitätsfindung. Der allem Kunstsammeln innewohnende Distinktionsgewinn zielte nicht darauf ab, traditionelle Vorbilder an der Spitze der gesellschaftlichen Pyramide zu imitieren, sondern eine neue, eigenständig-selbstbewusste bürgerliche Identität zu etablieren.

Die Voraussetzungen und Rahmenbedingungen für den Aufbruch der Wiener »Kunst um 1900« begannen sich aufzulösen, als Wien nicht mehr Knotenpunkt der österreichisch-ungarischen Monarchie war. Die folgenden Jahre und Jahrzehnte brachten vor dem Hintergrund von Weltwirtschaftskrise und Massenarbeitslosigkeit große soziale Not. Hand in Hand mit der politischen Radikalisierung erlebte Europa den Aufstieg des Nationalsozialismus.

Die »ideale Gemeinschaft aller Schaffenden und Genießenden« war damals schon überholt. Endgültig zerstört aber wurde sie erst mit dem »Anschluss« Österreichs 1938. Geblieben sind nur die Bilder, deren Entstehungszusammenhang im vielfältigen Zusammenspiel von Künstlern und Sammlern allzu lange verschüttet war.

1 Nach dem Titel des Buches von Max Brod, Über die Schönheit häßlicher Bilder. Ein Vademecum für Romantiker unserer Zeit, Leipzig 1913.

2 Bezogen auf Schiele stellt Jane Kallir zu Recht fest: »In Schieles Biographie spielen die Mäzene eine viel wesentlichere Rolle als durchschnittlich bei anderen modernen Künstlern.« Siehe Jane Kallir, Egon Schiele und das Mäzenatentum in Wien um 1900, in: Ausst. Kat. Egon Schiele. Frühe Reife – Ewige Kindheit, 133. Sonderausstellung des Historischen Museums der Stadt Wien, Wien 1990, S. 14–17, Zitat S. 14.

3 Die Rede wurde im Katalog der Kunstschau 1908 als Vorwort abgedruckt; siehe dort, »Kunstschau 1908«, Katalog der gleichnamigen Ausstellung, Wien 1908, o. S.

4 Klimt apostrophiert sie als der »Kunstschaffende« und der »Kunstbetrachter«.

5 Oskar Kokoschka, Mein Leben, München 1971, S. 72f.

6 Massiv geschieht dies etwa bei Steven Beller, Wien und die Juden. 1867–1938, Wien – Köln – Weimar 1993.

7 Serge Sabarsky, Anstelle eines Vorworts, in: »Broncia Koller-Pinell. Eine Malerin im Glanz der Wiener Jahrhundertwende«, Ausst. Kat. Jüdisches Museum der Stadt Wien, Wien 1993, S. 7–8.

8 Vgl. Tobias G. Natter, »Geschreibsel und Zuckerwasser«? – Verklärung und Standpunkte bei Isidor Kaufmann, in: Tobias G. Natter (Hg.), Rabbiner – Bocher – Talmudschüler. Bilder des Wiener Malers Isidor Kaufmann. 1853–1921, Ausst. Kat. Jüdisches Museum Wien, Wien 1995, S. 10–40.

9 Ernst H. Gombrich, Zum Wiener Kunstleben um 1900, in: Emil Brix und Frederick Baker (Hg.), Ernst H. Gombrich. Jüdische Identität und jüdisches Schicksal. Eine Diskussionsbemerkung, Wien 1997, S. 33–54, Zitat S. 33.

10 Zu solchen Konfessionsfragen vor dem Hintergrund der Klimt-Förderung siehe detaillierter Tobias G. Natter, Fürstinnen ohne Geschichte? Gustav Klimt und »die Gemeinschaft aller Schaffenden und Genießenden«, in: Tobias G. Natter und Gerbert Frodl (Hg.), Klimt und die Frauen, Katalog zur 231. Wechselausstellung der Österreichischen Galerie Belvedere Wien, 2. Auflage Köln 2001, S. 57–74, bes. S. 66ff.

11 Marie Lang, Das Secessionsgebäude, in: *Wiener Rundschau*, Jg. 2, 1897/98, S. 939f.; zitiert nach Harriet Anderson, Vision und Leidenschaft. Die Frauenbewegung im Fin de Siècle Wien, (Wien 1994), S. 359f.

LITERATUR

(abgekürzt zitiert)

Kallir, 1998
Jane Kallir, Egon Schiele. The Complete Works, Including a Biography and a Catalogue Raisonné. With an Essay by Wolfgang G. Fischer, Verlag Harry N. Abrams Inc., New York 1990, erweiterte Auflage 1998

Leopold, 1972
Rudolf Leopold, Egon Schiele. Gemälde – Aquarelle – Zeichnungen, Galerie Welz, Salzburg 1972

Natter / Frodl, 2000
Tobias G. Natter und Gerbert Frodl (Hg.), Klimt und die Frauen, Kat. zur 231. Wechselausstellung der Österreichischen Galerie Belvedere Wien, DuMont Buchverlag, Köln 2000

Natter, 2002
Tobias G. Natter (Hg.), Oskar Kokoschka. Das moderne Bildnis 1909 bis 1914, Ausst. Kat. der Neuen Galerie New York und der Hamburger Kunsthalle, DuMont Literatur und Kunst Verlag, Köln 2002

Nebehay, 1969
Christian M. Nebehay (Hg.), Gustav Klimt. Dokumentation, Galerie Christian M. Nebehay, Wien 1969

Nebehay, 1979
Christian M. Nebehay, Egon Schiele. 1890–1918. Leben – Briefe – Gedichte (Veröffentlichungen der Albertina, Nr. 13), Verlag Welz, Salzburg 1979

Novotny / Dobai 1975
Fritz Novotny und Johannes Dobai, Gustav Klimt, 2 Bde., Galerie Welz, 2. Auflage, Salzburg 1975

Strobl, 1980ff.
Alice Strobl, Gustav Klimt, Die Zeichnungen (Veröffentlichungen der Albertina, Nr. 15), 4 Bde., Galerie Welz, Salzburg 1980ff.

Winkler / Erling 1995
Johann Winkler und Katharina Erling, Oskar Kokoschka. Die Gemälde 1906–1929, Galerie Welz, Salzburg 1995

DANK

Wladimir Aichelburg, Wien
Karl Albrecht-Weinberger, Wien
Paul Asenbaum, Wien
Hildegard Bachert, New York
Christine Bachl-Hofmann, Wien
Colin B. Bailey, New York
Peter Baum, Linz
Neda Bei, Wien
Hans Bisanz, Wien
Marian Bisanz-Prakken, Wien
Matthias Boeckl, Wien
Anne Bonyhady, Ainslie, Australien
Christian Brandstätter, Wien
Claude Cernuschi, Boston
John B. Collins, Ottawa
Alessandra Comini, Dallas
Barbara Creaghan, Ontario
Günther Dankl, Innsbruck
Franz Eder, Salzburg
Vera (s.A.) und Jenö Eisenberger, Wien
Susanne Eschwé, Wien
Bernhard Fellner, Wien
Lisa Frank (s.A.), New York
Martina Frankenbach, Wiesbaden
Gerbert Frodl, Wien
Herbert Giese, Wien
Angela Graf, Hamburg
Georg Haber, Wien
Daniela Hammer-Tugendhat, Wien
Christa Hauer-Fruhmann, Neulengenfeld
George Hauser, Boston
Felicitas Heimann-Jelinek, Wien
Claire K. Henry, New York
Antonia Hoerschelmann, Wien
Georgia Holz, Wien
Elisabeth Hönigsberger †, Wien
Jenns E. Howoldt, Hamburg
Sarah Jackson, London
Otto von Jacobs, Purbach
Erika Jakubovits, Wien
Jane Kallir, New York
Wilhelm Kirstein, Wien
Marianne Kirstein-Jacobs, Wien
Claudia Klein-Primavesi, Wien
Peter A. Knize, Newton, CO
Herbert Koch, Wien
Almuth Krapf-Weiler, Wien
Carl Kraus, Innsbruck
Hansjörg Krug, Wien
Wolfgang Krug, St. Pölten
Angela C. Lange, New York
Leo A. Lensing, Middletown, CO
Rudolf Leopold, Wien
Grazyna Lossowska, Berlin
Sophie Lillie, Wien
Michaela Lindinger, Wien
Ullrich Luckhardt, Hamburg
Christoph Mai, Berlin
Roland März, Berlin
Monika Mayer, Wien
Nicola Mayr, Wien
Brunhilde Natter, Dornbirn
Hugo Natter, Dornbirn
Edith Neumann (s.A.), New York
Elisabeth Nowak-Thaller, Linz
Manfred Oberhauser, Götzis
Margaret Olin, Chicago
Gisèle Ollinger-Zinque, Brüssel
Erika Patka, Wien
Gitta Perl, New York
Franz Pichorner, Wien
Ernst Ploil, Wien
Klaus Pokorny, Wien
Arno Popotnig, Wien
Richard Primavesi, Montreal
Christmut Präger, Mannheim
Renée Price, New York
Raimund Reichel, Wien
Cora Rosevear, New York
Annette Sach, Berlin
Regine Schmidt, Wien
Elisabeth Schmuttermeier, Wien
Uwe M. Schneede, Hamburg
Angela Schneider, Berlin
Uwe Schögl, Wien
Klaus Albrecht Schröder, Wien
Romana Schuler, Wien
Peter-Klaus Schuster, Berlin
Harald Schweiger, Wien
Wilfried Seipel, Wien
Helmut Selzer, Wien
Franz Smola, Wien
Kristian Sotriffer, Wien †
Janis Staggs-Flinchum, New York
Ursula Storch, Wien
Kathrin Sumereder, Wien
Stephan Templ, Wien
Ulrike Tropper, Wien
Thomas Trummer, Wien
Heidemarie Uhl, Wien
Angela Völker, Wien
Herlinde Weiß, Wien
Patrick Werkner, Wien
Johann Winkler, Wien
Christian Witt-Dörring, Wien
Pavel Zatloukal, Olmütz
Friederike Zeitelhofer, New York
Peter Zimpel, Breitenfurt bei Wien

PERSONENREGISTER

COPYRIGHT- / FOTONACHWEIS

Copyrightnachweis

Fotonachweis

Wenn nicht im Folgenden gesondert ausgewiesen, stammen die Abbildungsvorlagen aus den in den Bildlegenden genannten Museen, Sammlungen, Fotografen- und Privatarchiven.

Bildarchiv Preußischer Kulturbesitz, Berlin S. 81, 102, 103, 178

Direktion der Museen der Stadt Wien S. 62 oben, 140, 175, 195, 196 (beide), 199, 202, 214 links, 298

Leopold Museum – Privatstiftung, Wien S. 152 links

Museum of Art, Rhode Island School of Design, Providence, Cathy Carver S. 267

© 2003 Museum of Fine Arts, Boston S. 242 links, 269

Österreichische Nationalbibliothek, Bildarchiv, Wien Vorsatz und Nachsatz, S. 71, 166, 179, 221

Fotostudio Otto, Wien S. 9, 95, 174 Mitte, 174 rechts, 198, 200, 201, 205, 246

Verlag Galerie Welz, Salzburg S. 23, 25, 118/119 Mitte, 119

Vordere Umschlagabbildung:
Gustav Klimt, *Zuschauerraum im Alten Burgtheater in Wien*, 1888 (Ausschnitt)

Hintere Umschlagabbildung:
Serena Lederer in ihrem Salon, um 1925/30 (s. Abb. S. 120)

Bibliografische Information der Deutschen Bibliothek
Die Deutsche Bibliothek verzeichnet diese Publikation in der Deutschen Nationalbibliografie; detaillierte bibliografische Daten sind im Internet über http://dnb.ddb.de abrufbar.

Lektorat: Karin Thomas
Layout: Birgit Haermeyer
Produktion: Marcus Muraro
Reproduktionen: mediacologne gmbh, Hürth
Druck und buchbinderische Verarbeitung:
B.o.s.s Druck und Medien GmbH, Kleve

Printed in Germany
ISBN 3-8321-7258-0